Nilza Montanari

Especialista em inclusão de
profissionais com deficiência

NEO INCLUSÃO

Profissionais com **deficiência** e empresas **juntos** gerando **resultados**

ALTA BOOKS
E D I T O R A
Rio de Janeiro, 2021

CB002758

Produção Editorial
Editora Alta Books

Gerência Editorial
Anderson Vieira

Gerência Comercial
Daniele Fonseca

Produtor Editorial
Illysabelle Trajano
Thiê Alves

Assistente Editorial
Rodrigo Dutra

Coordenação de Eventos
Viviane Paiva
comercial@altabooks.com.br

Assistente Comercial
Filipe Amorim
vendas.corporativas@altabooks.com.br

Equipe de Marketing
Livia Carvalho
Gabriela Carvalho
marketing@altabooks.com.br

Editor de Aquisição
José Rugeri
j.rugeri@altabooks.com.br

Equipe Editorial
Ian Verçosa
Luana Goulart
Maria de Lourdes Borges
Raquel Porto
Thales Silva

Equipe de Design
Larissa Lima
Marcelli Ferreira
Paulo Gomes

Equipe Comercial
Daiana Costa
Daniel Leal
Kaique Luiz
Tairone Oliveira
Thiago Brito

Revisão Gramatical
Fernanda Lutfi
Katia Halbe

Projeto Gráfico | Capa
Joyce Matos

Publique seu livro com a Alta Books. Para mais informações envie um e-mail para autoria@altabooks.com.br

Obra disponível para venda corporativa e/ou personalizada. Para mais informações, fale com projetos@altabooks.com.br

Dados Internacionais de Catalogação na Publicação (CIP) de acordo com ISBD

M674n   Montanari, Nilza

Neoinclusão: Profissionais com deficiência e empresas juntos gerando resultados / Nilza Montanari. - Rio de Janeiro : Alta Books, 2021.
256 p. ; 16cm x 23cm.

ISBN: 978-85-508-1510-7

1. Mercado de trabalho. 2. Pessoas com deficiência. 3. Inclusão. I. Título.

2021-704   CDD 362.4
CDU 364-056.26

Elaborado por Odilio Hilario Moreira Junior - CRB-8/9949

Rua Viúva Cláudio, 291 — Bairro Industrial do Jacaré
CEP: 20.970-031 — Rio de Janeiro (RJ)
Tels.: (21) 3278-8069 / 3278-8419
www.altabooks.com.br — altabooks@altabooks.com.br
www.facebook.com/altabooks — www.instagram.com/altabooks

PREFÁCIO

Um dos fatores de sucesso das empresas é a diversidade, em todos os aspectos, por isso sempre tivemos a grande preocupação em ter a maior representatividade possível no Magazine Luiza, pois a riqueza da mistura de pensamentos, conhecimentos e realidades é um grande diferencial para quem quer prestar atendimento a um país tão grande em território e, principalmente, em pessoas, como o Brasil.

Trabalhar com equipe diversa é garantia de melhoria do desempenho para qualquer empresa, pois a resiliência, dedicação e entrega proporcionadas pela diversidade contagiam toda a equipe. É necessário e inteligente que as empresas realizem programas de inclusão e diversidade, e é fácil medir e acompanhar o resultado de melhoria de desempenho.

É necessário também discutir o assunto, que deve ser tratado como prioridade estratégica nas empresas. Esse tema é abordado com profundidade no livro *Neoinclusão*, de Nilza Montanari, uma consultora especializada em inclusão de profissionais com deficiência, que é cadeirante, também casada com um cadeirante, e ambos vivem uma vida autônoma e independente. Ela também é uma de nossas líderes no Comitê de Inclusão no Grupo Mulheres do Brasil, no núcleo de Campinas (SP), onde colabora de forma efetiva com os trabalhos.

Uma obra importante para as organizações entenderem como podem criar um programa eficaz de inclusão; treinar e desenvolver profissionais com e sem deficiência; e também descobrir uma metodologia nova e de fácil implementação, com muitos exemplos práticos que ilustram e permitem a imediata execução do plano.

A Neoinclusão proposta por Nilza é um ganha-ganha, bom para as empresas, que rapidamente dimensionarão seus resultados, e para os profissionais com deficiência. E, certamente, bom para toda a sociedade. Boa leitura.

Luiza Helena Trajano
Presidente do Conselho de Administração do Magazine Luiza e
Presidente do Grupo Mulheres do Brasil

APRESENTAÇÃO

A obra que você tem em mãos é fruto de muito trabalho e de anos de dedicação de uma pessoa que, aos 40 dias de vida foi hospitalizada para tratar de uma desidratação. Três dias depois, sua mãe observou que os movimentos de suas pernas não eram normais. Depois de passar por uma junta médica, essa pessoa foi encaminhada para fisioterapia para que seus movimentos pudessem voltar. Não voltaram!

Nascia ali, alguém que Deus estava preparando para contribuir grandemente com a inclusão, que só viria acontecer, mesmo que vagarosamente, nos dias atuais!

Nilza Montanari cresceu em uma família que a "incluiu", rodeada de amor, carinho e atenção, o que contribuiu para que pudesse se acostumar, e aprender a lidar, com sua deficiência. Sua mãe, que nunca viu a situação da filha como uma catástrofe, ensinou-a a aceitar e trabalhar suas diferenças, com naturalidade.

E, assim, a menina que nasceu para ser agente da inclusão nos dias atuais, cursou Pedagogia na Unicamp no período noturno e concluiu seu curso em 2001.

Nos seus primeiros dias de aula, começava o "ministério" que Deus estava lhe confiando: lutar pela inclusão! Sua classe e os banheiros não funcionavam no térreo.

Mas ela não vacilou em buscar providências junto à direção, pois queria uma solução para o problema. Foi seu primeiro caso de sucesso, que não parou aí!

Nilza se preparou para o embate! Depois da graduação em Pedagogia, fez Pós-Graduação em Pedagogia Empresarial, e MBA em Gestão Estratégica de Pessoas, tendo atuado por 15 anos em empresas e instituições sociais, à frente de projetos e programas sobre diversidade, sobretudo para inclusão de pessoas com deficiência. É consultora em implementação de programas corporativos de inclusão, desde 2014.

É cadeirante, casada com um também cadeirante. Vivem com total autonomia e independência! Ambos, exemplos de superação!

Quase um quarto da população brasileira possui algum tipo de deficiência. A Lei de Cotas para Pessoas com Deficiência — Lei 8.293/91, só veio em 1991, portanto, há menos de 30 anos. Nesse tempo, as empresas com mais de cem empregados têm buscado "cumprir a lei". Isso não basta!

Este livro que Nilza coloca em suas mãos, tem o objetivo de ajudar empresas, seus gestores e seus profissionais de RH a implementarem um programa de inclusão, de maneira fácil, leve e sem constrangimentos.

A vasta legislação que existe sobre o tema não se traduz na prática em benefício da pessoa com deficiência. A legislação precisava de alguém que pudesse "decifrá-la" para que de fato pudesse ser posta em prática. Só alguém que vive o problema seria capaz disso.

A obra apresenta um "passo a passo" daquilo que se pode fazer para que haja uma verdadeira mudança de postura, abandonando um modelo ultrapassado, que entendia o profissional com deficiência como uma pessoa carente de tratamento protetivo mais se assemelhando a uma ação assistencial e diferenciado dos demais trabalhadores.

Eis que a menina, que Deus preparou para isso, escreveu este livro: *Neoinclusão — um novo paradigma para desenvolver um programa que gere resultados, tanto para as empresas quanto para os profissionais com deficiência,* que vai colocar fim nessa dificuldade toda!

Que sua empresa, os líderes, colaboradores do RH e demais interessados no assunto possam ter uma leitura que lhes sirva para acelerar a inclusão de deficientes e das pessoas com deficiência. Boa leitura!

GILSON ALBERTO NOVAES
Diretor do Centro de Ciências e Tecnologia
da Universidade Presbiteriana Mackenzie
"campus Campinas"

Sumário

Introdução   **1**

PARTE 1: DA INCLUSÃO ATUAL À NEOINCLUSÃO

Capítulo 1: Como a inclusão de pessoas com deficiência é feita na grande
maioria das empresas e seus principais problemas   7

Capítulo 2: Evolução dos conceitos e da legislação   25

Capítulo 3: O que é a Neoinclusão e os seus benefícios para a empresa e
profissionais com deficiência   45

PARTE 2: A CRIAÇÃO DE UM PROGRAMA DE NEOINCLUSÃO

Capítulo 4: Aspectos legais da inclusão de profissionais com deficiência
que os líderes e o RH precisam conhecer   61

Capítulo 5: A Neoinclusão na cultura organizacional   73

Capítulo 6: A formação de um comitê multidisciplinar para pensar e
formular o programa de Neoinclusão   85

Capítulo 7: Como desenvolver um programa de inclusão com
uma abordagem neoinclusiva?   99

PARTE 3: A EXECUÇÃO DO PROGRAMA DE NEOINCLUSÃO:
IMPLEMENTAÇÃO E GESTÃO NO DIA A DIA

Capítulo 8: A preparação do RH   119

Capítulo 9: Recrutamento e seleção de profissionais com deficiência   129

Capítulo 10: Remuneração, benefícios, gestão de informação e
documentação de profissionais com deficiência   141

Capítulo 11: Como deve ser feita a integração dos profissionais
com deficiência   151

Capítulo 12: Avaliação de desempenho   161

Capítulo 13: Estratégias de treinamento e desenvolvimento   171

PARTE 4: A CONSTRUÇÃO DE UM NOVO MINDSET PARA
A TRANSFORMAÇÃO DAS RELAÇÕES ENTRE PROFISSIONAIS COM DEFICIÊNCIA,
COLABORADORES SEM DEFICIÊNCIA E LÍDERES NAS EMPRESAS

Capítulo 14: A importância do papel do RH 185

Capítulo 15: A atitude dos líderes de equipes e demais
colaboradores sem deficiência em relação aos
profissionais com deficiência 197

Capítulo 16: Por uma nova atitude dos profissionais com deficiência 211

Capítulo 17: Como realizar a sensibilização, a conscientização e a
educação para a mudança de relações no
dia a dia das empresas? 225

Conclusão 239

Índice 245

Introdução

Uma casa é feita de pedras. Uma descoberta científica é feita de dados e informações. No entanto, um monte de pedras não é uma casa. E um amontoado de dados e informações não é um fato científico. Recorro a essas imagens para fazer a comparação com programas de inclusão que conheço. Tudo o que vi, até hoje, sendo realizado em termos de inclusão, são ações desconexas e pontuais, quase sempre sem continuidade por falta de método, de registro, ou de um olhar para o programa com mais seriedade.

Muitas vezes, são ótimas iniciativas, mas, sem sistematização, acabam perdendo eficácia porque não existe constância e coerência. E outras tantas vezes acontecem exemplos desastrosos que se repetem porque não houve suficiente estudo e debate. Quando muda uma peça do programa, seja uma pessoa ou a condição financeira da empresa, a primeira coisa que ocorre é o programa ser abandonado ou negligenciado.

Falta, no geral, um projeto: de onde estou saindo, aonde quero chegar e como chego lá. Na maior parte das vezes, as empresas só sabem o que elas precisam fazer, quer dizer, cumprir a lei e contratar o percentual determinado de pessoas com deficiência, mas não sabem como fazer, nem sequer sabem como começar. O que pretendi, neste livro, foi organizar, num único lugar, o conhecimento adquirido na minha vivência pessoal e profissional. Porém, mais do que cuidar da organização de ideias e experiências, eu quis passar a mensagem de que informações não podem ficar compartimentadas. Não basta que uma pessoa ou uma área detenha as informações — é preciso compartilhar.

Eu tinha no computador uma pasta com muito conteúdo sobre o tema inclusão, vídeos, palestras, dinâmicas etc.; uma coleção de histórias reais que registrei; material sobre liderança. Não conseguia tempo nem oportunidade de organizar tudo aquilo. Um dia resolvi parar e colocar tudo o que aprendi neste livro, mas não me restringi a fazer uma abordagem teórica. Trouxe também situações vividas por mim, histórias com pessoas com e sem deficiência sofrendo, passando por dificuldades que não existiriam se tivessem informação disponível. Faltou perguntar, faltou proximidade e investimento no tema.

Por isso quis deixar algo da minha experiência como profissional de gestão de pessoas e pessoa com deficiência, de certa forma privilegiada pela formação que tive e pela personalidade que desenvolvi: converso bastante com diferentes pessoas, não tenho melindres para perguntar nem responder, estudo muito e aprendi a ouvir. Meus primeiros contatos com pessoas com deficiência foram na faculdade. Foi quando comecei a pedir, perguntar, ir atrás dos meus direitos e de tudo o que eu achava que era certo. Nunca desisti. E não desisti porque não pensava só em mim. Acho que todos estamos sempre de passagem, por algum lugar, seja na empresa, na faculdade ou em locais de lazer. Eu pensava em quem não tem voz, naqueles que não perguntam, não pedem nem exigem, apenas vão embora. Desistem de lutar por uma vaga de emprego, trancam matrícula na faculdade, evitam barzinhos com amigos. Apenas vão embora para casa, se sentindo menores, diferentes, excluídos.

Por sua vez, pessoas sem deficiência estão sempre correndo o risco de praticar o desrespeito e causar dissabores às com deficiência. Elas não têm informação, têm medo ou vergonha de abordar pessoas com deficiência e, assim, contribuem para situações desagradáveis, por desconhecimento.

De maneira muito tranquila e humilde, quis aqui deixar a voz de quem cala. E, agora, ao escrever, penso que, antes de ser profissional de RH, sou uma pessoa com deficiência e tenho, portanto, meu lugar de fala sobre este tema. Quem me lê pode não concordar com algumas coisas que defendo, mas decidi exercitar essa possibilidade, porque passei por estas histórias, e acho importante que as pessoas saibam, porque coisas semelhantes acontecem a muitas outras, com e sem deficiência, no campo pessoal e profissional o tempo todo.

Este livro trata de todas as deficiências. Não fiz recorte por segmento: deficiência auditiva, física, intelectual, visual ou múltipla; nem por tamanho ou situação das empresas. Desta forma, até mesmo a empresa que não tem obrigatoriedade em relação ao cumprimento da Lei de Cotas pode utilizar estas informações e, assim espero, se conscientizar de que pode fazer sua parte para o bem da sociedade, dando oportunidade para alguém. Tenho ouvido de empresas uma frase que, para mim, tem uma importância especial: "Aqui não queremos só contratar; queremos incluir!"

O objetivo geral deste trabalho é tratar das questões envolvendo a inclusão de pessoas com deficiência no mundo do trabalho sob uma nova perspectiva. Após muitos avanços e retrocessos no caminho para a inclusão plena, chegamos a um ponto em que as responsabilidades precisam ser compartilhadas. Não é mais possível atribuir apenas às empresas o encargo de incluir. As pessoas com deficiência, no interior dessas empresas, devem assumir o papel de profissionais com deficiência, sem discriminação, mas também sem o paternalismo assistencialista que marcou essa relação até hoje. As empresas existem para produzir riquezas e os profissionais com deficiência são parte importante nesse processo.

Na primeira parte do livro apresentamos a evolução da fórmula de tratamento das pessoas com deficiência, desde a exclusão, passando pela segregação e a integração até chegarmos à inclusão, nos anos 1990, tanto na sociedade quanto nas empresas, com a criação da Lei de Cotas. Fazendo essa reconstituição dos momentos marcantes da evolução da inclusão surge a necessidade de identificar e nomear essa nova abordagem da inclusão que se apresenta, principalmente da relação pessoa com deficiência-empresa. Assim, desenvolvi o conceito da Neoinclusão.

O que se segue após essa discussão é a preparação da empresa para implementar um programa corporativo que inclua verdadeiramente profissionais com deficiência com a nova abordagem neoinclusiva. Apresento aspectos legais, culturais e estruturais que as empresas devem rever nesse processo.

A execução e gestão do programa no dia a dia da empresa são especificadas no terceiro bloco de capítulos. Passo a passo visitamos cada área estratégica, buscando oportunidades de internalização da inclusão na prática, na rotina da organização.

E, para finalizar, os capítulos que compõem a parte quatro trazem a necessidade de um novo *mindset* para "mediar" as relações entre as pessoas com e sem deficiência e os líderes nas empresas. O material contido neste trabalho se propõe a auxiliar gestores de todas as áreas, de todos os níveis, a compreender a inclusão de empregados em geral, mas a inclusão de pessoas com deficiência, mais ainda. Mas espero que auxilie especialmente os gestores e profissionais de RH, personagens principais dos programas corporativos que lidam com gente. Dissecamos, processo por processo, o funcionamento ideal de recrutamento, seleção, contratação, desenvolvimento, inclusão e até o eventual desligamento. É um material de apoio para trazer segurança e esclarecimento dos passos a serem seguidos, e dos cuidados que a empresa deve ter para minimizar as armadilhas que um programa de inclusão pode trazer. Imprevistos podem acontecer, porque estamos falando de pessoas e de empresas que são diferentes umas das outras. Para oferecer um caminho mais curto e menos tortuoso, trago sugestões. Sugestões de quem viveu e vive as exigências da inclusão.

Considero, como ponto de grande importância na implementação de um programa baseado na Neoinclusão, a criação de um Comitê de Inclusão, com instruções de atuação, que centralize informações, normas e mapeamento de ações para a implementação do programa. É uma das inovações que procurei trazer, dada a inexistência de literatura para orientação aos gestores e líderes, nesse campo. O que se encontra são *cases* de empresas em artigos, algumas biografias de pessoas que podem indicar caminhos de superação, mas reunir as informações requer um garimpo cuidadoso e muito tempo. Neste livro, juntei todas as minhas pastinhas numa só.

Busquei, em linguagem simples, sem a especificidade do conteúdo jurídico ou técnico, fazer um bate-papo com o leitor sobre questões que nunca vi, reunidas num só livro, que envolvem a gestão adequada e respeitosa do tratamento ao profissional com deficiência. Ilustrei, com exemplos reais, situações que me pareceram representativas.

Eu abri, nestas páginas, todo o conhecimento que adquiri. É todo o tesouro da minha consultoria. São todas as minhas práticas. Quero ajudar as pessoas com deficiência e as empresas a incluir, de verdade, esses profissionais. Meu maior desejo é que a Neoinclusão seja praticada e ganhe destaque, na construção de relações profissionais fortes e enriquecedoras.

Boa leitura!
Nilza Montanari

PARTE

1

DA INCLUSÃO ATUAL À NEOINCLUSÃO

CAPÍTULO 1   Como a inclusão de pessoas com deficiência é feita na grande maioria das empresas e seus principais problemas   **7**

CAPÍTULO 2   Evolução dos conceitos e da legislação   **25**

CAPÍTULO 3   O que é a Neoinclusão e os seus benefícios para a empresa e profissionais com deficiência   **45**

Como a inclusão de pessoas com deficiência é feita na grande maioria das empresas e seus principais problemas

A contratação e o desenvolvimento de profissionais com deficiência deveriam ser atividades comuns, partes da rotina de qualquer empresa. Mas não são.

Se é preciso implementar um programa específico para pessoas com deficiência, é porque a empresa já tem um problema. Ou não tem profissionais com deficiência nos seus quadros ou não sabe como lidar com eles.

Por conta de preconceitos, falta de conhecimento, comodismo, seja qual for a causa, a realidade é que pessoas com deficiência enfrentam muitos obstáculos para entrar no mundo do trabalho e nele se desenvolver de maneira produtiva.

Isso é atualmente definido como barreira atitudinal, ou seja, barreiras que decorrem do comportamento pessoal. E, de modo geral, são as pessoas com poder de decisão nas empresas as maiores responsáveis pelas atitudes que impedem uma inclusão efetiva. Mas vamos falar disso adiante.

Tendo essas barreiras em vista, foi criada, há mais de 25 anos, a chamada Lei de Cotas, uma forma de romper aquelas barreiras e, com o tempo, mudar o mindset corporativo, tornando algo cotidiano a convivência com profissionais com algum tipo de deficiência.

Mas, mesmo passado tanto tempo, o que se vê ainda hoje é que a resistência persiste, o comportamento não mudou como deveria. Porém, nem tudo é ruim. Existem avanços.

A obrigatoriedade de contratação não é uma experiência restrita ao Brasil. Muitos países da União Europeia também têm leis nesse sentido, enquanto a legislação norte-americana tem como principal objetivo reprimir comportamentos que constituam preconceito em relação a esse público de trabalhadores.

Pela Lei nº 8.213, de 1991, a famosa Lei de Cotas, as empresas com mais de 100 empregados têm obrigação legal de contratar pessoas com deficiência. Normalmente, é por aí que a inclusão se inicia nas empresas brasileiras. Embora a lei seja importante, a sua aplicação é que modifica a realidade.

As pessoas com deficiência enfrentam discriminação, preconceitos e barreiras que prejudicam a sua plena participação na sociedade e na economia. A taxa de pobreza entre as pessoas com deficiência é 70% superior à média, pois enfrentam despesas adicionais, rendimentos mais baixos e maior desemprego.

No Brasil, visto que a lei assim obriga, as empresas tratam de iniciar alguma ação específica para a contratação de pessoas com deficiência. Em geral, são ações não estruturadas, ou seja, ações pontuais. Não são muitas as empresas que desenvolvem projetos mais planejados.

Embora atualmente seja crescente o número de empresas dispostas a ter profissionais com deficiência em seus quadros, o processo normalmente se resume ao recrutamento, seleção e contratação. Muitas vezes, são ações que se limitam a promover campanhas de publicidade, divulgando a existência de vagas. Dificilmente se encontram programas de inclusão efetiva, para além da mera contratação.

Normalmente, o único objetivo é cumprir a lei, em boa parte das vezes somente depois de algum tipo de notificação de não conformidade do Ministério do Trabalho e Emprego, pós-fiscalização. Essas empresas contratam e alocam as pessoas com deficiência em áreas administrativas, operacionais e de menor complexidade.

A preocupação mais frequente é cumprir a cota. Não é incluir, nem desenvolver esses profissionais.

Mas existem também empresas que desenvolvem projetos mais estruturados, mais planejados, com objetivo de incluir, ou seja, dar condições para o desempenho do trabalho e desenvolvimento profissional, além de valorizar a diversidade como um dos seus próprios princípios.

Tudo depende da cultura organizacional da empresa, e praticamente independe do seu tamanho ou da sua origem.

Portanto, a situação brasileira apresenta uma boa parte de empresas que pouco fazem, que são reativas e mesmo algumas não querem contratar pessoas com deficiência de qualquer forma.

É na área de Recursos Humanos que se concentram as dificuldades para o cumprimento da cota. Entre as alegações mais comuns estão:

1. **Falta gente:** os candidatos não aparecem, apesar do anúncio das vagas nas redes sociais, em sites de emprego e até em carros com alto-falantes;

2. **Qualificação:** as pessoas que se candidatam não possuem os requisitos para as vagas, como experiência e formação;

3. **Custa caro:** a empresa não está em condições para ter profissionais com deficiência e sua adequação em termos de acessibilidade teria um custo muito alto;

4. **Resistências dos gestores:** para os líderes, a pessoa com deficiência terá dificuldades de exercer suas funções e apresentar produtividade;

5. **Preferem os benefícios:** as empresas acreditam que as pessoas com deficiência preferem receber o benefício do governo e não trabalhar, por isso seria difícil contratá-las;

6. **Não há vantagens:** algumas empresas se preocupam apenas com os custos atrelados às contratações, sem contar com os ganhos que a inclusão poderia trazer. O primeiro benefício é bem perceptível: a multa para o não cumprimento da cota é bastante alta. Não há dúvidas de que, por vezes, tais alegações são reais. Mas não constituem obstáculos intransponíveis. Por outro lado, a fonte de resistência ou falta de apoio em alguns casos está no nível da alta liderança da empresa.

Entre as alegações mais comuns está a de que as vagas são anunciadas em redes sociais, em sites de emprego e até em carros com alto-falantes, que o processo de recrutamento não tem sucesso, porque recrutadores não sabem onde essas pessoas estão, onde procurá-las. As empresas dizem que não conseguem identificá-las para as vagas e que mesmo com todas as dificuldades o Ministério não compreende, não aceita as justificativas e aplica multa. Aí o que faz o líder? Autoriza o pagamento da multa.

Ao se deparar com uma multa e com uma lista de dificuldades no cumprimento da legislação, o gestor deveria questionar o seu RH e buscar saber como a situação chegou a esse ponto extremo. A multa é um custo para a empresa, um desperdício, e evitável. Nas experiências pelas quais passei com clientes, observei que há altas lideranças de empresas que não se incomodam nem com o valor da multa nem com o tema da inclusão. Por outro lado, em outras empresas, a dificuldade está nas médias lideranças (diretores, gerentes e coordenadores) sem distinção de área.

A gerente de RH de uma empresa cliente sugeriu ao seu superior que fossem colocadas metas para cada setor da empresa, de maneira que cada departamento tivesse a sua cota e até um bônus para as áreas que superassem os números. Ela acreditava, assim, se livrar da responsabilidade de ter que cuidar de todas as etapas de identificação, contratação e distribuição de empregados da cota, além de ter que encontrar estratégias de convencimento dos respectivos gestores dos setores da importância do tema. O gestor respondeu com simplicidade: "Não estamos falando de metas internas. Estamos falando de lei! E lei é para ser cumprida!"

A fiscalização do Ministério do Trabalho e Emprego é um participante importante dessa relação das empresas com as pessoas com deficiência. Cabe aos fiscais verificar o cumprimento do número de contratações definidas na Lei de Cotas e, não sendo atendido o percentual de profissionais com deficiência, é aplicável a penalidade.

Normalmente, a fiscalização é realizada com a apresentação periódica ao Ministério, pela empresa, da documentação relativa aos empregados, com e sem deficiência, de modo a comprovar como está o cumprimento da cota.

Posso testemunhar a respeito disso, porque já fui proponente de várias empresas, e em sala de espera observamos e ouvimos muita coisa. Vi representantes de empresas chegando desesperados, acompanhados de quatro advogados; não cumpriam a Lei de Cotas e preferiam pagar a multa do que estruturar processos internos de contratação de pessoas com deficiência. Outras, em não conformidade, apresentavam genuína preocupação e dificuldade para atender à lei.

A opção do pagamento da multa, em vez de atender à legislação, não é uma atitude positiva para a estratégica financeira da empresa, porque a multa é cobrada por cabeça e por dia de não cumprimento. A cada 30 dias, o Ministério pode multar essa empresa no valor total correspondente à cota não preenchida.

O valor da multa pelo descumprimento da Lei de Cotas a partir de 1 de janeiro de 2019 varia de R$2.411,28 a R$241.126,88, conforme o grau de descumprimento (Portaria nº 9, de 15 de janeiro de 2019, do Ministério da Economia).

Curiosamente, o valor da multa por um dia de descumprimento pode ser mais alto do que a média salarial de um profissional com deficiência por um mês, sem contar o valor agregado dessa força de trabalho para a organização.

O assunto, porém, não comporta uma solução tão simples. Ao lado das questões legais e profissionais, existem condicionantes pessoais tão secretos e tão íntimos que às vezes nem podem ser explicados ou explicitados.

Vou dar um exemplo tocante, de um dos diretores de uma outra empresa onde eu desenvolvia, como consultora externa, um projeto para engajar as equipes para lidar com a inclusão.

Esse diretor era o único que resistia e não se deixava convencer de modo algum. Fomos trabalhando, fazendo dinâmicas, levando palestrantes, mostrando exemplos. Ele não se abria nem apresentava argumentos, apenas afirmava que na área dele não entrariam pessoas com qualquer tipo de deficiência. Optamos por fazer uma roda de conversa, explorando a história de vida das pessoas, cada uma relatando suas experiências e seus contatos com pessoas com deficiência de qualquer ordem.

O diretor resistente, de repente, começou a chorar em meio aos seus pares. Emocionado, acabou revelando o real motivo da sua negativa à contratação de pessoas com deficiência: ele tinha um imenso e irracional medo de anões. Por isso não abria a guarda para aceitar pessoas com deficiência porque um dia poderia aparecer na sua frente, contratada, uma pessoa com nanismo e ele não conseguiria lidar com a situação.

Ilustro, com isso, que os problemas às vezes ultrapassam a simples dinâmica do trabalho de contratar pessoas, envolvem motivos das mais variadas naturezas.

A partir do exemplo que acabo de citar, verificamos que não se tratava de preconceito, dureza de caráter ou maldade, era apenas uma questão pessoal que, pelo que soube mais tarde, levou essa pessoa a um processo de terapia para se livrar desse medo subconsciente.

Admito que existe certa dificuldade em encontrar pessoas com deficiência para contratar. E reconheço também que existe a dificuldade posterior à contratação, que é quando ocorre a inclusão, propriamente. Por isso acredito que este livro ajudará as empresas a ter um novo olhar em relação ao cumprimento da cota.

Os gestores acreditam que, ao contratar pessoas com deficiência, por causa do estereótipo que existe a respeito delas, terão que passar a tratá-las como se a empresa fosse uma ONG, família ou um serviço social. E não é por aí.

O vínculo e o relacionamento profissional devem ser baseados na igualdade de tratamento e oportunidade, e na corresponsabilidade do desenvolvimento dessa relação. Se o empregado não fizer um bom trabalho, apesar de receber todas as oportunidades e um ambiente adequado para realizar sua atividade, demite-se e contrata-se outro. Da mesma forma que ocorre com pessoas sem deficiência.

Parte dessa visão distorcida foi a própria lei que trouxe, porque atribuiu toda a responsabilidade sobre a empresa, que tem que contratar, incluir e se adaptar. As empresas têm outros empregados e não podem se dedicar apenas às pessoas com deficiência. Essas devem ser incluídas, e, uma vez que isso aconteça, devem ser tratadas como todas as outras.

AS EMPRESAS E O MOMENTO ATUAL

Não é possível negar que fatores como preconceito, desconhecimento, resistência dos gestores, dificuldade de encontrar profissionais com deficiência, inexperiência e falta de postos de trabalho disponíveis compõem o cardápio do dia a dia das equipes de recursos humanos que se defrontam com o desafio de incluir profissionais com deficiência.

Apesar de todas as dificuldades, reais e imaginárias, o processo de inclusão vem progredindo no Brasil.

O Guia da Diversidade[1], matéria de capa da revista *Exame*, foi resultado do desdobramento de uma pesquisa realizada pela consultoria McKinsey junto a 1 mil empresas do mundo todo. A equipe de reportagem da *Exame* elaborou um questionário e, em parceria com o Instituto Ethos, aplicou a pesquisa a empresas brasileiras; 109 empresas que prezam o respeito pela diversidade responderam. Um dos resultados que mais nos importa, para este livro, é o nível de maturidade dessas empresas para o tema da inclusão de pessoas com deficiência. O quadro é o seguinte:

O estágio de maturidade das empresas (Lei de Cotas)

Não contratam o percentual exigido por lei, mas assinaram Termo de Ajustamento de Conduta — TAC	44%
Não contratam o percentual exigido por lei e também não assinaram um termo de ajustamento de conduta	21%
Dispõem de iniciativa específica para a contratação de pessoas com deficiência e têm indicadores	63%

No Brasil, as empresas que dão atenção à questão da diversidade se encontram em diferentes graus de maturidade[2].

Fonte: adaptado de Exame (2019).

O Ministério do Trabalho e Emprego divulgou uma informação impactante, publicada pela *Folha de S. Paulo*.[3] Os dados dão conta de que, entre janeiro e agosto de 2017, o Ministério do Trabalho e Emprego aplicou 3.381 multas em empresas que não cumpriam as cotas, totalizando R$ 142 milhões.

No que se refere à fiscalização, os auditores do Ministério podem oferecer alguma flexibilidade com relação a prazos para ajustamento de conduta, efetivação de contratação e outras ações, mas somente antes da autuação.

Isso pode ocorrer no caso de a empresa não ter conseguido cumprir a cota para pessoas com deficiência, mas demonstrar interesse na ques-

---

1 Edição 1182, de 3 de abril de 2019 (Ano 53, número 6, páginas 20-37),

2 Informação da Revista Exame, edição 1182, 2019, página 25.

3 Publicação do dia 14 de janeiro de 2018, caderno A, página 21.

tão e comprovar que está agindo para corrigir o descumprimento ao investir em ferramentas e em adequação de ambiente. E o prazo é de no máximo três meses.

Entretanto, caso o fiscal entenda que a empresa não foi convincente, sincera ou honesta nos seus argumentos e posicionamentos, aplica a multa, restando à empresa pagá-la ou tentar sua anulação pelas vias administrativa ou judicial. Além do prejuízo financeiro, a empresa que toma essa atitude tem outras perdas. Fica com o nome "manchado na praça", é incluída numa lista do Ministério, perde credibilidade, oportunidades de negócio, respeito e sua boa imagem perante clientes e fornecedores.

MATURIDADE É QUESTÃO CULTURAL

Cada empresa tem o seu ritmo e o seu momento.

São muitas as variáveis que contribuem para a inclusão ou para impedi-la. Se a empresa é pequena ou grande, se tem histórico de inclusão no exterior, ou se é exclusivamente brasileira. Digo isso porque a nossa visão em relação às pessoas com deficiência é distinta da visão dos norte-americanos ou europeus, principalmente.

Na nossa cultura, a origem das deficiências está na questão da saúde, especialmente nas gerações dos anos 1950/1970. E tem como causas um pré-natal mal-feito, ou que não foi realizado, doenças tropicais, viroses, paralisia infantil, e, mais recentemente, violência urbana e no trânsito. Esse é o nosso histórico.

Fora do Brasil, a geração dos anos 1950/1970 até 2000 adquiriram deficiências, em sua maioria, como resultado de guerras. Eram pessoas que voltavam para casa, muitas vezes mutiladas, como heróis que enfrentaram batalhas para defender seus países, suas casas, suas famílias.

Portanto, lá e cá, a motivação é diferente. Os estrangeiros sequer imaginam excluir essas pessoas da sociedade, porque são seus veteranos de guerra, seus defensores. Os brasileiros as encaram como doentes e, pior, muitas vezes são consideradas responsáveis pela própria situação porque "não se cuidaram", não se "preveniram". Há um enorme peso social em cima da sua condição.

A maneira como as pessoas com deficiência são encaradas no Brasil tem esse traço. Supõe-se que não tenham capacidade ou autonomia, e, principalmente, que praticam a autocomiseração. Acham que o mundo deve cuidar delas e que não precisam se esforçar para nada, por isso não renderão bem como os outros empregados.

O meu papel como consultora de empresas sempre foi trabalhar para desmistificar essas crenças.

Costumamos dizer que as empresas querem cumprir a Lei de Cotas, desde que sejam contratadas pessoas com deficiência física que andem, surdos que ouçam e cegos que enxerguem. A régua é muito alta, e não me refiro à formação ou à experiência, mas à característica da deficiência.

No entanto, não há meio-termo no tema inclusão — ou a empresa é inclusiva ou não. Não há possibilidade de eu subir mais ou menos uma escada com minha cadeira, nem empresa mais ou menos inclusiva. Já ouvi um dirigente afirmar que sua empresa era superinclusiva, porém só contratava surdos. O que é uma noção muito estreita de inclusão. As empresas precisam se preparar para todo tipo de deficiência, porque a régua da empresa tem que ser a capacidade necessária para a função que vai ser ocupada e não a "deficiência mais ou menos leve".

Imaginemos uma situação oposta a essa. Uma pessoa com deficiência que conseguiu instalar seu próprio negócio poderia ter a tendência de acolher, proteger e, portanto, prestigiar a contratação só de pessoas com deficiência para a sua equipe? Não conheço nenhum caso assim pessoalmente. Mas tenho notícias de uma senhora, cadeirante desde seus vinte e poucos anos, que fundou uma empresa pioneira em sua cidade. Contava com cerca de 20 empregados. Nenhum com deficiência, ou seja, sua prioridade não era fazer assistencialismo, era ter pessoas trabalhando para ela, com ou sem deficiência. Ponto.

AUSÊNCIA DE PROGRAMAS ESTRUTURADOS DE INCLUSÃO

Apenas recapitulando, alguns dos motivos para as empresas terem problemas na implementação de programas de inclusão são:

* dificuldades para encontrar pessoas com deficiência para contratar; o pessoal de RH não sabe onde essas pessoas estão e quem pode ser parceiro nessa busca;

- o ambiente da empresa, sem acessibilidade; nessa questão, as instalações fabris pecam, porque nenhuma fábrica é pensada para incluir qualquer tipo de pessoas com deficiência;

- resistências internas da gestão.

Um bom exemplo disso é o caso de uma empresa de médio porte que estava em transição, de familiar para grande porte, moderna. O RH procurava atender a Lei de Cotas, assim, entrou em contato com uma instituição social que atua com encaminhamento de pessoas com deficiência para o mundo do trabalho, com a qual eu trabalhava em parceria.

Quando apresentamos candidatos para contratação, o dono dessa empresa barrou o processo. Disse que não era o momento, que não era necessário, que era muito difícil e que a empresa não tinha acessibilidade. Nesse ínterim, enquanto a negociação com a instituição se desenvolvia, esse empresário sofreu um acidente e ficou paraplégico. Quando voltou a trabalhar não conseguiu chegar à sua própria sala. Sua primeira providência foi dar 90 dias para a empresa se adequar às pessoas com deficiência.

Por isso acredito muito em vivências, em trazer fatos nas minhas consultorias. Considero eficiente trazer histórias de pessoas para pessoas. E é isso que pretendo com este livro.

Não basta argumentar, falar da necessidade de cumprir a lei ou da questão da imagem da empresa. O presidente, os gestores e o RH precisam de exemplos de sucesso, com histórias reais que demonstrem que é possível incluir.

A Lei de Cotas já tem 25 anos, mas uma cultura leva tempo para ser modificada. Faço uma analogia com a Lei Antifumo. As pessoas estavam acostumadas, até poucos anos atrás, a fumar em todos os lugares, até em aviões. Razões para que isso fosse proibido antes já existiam, porque sempre houve o risco à saúde, de incêndio, incômodo para os não fumantes etc. Com a proibição, apesar das resistências iniciais, os fumantes hoje se restringem a ambientes específicos, longe de circulação pública.

Por isso acredito muito na maturidade da lei, do povo, do país. Falamos, páginas atrás, sobre a questão da consciência dos países europeus. São povos maduros, com tempo de existência de quase 2 mil anos, enquanto o Brasil tem pouco mais de 500 anos — ainda estamos aprendendo.

A maioria das empresas brasileiras não tem um programa estruturado de inclusão. O que existe são ações pontuais. São iniciativas isoladas, sem estratégia de continuidade.

Promove-se, por exemplo, uma Semana da Diversidade, na tentativa de envolver e de engajar gestores e o público interno. Depois desse passo à frente, vêm dois passos para trás e as atividades são interrompidas, como se achassem que o dever está cumprido. Tempos depois, digamos num caso em que o número de empregados aumente e aumente proporcionalmente à cota para pessoas com deficiência, a empresa vai buscar candidatos, faz o processo, contrata, e pronto, deu por cumprida a sua missão e não faz mais nada no sentido da inclusão, como treinar e desenvolver seus profissionais para este tema, de maneira contínua. Em geral, as empresas lidam com a urgência do momento.

Tenho, no meu portfólio de clientes, mais de dez empresas que já visitei, para as quais já prestei consultoria, e que de tempos em tempos me chamam de volta para uma nova rodada de atendimento, porque mudou o gestor do RH, ou porque houve alteração na diretoria. Em alguns casos, depois de cinco, oito anos, todo o trabalho realizado para a inclusão foi perdido, e tivemos que recomeçar do zero. E por quê? Porque não haviam implementado um programa com consistência e continuidade. Não houve mudança na cultura organizacional.

Esses programas têm vários começos, várias interrupções e vários fins. Por não serem planejados, muitas vezes são transferidos de departamentos, dependendo da visão do gestor do momento. Não estão contemplados por um comitê, não têm um responsável, então ora são parte da política de RH, ora são vistos como ação social e vão para Responsabilidade Social e/ou Sustentabilidade. Costumeiramente, são programas desenhados para resolver os problemas imediatos, daquele ano, ou até que apareça a fiscalização de novo.

No ano seguinte, quando for definir o orçamento, o gestor vai pensar se prossegue com o programa, se o interrompe, se vai valer a pena aplicar dinheiro nele. Vai pensar se é interessante nomear pessoas para se dedicar a esses projetos, porque existe a movimentação de empregados, pessoas saem, pedem demissão ou são demitidas.

Conheci um caso em que uma empresa começou o ano com 120 pessoas com deficiência e terminou o ano com 63 — ou seja, as vagas foram ocupadas por profissionais sem deficiência no decorrer da movimentação de pessoal no período. O caso é que vagas são perdidas por falta de planejamento, de acompanhamento e de estrutura para se tratar a inclusão em uma perspectiva de longo prazo.

Inclusão, hoje, é uma política de todo o RH, envolvendo políticas de benefícios, desenvolvimento e treinamento. O foco desses programas deve ir além de contratar e reter, e pensar em como desenvolver.

Nas empresas em que a inclusão funciona, que atende às cotas, onde as pessoas com deficiência trabalham em igualdade de responsabilidades e oportunidades em relação aos demais empregados sem deficiência, existe um algo a mais, além de tão-somente contratar e cumprir cota. Por exemplo, cuidam do planejamento de carreira.

Programas de inclusão precisam ter continuidade, mas também são dinâmicos, assim como estratégias de negócios e práticas de gestão que precisam ser reformulados de tempos em tempos.

Volto a mencionar a matéria da revista *Exame*, onde se lê que, segundo a pesquisa do Instituto Ethos, 82% das empresas que se preocupam com a questão da diversidade têm a inclusão como fator importante no seu planejamento estratégico. Portanto, não aproveitam pessoas com deficiência apenas como colaboradores que atuem dentro do aspecto tático-operacional, mas os incluem efetivamente nas suas definições institucionais.

O comum, entretanto, é sair correndo para tomar providências somente quando a fiscalização bate à porta. A fiscalização, como sabemos, é muito irregular no tempo. Como demoram para acontecer, as empresas que não possuem um programa de inclusão relaxam e descuidam deste tema. Quando surge um fiscal e notifica, a direção da empresa manda chamar especialistas para realizar palestras e treinamentos, contratar pessoas com deficiência, organizar documentação e por aí afora. De novo, no afogadilho, na urgência, e na forma de ações pontuais. Esse é o padrão.

As barreiras

Falemos das barreiras atitudinais, ou seja, os obstáculos que têm origem nos comportamentos, hábitos e crenças das pessoas em relação às que têm deficiência.

Esses comportamentos decorrem do desconhecimento, da discriminação e até a falta de jeito em lidar com o assunto — as queixas se referem ao trabalho de procurar parceiros, conversar com muita gente, estudar, fazer capacitação, aprender Libras. Conheço reclamações referentes à necessidade de aquisição de um software específico para cegos. "E depois, se a pessoa cega vai embora daqui, vou fazer o que com o software?"

Incluir uma pessoa com deficiência significa quase sempre fazer um investimento em adequação de equipamentos e ferramentas que possam ser utilizadas por ela. A resistência a esse "investimento" é bastante significativa entre as empresas com as quais mantenho contato. Minha contra-argumentação é que, se a empresa tem planejamento para o futuro, sempre haverá utilização para o equipamento ou o software, porque sempre haverá programas de contratação e inclusão de pessoas com deficiência. De novo, o argumento evidencia falta de planejamento a médio e longo prazo.

É interessante notar aqui a diferença entre a resistência em relação a equipamentos e tecnologias destinados à adequação para profissionais com deficiência e aqueles que são incorporados em decorrência da modernização tecnológica da empresa. Os primeiros sofrem rejeição, enquanto os outros são buscados com muito interesse. Por que essa diferenciação?

As barreiras de comunicação, como as outras, em parte, podem ser superadas com o uso da tecnologia, mas demanda treinamento de pessoal para atendimento e relacionamento com o surdo, por exemplo. Quando a empresa tem interesse, o mapeamento dessas barreiras pode revelar uma série de problemas gerais da empresa que inclusive poderão ser, quando identificados, corrigidos, para benefício de todos os colaboradores e da própria companhia.

Consideremos um pouco as barreiras ambientais. Falta acessibilidade para todas as deficiências, notadamente nos ambientes de fábrica. São, geralmente, galpões ou edifícios de mais de um andar, sem elevadores e cheios de escadas, e ainda com obstáculos que impactam quem usa cadeira de rodas. Faltam sinalizações de solo, para cegos, e até avisos sonoros para avisar o trânsito, por exemplo, de empilhadeiras ou em casos de emergência como incêndios. Faltam rampas. As portas são estreitas.

Pessoalmente, se me perguntarem se fico irritada com a minha condição diante de tantas barreiras, afirmo que não. Ao contrário, eu sempre me diverti com o estranhamento das pessoas para com a minha autonomia.

Mas acredito que a geração de pessoas com deficiência pós-2000 tem a mente mais aberta, com mais consciência. Creio também que o que diferencia comportamentos mais ativos ou reativos deve-se à origem da deficiência. Se a deficiência acontece já na infância ou tem causa genética, a pessoa passou a vida inteira se adaptando e trata a condição com um pouco mais de naturalidade, porque não teve que enfrentar uma ruptura. A pessoa que adquiriu a deficiência depois de adulta, por exemplo, precisa de um tempo, às vezes longo, de maturação dessa condição, que é penoso do ponto de vista da aceitação. Demora a chegar à tranquilidade de saber lidar com os limites, reaprender, sentir-se seguro de novo.

Pense em alguém sem deficiência, que enfrenta os problemas da vida, esses que todo mundo enfrenta. De repente, passa por um acidente ou uma doença e perde mobilidade, a audição ou a visão. Tem que reaprender a viver. Para falar de coisas corriqueiras, tem que reaprender a deitar-se na cama ou levantar-se dela, tem que reaprender a usar o banheiro, a andar, a comer, a falar, a identificar as coisas tocando, porque não enxerga mais. O tempo e a qualidade da maturação variam de pessoa para pessoa.

Conheci uma pessoa com deficiência física, do RH, numa empresa em que implementei um programa de inclusão. Ela tinha um comprometimento importante nos movimentos e mobilidade, mas era muito autônoma e competente. Porém, era muito exigente consigo mesma e com outras pessoas com deficiência, chegando até a ter preconceito.

Quando deixei a empresa e esse profissional com deficiência assumiu a área, o programa de inclusão foi se extinguindo aos poucos, com a interrupção de parcerias de sucesso, com escolhas erradas, até acabar em definitivo. Essa empresa hoje voltou, sete anos atrás, ao tema. A inclusão tem tudo a ver com a forma que as pessoas aceitam a condição da deficiência em si e no outro e o que fazem com isso. Eu decidi lidar com a minha condição e ajudar pessoas com e sem deficiência nas empresas. Acredito que ela ainda não decidiu o que vai fazer com a condição dela.

A PESSOA COM DEFICIÊNCIA VISTA PELA SOCIEDADE

Uma experiência profissional que tive exemplifica muito bem os desafios que um profissional com deficiência tem no mundo do trabalho, em função de como somos vistos pela sociedade.

Comecei a trabalhar como estagiária numa fundação. Inicialmente, fazia um horário reduzido: parte das tarefas visitando instituições ou trabalhando em casa. Quando fui efetivada, tive que passar a cumprir oito horas de expediente na empresa. E, para qualquer pessoa, é impossível ficar oito horas sem ir ao toalete.

Minha gestora foi falar com o coordenador dela e informou que era necessário adaptar os banheiros, já que eu trabalharia todos os dias. O coordenador concordou, e foi sugerido a ele que os banheiros da recepção fossem adaptados. O gestor estranhou: "Por que você está falando no plural? A Nilza vai usar só um banheiro, então vamos adaptar só o feminino."

Era uma instituição muito conhecida, sempre recebia muitos visitantes, e minha gestora tentou mostrar a ele que seria correto fazer a adaptação também do masculino, porque poderia vir, para uma visita, um homem cadeirante, ou ser contratado alguém nessa condição. Não houve jeito. Foi adaptado somente o feminino. Três meses depois, realmente apareceu um palestrante, dentro de um projeto nosso, cadeirante. Foi uma saia justa.

Tive que perguntar a ele, com todo jeito, se não se importava de usar o meu toalete. Expliquei, dando uma desculpa para não comprometer a organização, que o outro banheiro estava sendo reformado. O palestrante era meu amigo, claro que não se incomodou, mas foi um desconforto, tanto para mim quanto para ele.

Aliás, o processo seletivo pelo qual passei para essa fundação também foi um episódio bastante revelador. Meu currículo tinha sido enviado por uma instituição que encaminha estagiários do ensino superior para empresas, o CIEE — Centro de Integração Escola Empresa, e fui chamada para a entrevista. Estava muito animada para trabalhar lá, porque era uma instituição que admirava.

Apresentei-me para a entrevista, falei mais que a boca, como é o meu jeito, e percebi que ao longo da minha fala as duas recrutadoras — que seriam as minhas gestora e a supervisora — trocavam impressões, falando baixinho uma com a outra. Quando terminei de falar, uma delas me disse: "A gente quase nem ouviu direito a sua entrevista, porque temos uma preocupação. É que o trabalho é de estágio, mas não é aqui na sede."

Foi um balde de água fria, porque eu já me imaginava com o crachá, chegando todo dia para trabalhar em um local bacana e que ainda me ajudaria a custear meus estudos. Tomei fôlego e perguntei: "Não é para trabalhar aqui?" E então ela me disse que o trabalho seria nas instituições que eram filiadas à organização, que eu teria que visitar aproximadamente 50 entidades e fazer o censo de voluntários de cada uma, que eram cerca de 1.500 pessoas. Eu tabularia os dados em casa, mas primeiro teria essa parte de campo.

Eu não entendia qual seria o problema, porque já tinha feito um Trabalho de Iniciação Científica na Unicamp, com pesquisa de campo inclusive, porque tenho muita autonomia desde jovem.

Afinal perguntaram: "A nossa dúvida é como você vai para as instituições, se você usa uma cadeira de rodas?" Respondi calmamente: "Fácil. Vou levantar de manhã, me arrumar, pôr a cadeira de rodas no banco da frente do meu carro, pegar o endereço da instituição no mapa da Telesp [na época era o único guia de endereços existente] e dirigir até lá. Chegando ao local eu desço a minha cadeira, faço as entrevistas com os voluntários e volto pra casa." A resposta foi imediata: "A vaga é sua!"

Minha conclusão dessa situação é que elas não estavam esperando uma pessoa com deficiência se apresentar para a vaga. Por isso não estavam entrevistando a Nilza, ficaram concentradas na deficiência. Era quase como se entrevistassem a minha cadeira de rodas, que era a grande preocupação. Sequer tinham se dado conta de que eu tinha chegado sozinha, sem qualquer ajuda, para a própria entrevista que acontecia naquele momento. Foi quando ambas relaxaram e finalmente a entrevista foi realizada, porque pouco tinham prestado atenção ao que eu dissera antes. Para mim, esse episódio revela um pouco da visão da sociedade em geral sobre a pessoa com deficiência.

Eu havia me apresentado para uma vaga e prometia desenvolver um trabalho. Sentia-me capaz. Sabia que, se por acaso eu não desse conta da tarefa, seria demitida e outra pessoa seria contratada para o meu lugar. Mas como eu iria me locomover, como faria para chegar aos locais de trabalho, nada disso deveria ser preocupação delas, porque era responsabilidade minha.

A Neoinclusão

Tratamos, até aqui, do comportamento das empresas. Vamos falar sobre o comportamento das pessoas com deficiência. Vimos que, de modo geral, essas pessoas entraram na empresa da maneira errada, isso é, não tanto pela sua competência, formação ou experiência, mas tão-somente para cumprir a lei e evitar multa para a empresa. Assim, há uma tendência em se comportarem também de maneira inadequada.

Espera-se, do grupo de profissionais com deficiência, contratados, um posicionamento de exigir da empresa os seus direitos de igualdade de tratamento, condições adequadas para realizar sua função, plano de carreira etc., mas no geral não é essa a realidade-padrão.

Acontece quase sempre assim: contrata-se, mas não se inclui as pessoas com deficiência; por sua vez, essas pessoas podem se acomodar, se colocar como vítimas, se apoiar na Lei de Cotas que dificulta a demissão e não se preocupar com o rendimento no trabalho. É lógico que essa acomodação ocorre também porque a empresa não dá espaço, condições ou incentivo para seu desenvolvimento.

O ideal é que a empresa tenha o seguinte discurso, sincero: "Estou contratando você porque quero dar uma oportunidade e espero que você se esforce e apresente bons resultados para construir uma carreira aqui dentro." E, para apoiar o discurso, precisará alinhar as expectativas de ambas as partes, como vai ser feita a integração no ambiente e no relacionamento com os demais colaboradores, combinar como será a cobrança de resultados, tanto no que se refere a direitos quanto a obrigações.

Programas estruturados e bem planejados somente se realizam plenamente nas empresas que têm um interesse genuíno sobre as questões que afetam as minorias.

Empresas que compreendam e queiram a diversidade. Pode ser que não tenham chegado lá ainda — até porque acho que nenhuma empresa brasileira conseguiu alcançar essa plenitude, mas estão num bom caminho, que é o caso das 36 empresas destacadas pelo Instituto Ethos, na pesquisa que mencionei, como aquelas que mais se aproximam da capacidade de entender e promover a diversidade em seus ambientes e em sua filosofia de trabalho.

Este livro vai abordar, nos capítulos seguintes, formas que estudei e desenvolvi, durante a vida, para demonstrar às empresas, às pessoas com deficiência e as sem deficiência, como é possível alinhar expectativas para a convivência saudável e produtiva de todos.

Por observar, participar e gerenciar esses programas mencionados até aqui, com alguns gaps, com algumas etapas mal costuradas, verifiquei a necessidade de ter algo mais. Percebi muito nitidamente a mudança de cenário em relação à inclusão, tanto por parte das empresas quanto das pessoas com deficiência. Concordavam que os programas não estavam funcionando, mas não conseguiam chegar a um outro modelo. Não viam outra saída ou alternativa.

E fui pensando no que faltava nesses programas, inclusive no que eu mesma gerenciava, em duas empresas diferentes, entre 2009 e 2014. Eu tentava, de maneira muito pessoal, implementar o que eu pensava ser a inclusão, mas admito que não era uma iniciativa estruturada também.

O que dependia de mim, fluía. O que dependia dos parceiros externos fluía também. Mas, quando se tratava de iniciativas do público interno da empresa, essas não aconteciam, eram travadas ou desconsideradas. Eu pensava que a empresa não cumpria o seu papel, mas observei depois que os profissionais com deficiência também não faziam a sua parte. O problema, portanto, não era localizado em um só lugar.

O que faltava, percebi afinal, era a corresponsabilidade, essa disposição de todos os lados envolvidos na questão. O que faltava era um planejamento que, seguindo o negócio da empresa, propiciasse uma mudança de cultura em relação à inclusão. Foi o que constatei e passei a desenvolver. Tive ambientes propícios a muita observação e reflexão.

Fui, então, anotando, amadurecendo o novo modelo, tentando dar um nome que ultrapassasse o conceito básico de inclusão, como definido na década de 1990. Acabei chegando a Neoinclusão, que é um intervalo entre a inclusão e a inclusão estruturada, a totalidade dos direitos, da liberdade e da autonomia da pessoa com deficiência, que precisa ser incluída como tal.

Adiante, detalharei como deve funcionar corretamente o processo de inclusão que a empresa deve desenvolver. Para mim, é um processo semelhante à construção de uma casa: é melhor construir da maneira certa do que reformar depois. Também gosto da metáfora da inclusão no Brasil ser como uma estrada. Que não tem fim. Mas o importante é que a gente se mantenha caminhando. Em frente.

Mas, antes, abordarei no próximo capítulo como os conceitos de inclusão evoluíram no Brasil.

Evolução dos conceitos e da legislação

Integrar é, assim, fazer com que as pessoas com deficiência se superem a todo momento, é fazer com que sejam "super-heróis" (sic) e façam mais do que os outros fazem para que estejam aptos a ingressar na sociedade. Poderíamos dizer, então, que é tornar a pessoa com deficiência o mais eficiente possível, ou seja, normalizar é aproximar o anormal da norma estabelecida pelo grupo. (...) Na proposta inclusiva, não são somente as pessoas com deficiência que devem se adaptar, mas a sociedade também precisa se modificar para atender às necessidades de seus membros e possibilitar oportunidades iguais para todos. Entretanto, não basta apenas que ela garanta espaços adequados: para incluir, a sociedade deve, também, fortalecer as atitudes de aceitação das diferenças individuais e de valorização da diversidade humana.[1]

A edição da revista *Exame*, que mencionei no capítulo anterior, foi marcante pela qualidade e abrangência das informações.

Uma outra publicação recente, que apresenta uma análise interessante, é a *Harvard Business Review*, edição brasileira, de onde retirei o trecho abaixo, de um inspirado artigo do diretor de Gente,

---

1 CORDEIRO, Mariana Prioli. *Nada Sobre Nós Sem Nós – Vida Independente, Militância e Deficiência*. São Paulo: Fapesp/Ed. AnnaBlume, 2011.

Comunicação e TI da Klabin, Sérgio Pisa. O artigo foi publicado sob o título de "Diversidade, Inclusão e Convívio", com data de 30 de novembro de 2016.[2]

> Scott Page, diretor do Centro para Estudos de Sistemas Complexos da Universidade de Michigan (EUA), observa dois tipos de diversidade. A aparente, baseada em estereótipos (gênero, etnias, idade, nacionalidade, por exemplo); e a diversidade baseada em modos de pensar, perspectivas de mundo, modelos de previsão, visão de mundo influenciada pela formação cultural e experiências pessoais. Além desse conceito quero compartilhar reflexões minhas: aceitar o diferente traz embutida uma certa arrogância, pois pressupõe que o meu modo de ser é o que tem a autoridade para aceitar ou não. Incluir significa trazer para dentro do seu círculo, e não pular para dentro do círculo do outro, nem aumentar a intersecção dos círculos.
>
> Conviver é o termo que abarca tudo isso. O que aconteceria se eu deixasse um pouco de lado tudo o que prezo para simplesmente sentar e ouvir outra pessoa falar sobre os seus valores, posições e observações? Um exercício provocador, que nos desafia a abrir espaço para o outro (e para nós mesmos!). Acredito que aí "conviveríamos" uma verdadeira aceitação, com efetiva diversidade de valores, pensamentos, ideias, gostos, sentimentos, paixões...

Decidi começar este capítulo com a citação de Mariana Prioli Cordeiro, porque reflete um estágio ao qual estamos buscando chegar, desde que o tema da inclusão de pessoas com deficiências entrou na pauta da modernidade.

Numa outra edição da *Harvard Business Review* há uma pesquisa sobre o assunto que inclusive revela alguns programas empresariais de inclusão que fracassaram, e explica por que eles fracassaram. No conjunto, foram empresas que se afastaram do seu negócio para entrar na seara da responsabilidade social, mas não souberam lidar com as duas coisas ao mesmo tempo e os negócios degringolaram. A conclusão a que as empresas estão chegando hoje é quase uma volta no tempo: o importante é seguir o negócio da empresa, aproveitando os profissionais com deficiência pela competência que tenham, e não como partes

---

2 Disponível em https://hbrbr.uol.com.br/diversidade-inclusao-e-convivio/.

de um índice indicador de "responsabilidade social e/ou sustentabilidade" da empresa.

Para falar da inclusão profissional da pessoa com deficiência, temos que falar antes de sua inclusão social. Esses temas nem faziam parte da preocupação brasileira ou mundial, até décadas atrás.

COMO ERA NO PASSADO

Contextualizar historicamente é sempre válido.

A Grécia antiga parecia ter um comportamento ambíguo em relação às pessoas com deficiência. Ao mesmo tempo em que crianças com deficiência eram abandonadas à morte, Hefesto era o deus olímpico do fogo e tinha deficiência física, isso sem contar os importantes personagens cegos que eram retratados como importantes adivinhos e profetas. Conta-se que o próprio Homero, aceito como autor da Ilíada e da Odisseia, era cego.

No Império Romano, a Lei das Doze Tábuas, como explica o Jurista José Carlos Moreira Alves,[3] proibia a morte intencional de qualquer criança abaixo de três anos de idade, exceto no caso de ela ter nascido mutilada, ou se fosse considerada monstruosa.

Monstruosidade, para os romanos, era como se referiam às crianças nascidas antes do sétimo mês de gestação e as que não apresentavam condições básicas de sobrevivência por conta própria. Está naquela lei o seguinte:

> Tábua IV — Sobre o Direito do Pai e do Casamento. — Lei III —
> O pai de imediato matará o filho monstruoso e contra a forma do gênero humano, que lhe tenha nascido recentemente.

A Lei das Doze Tábuas, lançada aproximadamente no ano 462 antes de Cristo, foi o primeiro documento do Código de Direito Romano, e é um exemplo inscrito na legislação do tratamento que a sociedade romana dava às pessoas com deficiência.

---

3 ALVES, José Carlos Moreira. *A Forma Humana no Direito Romano*. Rio de Janeiro: Imprenta, 1960.

Os esquimós, povos inuítes que habitam o Alasca, o Canadá e a Groenlândia, há mais de 5 mil anos, sacrificavam os bebês com deficiência da mesma forma. Justificavam que o ambiente era tão hostil — chegando a quase 50 graus negativos — que, se uma pessoa tivesse que dedicar parte do seu tempo para cuidar de alguém que não tivesse autonomia, havia o risco de morrerem os dois.

Passaram-se alguns séculos para que se abandonasse o compulsório afogamento ou qualquer forma de sacrifício de crianças com deficiência. E essa alternativa foi a segregação. Um dos locais mais famosos foi a ilha chamada Isola-Tiberina. Ainda hoje, existe nessa ilha um hospital, fundado em 1585 para acolher pessoas com deficiência. Atualmente, esse hospital se dedica principalmente ao atendimento de mulheres com câncer.

COMO ERA NO BRASIL

O Brasil não foi diferente. A deficiência era marginalizada porque estava ligada à pobreza e à dependência, remetendo à noção de falta de recursos ou cuidados preventivos e até à ignorância.

O cenário brasileiro, de até algumas décadas atrás, era de total exclusão das pessoas com deficiência. Elas eram mantidas escondidas, porque a família tinha vergonha ou medo das situações às quais aquela pessoa teria que se submeter devido à sua condição.

Os termos utilizados mal disfarçavam essa vergonha e esse temor. "Você sabia que na família de Fulano de Tal nasceu uma criança doentinha?" Os vizinhos falavam até baixinho, como se comentassem um segredo vergonhoso. As crianças nem podiam ficar na sala quando esse assunto era comentado. Eu me lembro disso, quando era criança.

Houve também, como a história registra, a Roda dos Enjeitados. Crianças que nasciam fora do casamento, ou frutos de gravidez indesejada, eram levadas, na escuridão da noite, a um aparelho que ficava na entrada dos conventos, uma roda com gavetas onde a criança era depositada sem que ninguém visse, para que fossem cuidadas pelos religiosos. Era mais voltada para filhos indesejados, mas muitas crianças com deficiência também foram entregues dessa forma para os conventos.

O conceito da época era de que, quando a família decidia cuidar da criança com deficiência, era no lar, ocultada da sociedade. Ela não tinha contato algum com o mundo exterior, mesmo nos micro contextos, como o familiar, por exemplo. Havia problemas de aceitação da pessoa com deficiência dentro da própria família. Falava-se dessa condição como castigo de Deus. Ao chegar visitas, a criança ficava no quarto, escondida dos olhos de qualquer pessoa. A família tinha bloqueios porque a sociedade colocava essa barreira.

Era a exclusão total. Quase nenhuma pessoa com deficiência era vista em atividades comuns às demais.

Esse período obscuro da história da humanidade, em relação à deficiência, constituiu a fase de exclusão, quando nem era cogitada a ideia de convivência dessas pessoas com a sociedade. Podemos definir o conceito de exclusão como um termo que caracteriza o distanciamento de uma pessoa que esteja em situação desfavorável ou de vulnerabilidade em relação aos demais membros de sua sociedade. A exclusão normalmente compreende a privação dessa pessoa de todas as facetas da vida social.

PEQUENA EVOLUÇÃO

Depois da exclusão, o brasileiro evoluiu para a segregação. Costumamos achar que é quase a mesma coisa, mas, enquanto a exclusão significa retirar a pessoa de qualquer convívio, a segregação, como conceito, representou a época da criação das instituições para onde as pessoas com deficiência eram enviadas para conviver com os seus iguais.

Geralmente eram casas de misericórdia que aceitavam essas pessoas porque os familiares não sabiam cuidar ou não tinham condições financeiras ou emocionais para lidar com elas. As crianças passavam um tempo nessas instituições, sob atendimento profissional, mas vivendo apenas com os seus semelhantes, sem muito contato nem com a família nem com a sociedade.

De certo modo, a segregação ainda era uma espécie de exclusão das pessoas com deficiência, mas, pelo menos, começavam a ser tratadas. Uma questão delicada, nessa época, era o entendimento errado da sociedade, que considerava que as pessoas com deficiências físicas ou sensoriais possuíam automaticamente deficiência mental, e por isso eram consideradas intelectualmente atrasadas. Achava-se que qualquer deficiência ocasionava o comprometimento global da pessoa.

A segregação pode ser definida como uma separação espacial de uma pessoa, em virtude de diversos fatores, como a deficiência, por exemplo, que possa servir como meio de discriminação.

A ONU — Organização das Nações Unidas — declarou 1981 como o Ano Internacional da Pessoa com Deficiência. Naquele ano foram promovidas várias iniciativas e realizados vários movimentos, tanto no Brasil quanto no exterior, para que se pudesse tentar mudar a condição dessas pessoas, olhando com mais atenção para os seus direitos, enxergando-as como indivíduos.

Nessa época, eu estava em uma instituição de atendimento social, gratuita, fazendo a minha reabilitação, e me lembro de que houve uma grande comemoração aqui em Campinas. Fomos levados para um parque da cidade, chamado Taquaral, brincamos, encenamos "Os Saltimbancos" no Teatro Municipal para as famílias e amigos, passamos um dia diferente. Foi uma festa realmente, porque não tínhamos nada disso no dia a dia. Nossa rotina na instituição era de reabilitação, atividades manuais e educacionais, terapias.

Esse movimento mundial elevou a condição da relação com a pessoa com deficiência, da segregação para um outro patamar, a integração, um passo adiante no convívio da sociedade com estes cidadãos.

A integração preconizava que a pessoa com deficiência poderia participar da sociedade agora. Mas estava implícito que a sociedade não moveria um músculo para facilitar as coisas. Quem precisava se adaptar, se integrar, era a pessoa com deficiência.

Cegos e surdos podiam frequentar escola, mas não teriam intérpretes, porque a professora não ia parar a aula para dar atenção específica a esses alunos. Eles que se sentassem na primeira fila, fizessem esforço para acompanhar o grupo e seguir a sua vida escolar.

Alunos com deficiência física que dessem um jeito para chegar à sala de aula, mesmo com degraus e obstáculos pela frente. Enfim, a pessoa com deficiência era quem devia procurar os meios para se enquadrar na normalidade da sociedade. Por mais difícil que tenha sido esse período, pelo menos iniciou um movimento no sentido da abertura para a pessoa com deficiência para o convívio social.

Foi a primeira fresta, a primeira porta para que as pessoas com deficiência pudessem participar da sociedade. Mas, ao chegarem lá, ainda não tinham nada. Nem apoio audiovisual, nem acessibilidade física, nem instrumentos de comunicação. Não tinham nada. Sem falar na atitude das pessoas, assistencialista ou de estranhamento e rejeição. Foi um período ainda muito conturbado, mas que trouxe um avanço importante, tirando as pessoas da exclusão e da segregação.

Levamos um tempo para entender exatamente o que não estava dando certo na integração, porque a pessoa transitava — embora encontrasse barreiras —, então por que razão não conseguia efetivamente se integrar. O que estaria faltando? Ela foi "autorizada" a ir para a escola, a estar nos espaços, mas ainda não estava participando como deveria dos grupos sociais.

Em 1989, o Brasil ratificou a Convenção nº 159 da OIT — Organização Mundial do Trabalho (Convenção Respeitante à Readaptação Profissional e ao Emprego de Deficientes) —, com seis anos de atraso, visto que a assembleia geral da OIT havia decidido pela convenção no dia 1º de junho de 1983. A ratificação se deu pela Lei brasileira nº 7.853/1989. A Convenção regulamentou vários direitos da pessoa com deficiência.

Outra iniciativa estrangeira surgiu a favor das pessoas com deficiência, com reflexos no Brasil. Foi a promulgação da primeira lei voltada a este tema, nos Estados Unidos, em 1990. Em inglês, a lei se chama ADA — American Disabilities Act (Lei dos Norte-Americanos com Deficiência). Foi aprovada pelo Congresso americano e sancionada pelo presidente George H. W. Bush, com o intuito de buscar "evitar a discriminação contra pessoas com deficiência do mesmo modo que as leis anteriores de direitos civis proibiram a discriminação por raça, religião e gênero". Esse texto está no site da Embaixada Norte-Americana no Brasil[4].

Essa lei foi também resultado de uma sinalização, um esforço da ONU para que se oferecessem oportunidades de trabalho para pessoas com deficiência. Em paralelo, a Inglaterra adotou lei semelhante, em 1995, aplicada para empresas com mais de 20 empregados.

Enquanto no Brasil não tínhamos sequer uma educação adequada às necessidades dos alunos com deficiências, nos Estados Unidos e na Inglaterra já se pensava na sua inclusão profissional pautada na produtividade.

---

4 Disponível em https://photos.state.gov/libraries/amgov/133183/portuguese/P_Americans-DisabilitiesAct_Port.pdf.

O trabalho é a realização do cidadão; por meio dele é que conseguimos obter tudo o que desejamos para suprir as nossas necessidades, inclusive de reconhecimento. Conseguimos ampliar nosso círculo de amizade, crescer como pessoa, enfim, exercer plenamente nossa cidadania.

A integração, como vimos, era um esforço unilateral da pessoa com deficiência. Ela deveria se ajustar aos padrões determinados pela sociedade que acreditava, assim, estar "ajustando" esse indivíduo. A abordagem da sociedade era essencialmente assistencialista e autoritária.

Por esse motivo, as pessoas com deficiência e suas famílias começaram alguns movimentos para defender seus direitos. Iniciaram-se a conscientização, a disseminação de informações sobre deficiência e a vida de uma pessoa nessa condição em espaços públicos e privados, a formação de organizações de e para pessoas com deficiência, assim como a formulação de legislação para essa parcela da população.

Foi nesse contexto que, em 1991, chegou a vez do Brasil, com a criação da Lei nº 8.213/91, que é a famosa Lei de Cotas. Diferentemente dos países que eu mencionei, a inserção das pessoas com deficiência pela Lei de Cotas foi um acaso. O Congresso Nacional estava revendo a Lei Trabalhista, por causa da criação do INSS — Instituto Nacional de Seguridade Social, em 1990.

Estavam em pauta os benefícios da lei, como aposentadoria e outros instrumentos, e surgiu a necessidade de aperfeiçoar a legislação sobre reabilitados, trabalhadores afastados em sua maioria por acidentes de trabalho ou "doenças laborais" que, depois de tratados, eram incorporados de volta na mesma empresa ou em outra, sempre em uma função diferente da anterior.

Eram casos de trabalhadores que perderam um dedo, um pé, ou tiveram uma lesão na coluna. Esses trabalhadores se recuperavam daquela amputação ou lesão, até certo ponto. Alguns não conseguiam se estabilizar totalmente, mesmo com a reabilitação, e depois não podiam voltar para o seu antigo posto de trabalho, para a tarefa que executavam antes, então tinham que reaprender a trabalhar, mas em outra função.

Esses casos eram contemplados anteriormente pelos protocolos do antigo INPS — Instituto Nacional de Previdência Social — e precisavam ser revistos para uma regulamentação mais adequada. Havia um entendimento pouco claro para casos em que a empresa não quisesse mais readmitir o trabalhador reabilitado. Como seria, então? Ele ficaria *ad eternum* dependente do INSS?

Claro que não. A empresa ficou obrigada a liberar o trabalhador se não tivesse mais interesse em mantê-lo e pagar todas as verbas rescisórias. Assim, ele ficaria disponível para uma nova empresa.

No processo de debate, no Congresso, a respeito do comportamento das empresas em relação a trabalhadores reabilitados, alguém perguntou: "Por que a gente não coloca pessoas com deficiência também?" O nome do deputado que teve esse momento de inspiração na comissão de avaliação do projeto de lei ficou perdido na história e no tempo. Mas o importante foi que para eles era uma questão lógica, porque o reabilitado acaba se transformando em pessoa com deficiência que adquiriu com o acidente ou com a doença laboral. Então, a legislação abrangeu também pessoas com deficiência e assim nasceu a Lei de Cotas.

Nessa época, nem se cogitava contratar um trabalhador com deficiência. Quando a pessoa chegava à maioridade, e eu passei por esse momento, um funcionário do INSS era designado para ir até a casa desse trabalhador e providenciar sua aposentadoria. Quando o fiscal foi à minha casa, eu com 18 anos respondi que não queria me aposentar. Eu queria trabalhar! Ele olhou bem para minha cara, incrédulo, e retrucou: "Você não quer se aposentar? Vai ganhar uma pensão e não precisa trabalhar!"

Era uma aposentadoria por invalidez mesmo, para a vida toda, e não o BPC, como a gente chama o Benefício de Prestação Continuada, que pode ser suspenso caso a pessoa com deficiência entre no mercado de trabalho. Eu insisti, e nem posso dizer que bati o pé porque sou cadeirante, mas afirmei que fazia questão de trabalhar. Eu sempre quis dirigir, estudar, trabalhar. Respondi "não quero!", mandei o fiscal embora e não me aposentei.

E, então, com a Lei de Cotas, veio a obrigatoriedade de as empresas com mais de 100 empregados contratarem determinada porcentagem de pessoas com deficiência e/ou reabilitados. Mas o objetivo inicial da legislação não saiu como planejado, porque os reabilitados acabaram ficando em segundo plano. A medida ficou conhecida como Lei de Cotas para pessoas com deficiência e hoje em dia as empresas têm mais resistência em incluir reabilitados do que pessoas com deficiência que nunca trabalharam, por exemplo, supondo que esses trabalhadores viriam com "vícios" de outras empresas ou do tempo que ficaram afastados.

TEMPO DE NORMATIZAÇÃO

A lei era muito nova e foi preciso um tempo para regulamentação, depois começaram as divulgações por meio de campanhas e cartilhas para os empresários e para a população. Funcionou como a lei seca e as novas regras de trânsito: primeiro foram tomadas medidas educativas e depois de um período de adaptação começaram a fiscalizar e aplicar multas para quem descumprisse a Lei de Cotas. É um processo demorado, reconheço, mas apesar de a lei ter muitos anos ela ainda não é totalmente cumprida hoje. O processo de internalização ainda não está bem-acabado. Faço uma comparação com a lei antifumo, que encontrou alguma resistência durante um certo tempo.

Em 1994, tivemos um grande avanço com a norma brasileira NBR 9050 da ABNT — Associação Brasileira de Normas Técnicas[5] — que, de certa forma, complementou a Lei de Cotas no sentido da inclusão. A norma descreve como deve ser o padrão das adaptações dos espaços para altura de degrau, elevação de rampa, espaços de toalete, de sala, de mobiliário, enfim, uma norma completa de orientação para engenheiros e arquitetos providenciarem a acessibilidade.

Antes dessa norma, a pessoa com deficiência tinha que se esforçar para se ajustar aos espaços existentes nas empresas. Conheço bem a norma e a considero bem completa e adequada. Tem especificação para altura de maçaneta, largura de porta, espelho, chuveiro, pisos táteis para cegos etc. O que pudermos imaginar, a norma contempla. O engenheiro ou arquiteto que seguir a norma conseguirá construir um ambiente com padrão de acessibilidade para todos os tipos de deficiência.

Esse processo culminou com a edição da Lei nº 10.098, de 2000, que estabeleceu normas gerais de acessibilidade, obrigatórias para novas construções e reformas.

---

5 Disponível em https://www.pessoacomdeficiencia.gov.br/app/sites/default/files/arquivos/%5Bfield_generico_imagens-filefield-description%5D_24.pdf.

O GRANDE GANHO

Os avanços ocorreram em ondas. Na década de 1990, a sociedade se mobilizou para dar um salto de qualidade na integração das pessoas com deficiência, até pelas reivindicações delas mesmas. Mas percebeu--se que não bastava dar acesso, deixar entrar nos espaços ou criar leis, era necessário dar condições para que essas pessoas realmente participassem da sociedade. Foi o momento da pergunta: "O que mais precisamos fazer para que uma pessoa com deficiência possa realmente participar de um evento?"; "O que mais precisamos fazer para que as pessoas com deficiência possam começar a trabalhar, além de não ter preconceito e deixar que ela participe de um processo seletivo?"

Assim, vieram a Lei de Cotas, a Convenção da ONU, a norma NBR 9050 da ABNT, e tudo começou a levar a esse novo momento da pessoa com deficiência na sociedade, que é a inclusão. Portanto, na década de 1990, tivemos mais uma mudança em relação à visão sobre a pessoa com deficiência, tendo como novo conceito a inclusão.

Inclusão é um conjunto de ações que combatem os impedimentos físicos ou atitudinais que afastam uma pessoa da vida em sociedade, é oferecer oportunidades iguais de acesso a bens e serviços, oportunizando uma vida autônoma e independente para a pessoa com deficiência. Ao contrário do que ocorre na integração, uma sociedade inclusiva preconiza estar preparada, sem barreiras para receber todos, e se moldar às características do indivíduo.

Em 2006, surgiu um novo avanço, que foi a promulgação da Convenção da ONU da Pessoa com Deficiência.[6] O documento criou um movimento mundial para alavancar a garantia e a divulgação dos direitos da pessoa com deficiência. Em 2008, o Brasil ratificou a Convenção e a adotou como legislação interna do país, com o mesmo valor da Constituição para que fosse seguida pelo poder público e o setor privado, com o objetivo de fazer evoluir a inclusão da pessoa com deficiência.

Com esses parâmetros adotados pela Convenção da ONU, em 2015, aconteceu o pulo do gato, com a elaboração da LBI — Lei Brasileira de Inclusão da Pessoa com Deficiência (Lei nº 13.146/15). Era para ser um estatuto, como o ECA — Estatuto da Criança e do Adolescente —, mas

---

6 Disponível em https://www.pessoacomdeficiencia.gov.br/app/sites/default/files/publica-coes/convencaopessoascomdeficiencia.pdf.

veio com força de lei federal. É praticamente uma cópia da convenção da ONU, e é bem completa.

Tem artigos para todas as áreas que um cidadão precisa para ser considerado como tal: saúde, trabalho, educação, direito à família, integridade física, respeito. Mais adiante, neste livro, vou me aprofundar na questão do trabalho.

Nós, pessoas com deficiência, já fizemos esse caminho todo em busca de garantir direitos, em busca de sermos aceitos na sociedade. Houve época em que as empresas não se preocupavam com o tema da inclusão, simplesmente porque não existia esse tema. Ninguém sequer pensava nisso.

Quando uma pessoa com deficiência era contratada, nessa época, em geral era porque a deficiência não era visível e a pessoa tinha um bom currículo. A empresa não pensava, propositalmente, em procurar uma pessoa com deficiência para contratar. Simplesmente contratava, se aparecia alguma que apresentasse condições de realizar um trabalho eficiente.

Eu me lembro de que, na minha adolescência, moravam, na mesma rua que eu, duas pessoas surdas.

Foi bem antes daquela época em que eu não quis me aposentar. Um desses vizinhos surdos foi admitido numa grande empresa da cidade. Eu fiquei impressionada. Um surdo trabalhando! Ele devia ser uns sete anos mais velho que eu. Essa foi uma das primeiras empresas da região de Campinas a contratar pessoas com deficiência, mas ainda sem saber que estava fazendo inclusão. Simplesmente apareceram candidatos com deficiência que serviam bem às necessidades da empresa e foram contratados.

Como multinacional, já tinha uma cultura de contratação de profissionais com deficiência e contratou meu vizinho e várias outras pessoas. Essa empresa também teve os seus pecados no decorrer de sua história de inclusão.

Houve um período em que implementou uma linha de produção apenas com surdos, por pura e simples comodidade, já estava habituada a esse público. Mas a decisão acabou tendo efeito indesejado, porque os surdos se tornaram de tal maneira corporativistas que tomaram conta da linha de produção e não deixavam pessoas ouvintes utilizarem seus instrumentos de trabalho.

Eles criaram um gueto e promoveram a exclusão de pessoas sem deficiência. Inclusive com boicote. Como trabalhavam no turno da tarde, ao sair trancavam todo o seu ferramental, impossibilitando que os empregados ouvintes trabalhassem. A empresa foi obrigada a demitir alguns desses empregados surdos, trocar outros de horário e de local e, enfim, reformular a linha.

O POLITICAMENTE CORRETO

Ao longo do tempo, desde o momento em que se começou a pensar em inclusão, foram sendo aplicadas nomenclaturas diferentes para as pessoas com deficiência.

A primeira nomenclatura aplicada foi de "excepcionais". A APAE — Associação dos Pais e Amigos dos Excepcionais — ainda utiliza essa palavra. Depois passou-se a usar "especiais". A seguinte foi "pessoa portadora de deficiência", ou simplesmente a sigla PPD. Depois ampliou-se para "pessoa portadora de deficiência e necessidades especiais". O nome foi encompridando tanto que resolveu-se simplificá-lo novamente, e passou-se à denominação de Pessoa com Deficiência, que é a utilizada atualmente.

Meu marido Fernando, também cadeirante, brinca que no futuro, daqui a umas quatro gerações, como o nome vem encolhendo, talvez passem a se referir a nós apenas como "pessoas".

O que ainda causa confusão em relação a como se dirigir à pessoa com deficiência, é que mesmo com a modernização da nomenclatura, no texto de leis anteriores à LBI ainda constam termos antigos. Mas hoje o termo correto é pessoa com deficiência.

Há uma discussão de que utilizar somente a sigla PcD — Pessoa com Deficiência — é uma forma pejorativa. Por isso, prefere-se falar de pessoa com necessidade especial. Mas, pensemos juntos, qual é a sua necessidade especial, leitor, neste momento? Férias? Dormir mais? Um bom vinho? A minha, é chocolate. Essa é a minha necessidade especial, porque é aquilo que vai me fazer feliz.

Uma rampa, uma cadeira de rodas, nada disso é minha necessidade especial. Nem que seja uma cadeira supermoderna, mais leve ou motorizada. É, isso sim, uma necessidade real, um instrumento, o modo como posso me locomover, mas não vou ficar mais feliz se subir numa rampa ou num elevador. Agora, se comer uma barra de chocolate, aí sim.

Por isso acho que disfarçar a referência só para não dizer que a pessoa tem deficiência não faz muito sentido, é bobagem. É uma característica minha, não um problema. Eu não ando, só isso.

Procuro, em minhas consultorias, desmistificar isso, quebrar um pouco esse receio, principalmente nas empresas, porque as pessoas ficam sem jeito e não sabem como se referir à pessoa com deficiência. Tentam ser afáveis, mas o melhor mesmo é ser assertivo, claro e objetivo. Sou uma pessoa com deficiência. Essa deficiência é minha característica. Ponto. Lido com ela de maneira natural.

Se alguém menosprezar essa característica, está me desrespeitando também. Se alguém me convidar para tomar um vinho, precisa escolher um lugar que tenha acessibilidade, ou não estará respeitando a minha característica. Espero que olhem para a minha característica e a respeitem, porque ela faz parte da minha individualidade também.

O BRASIL EM RELAÇÃO A PAÍSES MAIS DESENVOLVIDOS

Para avaliar comparativamente o Brasil, na sua capacidade de inclusão de pessoas com deficiência, precisamos pensar nas nossas condições socioeconômicas. Estamos atrás dos países desenvolvidos em muitos aspectos, e no caso da inclusão não é diferente.

Por exemplo, na Itália, um país que conheço pessoalmente, todos os espaços públicos têm acesso e apresentam estrutura para que pessoas com qualquer condição usufruam deles. Mesmo no Coliseu, um anfiteatro tombado, erguido entre os anos 68 e 79 depois de Cristo, foram instalados banheiros acessíveis no subsolo, dotados de rampa e elevador.

Todos os demais lugares de turismo têm toaletes adaptados, rampas e todas as demais adaptações necessárias. Da última vez que eu e Fernando fomos, chegamos até Pompeia. Imagine um local que é constituído basicamente de ruínas de uma cidade devastada e sepultada pelas cinzas do vulcão Vesúvio. Lá foi feita uma rota inclusiva, com acessibilidade para pessoas com deficiência. Tudo é acessível na Itália. As praias, os teatros, museus, praças, parques, hotéis, tudo. A mesma coisa acontece na Alemanha, Estados Unidos e na Holanda. As praças públicas têm banheiros no subsolo, acessíveis.

Já no Brasil, mesmo pessoas sem deficiência enfrentam muita dificuldade quando precisam usar um banheiro fora de casa; as alternativas são shoppings, supermercados e restaurantes, porque a oferta dessa facilidade, em bom estado de conservação e limpeza, pelo poder público é uma raridade encontrada em poucos lugares. A população tem muita responsabilidade nisso também, porque utiliza esses espaços e não os conserva.

Em termos de acessibilidade, é mais fácil eu viajar com o Fernando para a Itália do que passear no Brasil. Aqui, dificilmente se consegue alugar carros adaptados e encontrar um hotel nos padrões necessários para nossa estada confortável. Mas não é por isso que deixamos de curtir nossas férias por aqui, sempre explorando um lugar novo, como cânions, cruzeiros, fazendas, praias etc.

Entretanto, reconheço que o Brasil deu um salto de qualidade enorme nos últimos 15 anos. Em termos de transporte e de trabalho, evoluímos muito, mas estamos atrasados na questão de infraestrutura. Não é problema apenas de pessoas com deficiência, mas da população geral, em razão de percalços originados da cultura, de falta de planejamento e de seguidas crises financeiras. E também é preciso lembrar que somos um país jovem, diante da Europa, onde a maioria dos países tem mais de mil anos de existência.

Há outra diferença expressiva, essa em relação à atitude das pessoas. Viajei por toda a Itália, num carro adaptado, numa rota de 2 mil quilômetros. As pessoas não ficam olhando com estranhamento, não se impressionam com dois cadeirantes passeando como turistas, com autonomia. Também não nos abordam, com aquele comportamento paternalista ou com mera curiosidade. Se precisarmos de ajuda, temos que pedir, porque os europeus, em geral, tratam a pessoa com deficiência com toda a naturalidade. Aqui no Brasil as pessoas tentam ser prestativas, mas acabam sendo invasivas e meio atrapalhadas, por falta de jeito ou conhecimento.

Uma vez, uma amiga cega me contou que estava parada na principal avenida da cidade, na calçada, em frente à faixa de pedestres. Uma pessoa vidente — como é chamado aquele que enxerga — se colocou ao lado dela, e, na ansiedade da pessoa sem deficiência, quis ajudar e assim que o semáforo abriu para os pedestres, agarrou no braço dela e a levou para o outro lado da avenida, todo orgulhoso. Ao chegarem, ele avisou, todo proativo: "Senhora, atravessamos a Avenida Glicério. Do seu lado direito está o Mercado Municipal, do lado esquerdo a senhora continua na Glicério. Onde a senhora está indo, para que eu possa orientar o seu caminho?" Ela respondeu: "Voltar. Eu não queria atravessar a avenida. Estava apenas esperando uma amiga."

Um amigo me contou uma situação real que também exemplifica essa falta de jeito com a pessoa com deficiência. Num certo dia, uma pessoa entra num vagão do metrô de São Paulo e se depara com uma pessoa com nanismo tentando se ajeitar no assento. Toda solícita, a pessoa o ajuda a sentar no banco. Na parada seguinte, o mesmo passageiro observa que ele estava se movendo e acha que está com dificuldades para se manter sentado. Vai até ele e de novo o ajeita no banco. O anão olha para ele, com ar desconsolado, e informa: "Senhor, obrigado por ser tão prestativo e tentar me ajudar, mas estou tentando descer há duas estações e o senhor não me deixa!"

Essas histórias podem até parecer engraçadas, mas não são. Esses são apenas dois de tantos exemplos que eu poderia dar do cotidiano verdadeiro de uma pessoa com deficiência interagindo com uma sociedade que não possui informação sobre nós e supõe nossos desejos e necessidades.

O PASSO SEGUINTE

Passamos da exclusão para a segregação, daí para a integração e mais recentemente para a inclusão.

Para efeito ilustrativo, segue um quadro comparativo, criado pela "Escola de Gente — Comunicação em Inclusão", sediada na cidade do Rio de Janeiro,[7] que sintetiza o que eu disse até agora.

---

7 Disponível neste endereço eletrônico: https://www.escoladegente.org.br/index. php?page=Home.

Principais Diferenças

INTEGRAÇÃO	INCLUSÃO
Inserção parcial e condicional — a pessoa com deficiência tem que se preparar previamente para participar dos espaços como escola e empresa.	Inserção total e incondicional — a pessoa com deficiência não tem que se preparar previamente para participar dos espaços como escola e empresa.
Pede concessões ao sistema.	Exige ruptura nos sistemas.
Mudança visando prioritariamente as pessoas com deficiência.	Mudança que beneficia toda e qualquer pessoa.
Contenta-se com transformações superficiais.	Exige transformação profunda.
Pessoas com deficiência se adaptam às realidades dos modelos que já existem na sociedade, que faz apenas ajustes.	Sociedade se adapta para atender às necessidades da pessoa com deficiência e com isso torna-se mais atenta à necessidade de todos.
Defende o direito da pessoa com deficiência.	Defende o direito de todas as pessoas com e sem deficiência.
Insere nos sistemas os grupos de excluídos que provarem estar aptos.	Traz para dentro dos sistemas os grupos excluídos e paralelamente transforma esses sistemas para que se tornem de qualidade para todos.
Como reflexo de um pensamento integrador, citamos a tendência a tratar a pessoa com deficiência como um bloco homogêneo. Por exemplo: todos os cegos são bons massagistas.	Valoriza a individualidade das pessoas com deficiência, que podem ou não ser boas profissionais.
Tende a disfarçar as limitações para aumentar as chances de inserção.	Não quer disfarçar as limitações porque elas são reais e importantes.
A simples presença de pessoas com e sem deficiência no mesmo ambiente tende a ser suficiente para ser considerado integrador.	Não se caracteriza apenas pela convivência de pessoas com e sem deficiência em um mesmo ambiente.
Incentiva pessoas com deficiência a seguir modelos, não valorizando, por exemplo, outras formas de comunicação como a Libras. Seríamos, então, um bloco homogêneo de pessoas sem deficiência, rodeado pelas que apresentam diferenças.	A partir da certeza de que todos somos diferentes, não existem "os especiais" nem "os excepcionais". O que existe são pessoas com deficiência.
O adjetivo integrador é usado quando se busca qualidade nas estruturas que atendem apenas às pessoas com deficiência consideradas aptas.	O adjetivo inclusivo é usado quando se busca qualidade para todas as pessoas com e sem deficiência.

Fonte: elaborado pela autora

Agora precisamos de um novo "upgrade" no tema, porque a luta da pessoa com deficiência e seus familiares era ter direitos. Começamos por ter direito à educação, na época da integração, depois evoluímos para a educação com qualidade; no momento da inclusão, conquistamos ainda mais com educação, direito ao trabalho e bem-estar para todos.

Os direitos, nós os conquistamos, agora precisamos fazer com que se cumpram esses instrumentos. Lutamos tanto para ter direitos que conquistamos até o direito de ter dever.

No trabalho, a pessoa com deficiência era contratada apenas para que a empresa cumprisse a cota determinada pela lei. Hoje, não. Com direito à acessibilidade, e todas as formas de adaptações existentes, tecnologias assistivas, pessoas mais bem informadas sobre o tema, transporte público melhor, isenção de impostos para compra de carros adaptados, a pessoa com deficiência pode e deve ser cobrada por resultados.

Nós sempre desejamos ser contratados como todo mundo, como as pessoas sem deficiência. Então trabalhemos como as outras pessoas quando a contratação chegar!

Esse movimento de responsabilidade mútua, de cobrança por parte da pessoa com deficiência pelos seus direitos tanto quanto de cobrança por parte da empresa por resultados do trabalho é o patamar seguinte ao da inclusão, que eu denominei de Neoinclusão.

A Neoinclusão é a corresponsabilidade, a participação da pessoa com deficiência na sua própria inclusão e, na continuidade dessa inclusão. Esse encorajamento de ambas as partes, numa relação profissional e não de obrigatoriedades, é que vai trazer o resultado esperado. Entrar, hoje em dia, é fácil. E se manter com qualidade e produtividade? Isso depende de todos.

No começo dos anos 2000, a inclusão profissional já estava assegurada, mas eu continuava olhando para a situação geral e pensava comigo mesma que algo estava faltando. Aconteciam atritos e conflitos entre pessoas com e sem deficiência, principalmente entre gestores e profissionais com deficiência, e eu não entendia as razões. Eu tinha consciência de que não era mais o momento de dar tudo para a pessoa com deficiência, de entregar tudo pronto para ela. Ela vive em sociedade e, como qualquer pessoa, deve ser protagonista de suas escolhas.

Passou o momento em que não havia vagas reservadas para estacionamento no shopping e a pessoa com deficiência tinha que brigar para conseguir parar o carro. Agora existem as vagas reservadas e quase todo mundo respeita, mesmo porque agora é infração de trânsito estacionar indevidamente, se não tiver uma credencial.

O cadeirante já consegue caminhar com a cadeira rodas porque os espaços são mais acessíveis, nos shoppings, nas empresas, nos espaços públicos. A norma NBR 9050 da ABNT definiu o desenho universal, que serve para todos: idosos, crianças, gestantes, obesos, pessoa com deficiência ou dificuldade de locomoção temporária.

A rampa não existe só para o cadeirante, todos podem usar. Ou o assento azul do metrô, que pode ser usado por qualquer pessoa se não estiver presente uma pessoa nas condições previstas de preferência.

Com todas essas modificações no ambiente, as pessoas com deficiência estão em condição de buscar seu protagonismo, sua responsabilidade na sociedade e no mundo do trabalho.

VISÃO OTIMISTA DO FUTURO

Sou otimista, entendo a realidade do meu país e acho que dentro de algum tempo alcançaremos o nível de entendimento de países desenvolvidos em relação às pessoas com deficiência. Estou vendo um movimento muito rápido e muito abrangente, nos últimos dez anos ou pouco mais, em áreas que eram muito críticas, como o transporte público, tecnologias assistivas, acessibilidade e até sobre as barreiras atitudinais das pessoas sem deficiência.

Os jovens que nasceram depois do ano 2000 já se acostumaram a encontrar pessoas com deficiência em todos os lugares. Na rua, nos restaurantes, no trabalho, e enxergam tudo com mais naturalidade, sem aquelas más experiências de quem viveu antes deles. Crianças nas creches, nas escolas, sempre têm coleguinhas com deficiência, brincam com eles e são suas amigas.

Nos shoppings, cinemas, a mesma coisa. Talvez porque as crianças e jovens de agora têm a cabeça mais avançada no sentido de aceitar a diversidade — e não só a pessoa com deficiência, mas refugiados de outro país, com diferentes culturas e modos de vida, pessoas LGBT e outras minorias. Tudo isso mexe com a aceitação das pessoas.

E, por último, os avanços tecnológicos têm permitido às pessoas com deficiência equipamentos mais eficazes, melhor qualidade de vida, seguindo num movimento de equiparação — dentro dos seus limites, é claro — com as pessoas sem deficiência.

Eu acredito numa continuidade de evolução em todos os aspectos. Estou certa de que em 2030 teremos um Brasil muito diferente, para melhor.

O QUE É A NEOINCLUSÃO E OS SEUS BENEFÍCIOS PARA A EMPRESA E PROFISSIONAIS COM DEFICIÊNCIA

Agora, é exatamente aqui que queremos, é claro, afirmar de pronto que pessoas com impedimentos e deficiências associadas não são improdutivas. Elas podem contribuir para a sociedade de diversas maneiras, desde que a sociedade crie as condições sob as quais elas possam fazer isso.[1]

A Neoinclusão surgiu da minha observação.

Eu avaliei as minhas próprias atividades, enquanto consultora de empresas em formulação e implementação de programas de inclusão, dedicando atenção especial ao comportamento das pessoas com e sem deficiência que estavam envolvidas. Observei uma mudança de comportamento e até novas situações que surgiam e que não aconteciam anteriormente.

Antes, eu não ouvia uma pessoa com deficiência reclamar que estava num mesmo cargo há mais de sete anos, fazendo as mesmas atividades. Comecei a ouvir frases assim: "Eu me preparei, estudei, cumpro minhas metas, não quero ficar na mesma vaga a vida toda. Eu quero mais! Eu sonho mais!"

1 NUSSBAUM, Martha C. *Fronteiras da Justiça — Deficiência, Nacionalidade, Pertencimento à Espécie.* São Paulo: Martins Fontes, 2013.

Percebi, então, que a pessoa com deficiência tinha ultrapassado a barreira da exclusão e queria entrar em uma empresa para desenvolver um trabalho a partir de seu esforço pessoal. Mas também queria reconhecimento.

Nesse exemplo que citei, a pessoa foi em busca de uma faculdade durante o período em que trabalhava, mas o diploma não foi levado em consideração pela empresa e por isso não resultou em promoção. Podemos supor que outras pessoas que não tivessem a condição dela, com certeza solicitariam uma promoção e conseguiriam, pela conclusão da faculdade. Posso testemunhar que ela era uma ótima profissional, liderava um processo bastante complexo sozinha, mas enfrentava uma organização não inclusiva, sem oportunidades iguais.

Por outro lado, os gestores, que em sua maioria não têm deficiência, começaram a ficar insatisfeitos com a ineficiência que algumas pessoas com deficiência apresentavam. Em outros tempos, esse mesmo gestor simplesmente desconsideraria os números e o profissional com deficiência e o manteria ignorado em sua posição. Já falamos anteriormente da acomodação, da postura inadequada e da falta de entusiasmo de muitos daqueles que entram nas empresas pela Lei de Cotas.

Em comparação com o modelo tradicional, ficava evidente uma mudança, porque antes o gestor nem se importava com a presença do "cotista". Agora, ele também queria mais do profissional!

A situação, como estava, não era confortável nem produtiva para o profissional com deficiência ou para a empresa. A inquietação, dos dois lados, mostrava que era preciso mudar.

Comecei a observar esse movimento por volta de 2009 e me perguntava qual era a diferença entre o que eu estava fazendo e o que estava acontecendo ao meu redor. Uma das minhas hipóteses foi de que o perfil tinha mudado, tanto das pessoas com deficiência quanto das empresas que as estavam empregando, e até mesmo o momento da pessoa com deficiência na sociedade, com as garantias que tínhamos conquistado, especialmente com os novos conceitos da Lei Brasileira de Inclusão.

Quando comecei a minha fase de observação atenta, enquanto ainda atuava dentro de empresa, como empregada, tratei de promover mudanças nos programas que eu coordenava, para ajustá-los às novas expectativas que identifiquei.

Percebi que o que eu estava fazendo não atendia plenamente ao que era esperado e então fui ampliando o espectro de abrangência dos projetos. Por exemplo, fui desenvolvendo ações na área de segurança do trabalho. Também investi na formação das pessoas com deficiência que entrariam na empresa. Como a organização era um conglomerado, tive a oportunidade de participar de reuniões com todos os vice-presidentes das unidades de negócios, apresentando passo a passo o que planejava e desenhava para o novo programa.

As ações que implementei, no último programa de inclusão que coordenei de dentro de uma empresa, envolveram uma equipe multidisciplinar, saúde, segurança do trabalho, RH, gestão, pessoas com deficiência, alta liderança e infraestrutura.

Esse foi meu pequeno case, porque não dei conta de colocar em prática tudo o que era necessário antes de deixar a empresa.

Quando iniciei minha consultoria, a principal intenção era poder oferecer serviços diferenciados aos meus clientes, adequados aos novos tempos, com acompanhamento, acolhimento para empresas e profissionais com deficiência de maneira mais global, holística.

Não estávamos mais num momento da integração tradicional, limitada à contratação de pessoas com deficiência e colocação na empresa. Mas ainda não tínhamos acesso a reconhecimento, desenvolvimento profissional e salário isonômico. E, também, já era hora de superar o comodismo dos que se contentavam em ser apenas um número de cota.

Então desenhei a Neoinclusão, que é um espaço intermediário entre a inclusão e o futuro, no qual não há diferenças entre os profissionais quanto a atração, retenção e desenvolvimento.

A Neoinclusão é o avanço da inclusão

Mas, o que é a Neoinclusão?

É um modo de pensar a inclusão no mundo do trabalho de uma forma corresponsável entre a empresa e o profissional, cada um com suas demandas e suas respostas.

A Neoinclusão parte do novo entendimento de deficiência, que coloca o ambiente como fator principal, tanto na criação de oportunidades quanto na imposição de barreiras. Esse novo conceito, ao mesmo tempo em que exige a adequação de ambientes e atitudes, requer a equivalência de responsabilidades.

Atualmente, da empresa é esperado que:

1. cumpra os percentuais legais de contratação; e

2. ofereça condições de oportunidades iguais aos seus profissionais, superando as barreiras físicas e atitudinais que impeçam a inclusão.

Por outro lado, em um ambiente inclusivo, é esperado que um profissional com deficiência realize suas atividades no mesmo nível de desempenho e qualidade que os demais profissionais.

Assim, a Neoinclusão é um conceito de inserção no mundo do trabalho que busca atender à demanda da empresa pelo desempenho de seus profissionais e dos profissionais com deficiência por condições iguais de desenvolvimento e reconhecimento.

A Neoinclusão é uma abordagem mais moderna do que a inclusão e mais estratégica, no sentido de que envolve todos os níveis de decisão e também os stakeholders da empresa. Planejei muito cada etapa que observei, fui buscar subsídios, projetei probabilidades, analisei causas e possíveis consequências, de 2009 até 2014. Foi um longo período de amadurecimento de um método de inserção do profissional com deficiência no mundo do trabalho que estivesse adiante da mera integração e também da inclusão, como vem sendo feito.

Como atitude simbólica, proponho que o primeiro passo seja aplicar a nomenclatura "profissional com deficiência" para qualificar os empregados dentro da empresa.

Fora da empresa, a pessoa é cidadã e dentro da empresa é profissional, e como tal deve ser respeitada, avaliada, desenvolvida, remunerada, reconhecida e cobrada. Sem esquecer que a cobrança depende das condições de acessibilidade que o ambiente oferece para esse profissional, do reconhecimento e da remuneração adequada. A palavra profissional carrega, também, o sentido fundamental da entrega.

No termo profissional não cabe, portanto, nada que se assemelhe a assistencialismo, até porque corporações não são instituições sociais. É preciso deixar de lado a relação pessoal, de tolerância, de favor ou benemerência. E, pelo contrário, estabelecer uma relação de trabalho: o profissional entrega e também recebe. Simples assim, como todo mundo.

Essa é uma relação mais racional e deve estar incluída em todos os processos internos da empresa — no recrutamento e seleção, na entrevista, na acessibilidade, na oferta de mobiliário e equipamentos adequados, na avaliação de desempenho, no planejamento de treinamento, metas e carreira.

A Neoinclusão traz resultados para a empresa porque já começa nesse patamar profissional, levando um novo empregado a compor a equipe e trabalhar para prover resultados. Por isso, a sua implementação deve ser muito bem discutida e planejada, com preparação cuidadosa dos gestores, principalmente do RH, de modo que tudo esteja pronto quando se decidir levar o profissional com deficiência para dentro da empresa.

A empresa tem que se preparar antes, mapear toda a interface e toda interferência que seus processos internos podem ter no sucesso dessa contratação e considerar a ideia como uma iniciativa estratégica para o negócio. Afinal, essas pessoas vão contribuir para seu produto ou serviço diretamente, além de representar os seus clientes, dentro da empresa.

AS FACETAS DA NEOINCLUSÃO

No processo de elaboração da Neoinclusão, desenvolvi um sistema moderno e estratégico, desde que suas quatro facetas inseparáveis atuem em conjunto e harmonia, conforme resumido na tabela a seguir:

NEOINCLUSÃO

PARTICIPANTES	CARACTERÍSTICAS	TAREFAS
Profissional com deficiência.	Proativo, dedicado e ao mesmo tempo exigente com a empresa e consigo mesmo.	Entregar resultados, estar alinhado com a empresa na busca de metas, objetivos, qualidade e inclusão.
RH e gestores da empresa.	Planejam e conduzem o programa de Neoinclusão no dia a dia.	Levar o conceito para dentro da empresa, construir o modelo que atenda às necessidades tanto do profissional com deficiência quanto da empresa.
Alta direção	Patrocinadora do processo, cabe a ela o acompanhamento e a validação do planejamento e dos resultados alcançados.	Inserir a Neoinclusão na cultura organizacional da empresa e fazer com que se torne parte do negócio.

PARTICIPANTES	CARACTERÍSTICAS	TAREFAS
Programa	Não se resume a ações pontuais, mas deve ser estruturado de maneira a fazer parte da cultura da empresa e permear todos os processos internos.	Definição clara do que se espera do profissional com deficiência e da liderança, envolvimento de todas as áreas da empresa.

Fonte: elaborada pela autora

A Neoinclusão se aplica a qualquer tipo de negócio, em qualquer área, e a empresas que estejam em qualquer etapa de inclusão de profissionais com deficiência, mesmo aquela que quer iniciar um trabalho, apesar de não ter obrigatoriedade legal.

Gosto muito de uma frase que sintetiza a verdadeira ideia de inclusão da pessoa com deficiência:

Não tem nada pior do que olhar para o outro e prender o outro na sua incapacidade. Por outro lado, não tem generosidade maior do que poder olhar para o outro além de sua incapacidade.[2]

Isso quer dizer que a empresa tem que lidar com o profissional com deficiência de maneira igualitária, oferecer oportunidade para ele entrar e fazer o seu trabalho, mas também olhar para sua diferença quando necessitar de adaptação, seja ela instrumental ou de adequação do meio físico e humano. Esse é um resumo do conceito de Neoinclusão.

PREPARANDO O PENSAMENTO ESTRATÉGICO

A empresa, resolvidas as questões mais básicas de infraestrutura e acessibilidade, deve passar para a etapa de envolver a equipe de gestores e de RH. É um momento de alinhamento de conceitos.

Essas são as atividades que eu mais realizo com a minha consultoria, que têm o objetivo de ressignificar a pessoa com deficiência. Trabalho muito a questão da separação da deficiência da pessoa de sua competência profissional. Exponho que essa pessoa deve ser tratada como

---

2 Frase de Lama Padma Samten, Lama budista brasileiro, mestre em física quântica.

qualquer outro empregado, respeitando, é claro, as peculiaridades de sua deficiência.

O gestor e os colegas de equipe não podem ignorar essa característica marcante, mesmo porque essa condição vai impactar tanto no modo como vamos nos relacionar com a pessoa quanto no modo como ela vai desenvolver o seu trabalho dentro da empresa. Mas não devemos dar um peso maior do que o real para essa característica.

O trabalho inicial com os líderes das empresas é ouvir muito. Busco identificar o que eles supõem que seja o profissional com deficiência e as crenças limitadoras que eles trazem em relação a esse público. Desse modo, posso desmistificar aquilo que não é realidade e ao mesmo tempo mostrar, aos líderes, alternativas para que consigam gerenciar sua equipe tendo profissionais com deficiência em seu dia a dia.

Ocorre às vezes, e isso não é incomum, encontrar líderes que carregam preconceitos e ideias decorrentes da falta de informação. Em geral, reagem à ideia de contratação de profissionais com deficiência a partir de razões particulares. São frases como: "Mas as pessoas deficientes são assim", "eu já ouvi falar que...", "eu acho...". Todos esses "eus" exibem uma visão muito pessoal e pouco justificada.

O que faço para modificar tais ideias são dinâmicas, jogos corporativos, rodas de conversa e construção coletiva, e às vezes até pode ser necessário um trabalho mais focado em um indivíduo. Faz parte de meu trabalho também a continuidade desse desenvolvimento. Assim, encaminho para o RH orientações de como lidar com atitudes de resistência dos líderes.

Preconceito é algo que não se rompe, não se quebra, porque é individual, pessoal e intransferível. Não consigo mudar a mentalidade de uma pessoa, enquanto sujeito. O que a gente pode trabalhar é a consciência coletiva da empresa. Daí a importância da informação correta.

O que faço, em conjunto com a empresa, é implementar novos procedimentos e diretrizes estratégicas. Tudo isso vai compor com o código de ética e definir a cultura aprendida da empresa, o que pode contribuir para modificar ideias prontas de alguns líderes resistentes, porque terão que se adequar à nova realidade.

Geralmente uso esta frase com líderes mais reativos à iniciativa inclusiva das empresas nas quais trabalham: "Se você não vai fazer, a concorrência vai." E é então que entra a alta direção. Fazer a empresa evoluir depende de decisão e de participação dos níveis mais altos da corporação, para que esse caminho seja iniciado com segurança. É uma questão de estratégia.

Debatemos longamente o que cada gestor espera do profissional com deficiência dentro do seu setor — o gestor que nada espera não está pronto para contratar. E devo dizer que não é incomum haver gestores que levam para a alta direção pareceres contrários à mudança, com experiências negativas de inclusão, a fim de minar a iniciativa e o ânimo da empresa.

Como os CEOs — Chief Executive Officer — raramente se envolvem com detalhes da operação da empresa, os programas de inclusão são implementados pela média gerência, com o risco de que possam se transformar em ações desconectadas e descontinuadas. Novamente, isso reforça a importância do envolvimento da alta direção e do pensamento estratégico.

Questões pessoais não devem ser levadas ao universo corporativo. É o caso de gestores que não toleram trabalhar com negros ou com pessoas LGBT+, seja como equipe ou como pares. Se a empresa aposta na diversidade, a manutenção dessa intolerância no ambiente profissional não pode prevalecer sobre as diretrizes gerais da empresa.

Porém, quando um programa de inclusão é tratado como parte importante da cultura organizacional, quando se consegue envolver os empregados em geral e seus gestores, o processo chega à alta direção de maneira favorável e tem tudo para dar certo. Esse é um processo com várias etapas a serem cumpridas. Trataremos delas nos próximos capítulos.

Benefícios da Neoinclusão

Mas, por que seguir esse caminho?

O primeiro benefício desse programa é a sua característica de envolver todas as áreas da empresa, buscando melhor integração entre os profissionais com e sem deficiência, reduzindo possíveis conflitos e barreiras. Além, é claro, de oferecer a oportunidade de construir um programa a várias mãos, com contribuição significativa de todas as áreas, proporcionando um sentimento de pertencer a uma construção coletiva, em que todos são responsáveis.

Um segundo benefício é que as empresas constroem uma imagem positiva, o que lhes propicia a simpatia dos veículos de comunicação e quase certamente ganham mídia espontânea. Passam a ser vistas como empresas socialmente responsáveis, que incluem a diversidade no seu negócio, no seu dia a dia, que dão oportunidade para pessoas com deficiência, e isso tudo tem muito apelo na sociedade.

A Neoinclusão pressupõe o cumprimento da Lei de Cotas. Mas também cria uma cultura, e em vez de contratar alguém que não renderá trabalho simplesmente para cumprir uma lei, ganhará um profissional que vai trabalhar como os demais e trazer resultados. Há ainda um benefício financeiro indireto que é o afastamento da aplicação da multa.

Essa empresa, por estar em conformidade com a lei, pode participar de licitações públicas. Além disso, quando um colaborador encontra uma empresa que o atende e o valoriza, ele se fideliza, trabalhando por mais tempo nessa organização, reduzindo a rotatividade de empregados, o que também é um elemento de ganho econômico.

Trabalhador motivado rende mais — qualquer empresário inteligente sabe disso. O empoderamento — palavra da moda, mas aplicável perfeitamente a esse nosso contexto —, que a Neoinclusão dá ao profissional com deficiência, torna-o protagonista do seu próprio desempenho, da sua carreira e da sua história profissional, capaz de decidir o que aceita e o que refuta. Do outro lado, a empresa oferecerá instrumentos e ferramentas que o incentivem em todos esses aspectos, fazendo dele um profissional mais produtivo e mais seguro.

Sempre é possível acontecer um descompasso no início dos programas, porque o profissional com deficiência, assim como as empresas, possivelmente teve más experiências anteriores e adquiriu certos vícios e certos medos. Mas, se o programa for estruturado desde o início, com cada etapa bem pensada e planejada, a empresa terá ferramentas para colocar esse empregado alinhado com suas expectativas. Do lado do profissional com deficiência, ele tem instrumentos e garantias legais, hoje, para se posicionar com mais desenvoltura às demandas da empresa. Ganham os dois lados.

Tudo colocado à disposição do profissional com deficiência, agora ele tem que adotar uma postura de cobrar de si mesmo mais resultados, cobrar de si mesmo entrar de verdade no mercado de trabalho.

Por outro lado, tudo está colocado também à disposição da empresa. Com a nova lei e a nova postura do empregado com deficiência, chega de tratá-lo como "café com leite", empregado de segunda linha, coitadinho.

A Neoinclusão traz, portanto, equilíbrio entre as responsabilidades da empresa e as necessidades do profissional com deficiência.

Traz também a inovação de permitir um olhar diferente e favorável ao profissional com deficiência e realmente oferecer oportunidades para que ele seja parte da equipe. É uma tendência global.

A Neoinclusão também contribui para a perenidade dos negócios das empresas, não só pelo aspecto financeiro que já mencionei, mas pela credibilidade e boa imagem junto ao público. Os principais garotos-propaganda de um negócio são os empregados. Se eles têm orgulho da empresa, são reconhecidos e respeitados, falam bem dela para a família, para os amigos, e a rede positiva só aumenta, extrapolando os muros da empresa.

E atualmente são milhares e milhares de pessoas debatendo o assunto da inclusão.

A sustentabilidade do negócio se reflete na boa imagem da marca e consequentemente do produto ou serviço que a empresa comercializa.

Eu, por exemplo, já recebi um prêmio de qualidade e excelência no atendimento por causa de um programa de inclusão que realizei dentro de uma empresa onde trabalhava. E existem alguns incentivos de divulgação, como o "Prêmio Melhores Empresas para Trabalhadores com Deficiência do Estado de São Paulo", e o "Selo de Empresa Inclusiva", também iniciativa paulista, e ainda o ranking da *Great Place to Work* e o ranking do Instituto Ethos, que premiam e divulgam empresas que foram destaque por sua gestão inclusiva e sustentável.

IMAGEM É TUDO

O que o mercado preconiza, hoje? Minha resposta, primeiramente, vai remeter ao mercado, propriamente. Uma série de certificações que, de maneira prática, envolvem a parte social e a parte ambiental. E há também outras certificações, talvez não práticas, mas tão ou mais valiosas para o negócio de uma empresa — e posso afirmar que, quanto maior a empresa, mais valiosas.

Refiro-me ao título de melhor empresa para trabalhar, ao índice de qualidade de vida dos colaboradores, à mídia espontânea. Tudo isso contribui para melhorar a imagem da empresa e reflete necessária e positivamente no seu negócio. Em suma, realizar a inclusão de maneira adequada resulta em ter os melhores profissionais, as melhores avaliações e quase sempre melhor presença na mídia. Valorizam-se os produtos e serviços da empresa e isso leva a uma credibilidade e simpatia junto a clientes e fornecedores. No fim, gera mais lucro, porque a boa imagem da empresa contribui para a atração de mais consumidores.

Essas cobranças da sociedade por atitudes corporativas positivas, que eu diria que são até culturais, são um sinal das mudanças que o mundo enfrenta, voltando-se para as minorias, públicos até recentemente relegados. São públicos específicos, com demandas específicas, à espera de empresas que os atendam satisfatoriamente. As empresas precisam se adaptar para agradar esses clientes, eventualmente mudando o produto, a sua embalagem e até a sua forma de divulgação e apelo.

Em relação à pessoa com deficiência, existe não só esse apelo para a empresa de estar em conformidade com o que o mercado espera, mas também um posicionamento diante dos seus concorrentes, que poderão já estar atuando nesse sentido. Exemplo: companhias subsidiárias que, por determinação de suas matrizes (sediadas no exterior e onde a cultura da inclusão já está consolidada), contam com programas de inclusão bem estabelecidos.

E, evidentemente, também o fato de que, ao não incluir profissionais com deficiência, a empresa terá um problema legal. Por exemplo, não há uma legislação versando sobre inclusão de outras minorias, como a do público LGBT+, mas caminhamos para a aceitação e valorização de todas as minorias.

No atual contexto brasileiro, o foco da alta liderança das empresas está mais voltado para a necessidade do cumprimento da legislação. Nas empresas com as quais trabalho como consultora, sempre faço uma reflexão conjunta, apresentando os valores da multa e seu impacto financeiro mensal pelo descumprimento da Lei de Cotas, principalmente no caso de reincidência, e todo esse estudo de imagem interna e externa da empresa. Demonstro que é um processo de ganha-ganha.

A empresa vai oferecer uma oportunidade a um profissional que vai entregar o trabalho para o qual está preparado, mas vai ganhar muito mais do que apenas o resultado do trabalho desse empregado, pois ganhará: uma boa imagem junto ao público interno e externo, ou seja, junto à comunidade, junto aos parceiros que envolverá para desenvolver o programa de inclusão, como o Ministério do Trabalho e outras empresas que podem aproveitar o seu case para desenvolver programas semelhantes etc.

Os benefícios tangíveis e intangíveis são diversos para uma empresa que contrata pessoas com deficiência por meio de programas bem estruturados de inclusão.

Os benefícios tangíveis são financeiros, derivados do fato de terem bons profissionais e do fato de não jogar dinheiro fora pagando multas por falta de cumprimento de cotas e perdendo capacidade de participar de licitações e concorrências. Posso ainda mencionar a pesquisa realizada pela consultoria McKinsey, em 2018, com 1 mil empresas. Segundo a pesquisa, empresas que respeitam e adotam a diversidade obtêm lucros maiores que as demais.

Quanto aos benefícios intangíveis, talvez o mais relevante seja o de ter que investir menos em propaganda, já que as empresas têm grande chance de aparecer na mídia como bons exemplos de instituições que empregam e valorizam pessoas com deficiência.

MÍDIA ESPONTÂNEA

Um dos benefícios pode ser a presença, por exemplo, numa publicação como a revista *Exame*, que registra as melhores empresas para se trabalhar, uma referência positiva de inestimável impacto positivo.

A edição de número 1182 dessa revista, por exemplo, datada de 3 de abril de 2019, tratou do "Poder da Diversidade", e mostrou as 36 empresas (dentre 109 pesquisadas) com as melhores práticas em inclusão e desenvolvimento de mulheres, negros, pessoas com deficiência e LGBT+. A própria revista anuncia os ganhos para essas empresas: "Mais inovação, mais rentabilidade e mais oportunidades para todos."

Na inclusão adequada de pessoas com deficiência, a edição citada da revista *Exame* destaca, como empresas acima da média (nota maior que 7), a General Motors, John Deere, Boticário, Diageo, Johnson & Johnson, Natura, Nestlé, Procter & Gamble, Souza Cruz, PwC, Schneider Eletric, Santander, Citibank, Itaú, Shell, Basf, Serasa e Via Varejo.

No levantamento das 109 empresas consultadas pela revista *Exame*, alguns dados chamam a atenção, com relação à maturidade na promoção da diversidade: 82% têm a promoção da diversidade e da inclusão no planejamento estratégico e 63% dispõem de iniciativa específica para a contratação de pessoas com deficiência e têm indicadores.

MELHORES EMPRESAS PARA SE TRABALHAR

Em empresas onde conduzi programas de inclusão como colaboradora, fui responsável pelo processo de respostas a pesquisas de institutos especializados em levantamento de dados e auditorias para classificação do grau de bem-estar e satisfação dos trabalhadores. Várias das perguntas dos questionários se referem às condições de trabalho das pessoas dentro do ambiente corporativo.

No geral são atribuídas notas de 1 a 5 pontos. Para a pergunta: "Tem cota cumprida de contratação de profissionais com deficiência?", o valor é mínimo, isso é, 1. Para receber nota 5, a empresa deve dizer sim para uma pergunta mais completa: "Tem cota cumprida, desenvolve as pessoas, tem plano de carreira, tem pessoas em todos os níveis de hierarquia e possibilita a promoção funcional?"

São várias as organizações que coordenam essas pesquisas de clima organizacional. Uma delas é a *Great Place to Work*. Desenvolvi trabalhos numa empresa que recebeu excelente classificação dessa organização por vários anos seguidos. O próprio Instituto Ethos é outra organização que faz auditorias para conceder certificados de sustentabilidade para empresas.

Os resultados, divulgados para o público, representam um ótimo ganho para a marca, e as empresas costumam se esforçar bastante para alcançar bons índices nessas pesquisas de clima.

Todo fornecedor tem o sonho de ter, em seu pool de clientes, uma empresa certificada, premiada e reconhecida pela sociedade, assim como estagiários e profissionais que desejam fazer carreira e ter essa experiência em seu currículo. A empresa ganha ao atrair parceiros e profissionais de qualidade.

Prêmios de qualidade

Existem também associações que conferem prêmios de qualidade. Uma das empresas que atendi ganhou um prêmio oferecido pela ABT — Associação Brasileira de Tecnologia Educacional — por um projeto relacionado com qualidade no atendimento ao cliente por profissionais com deficiência.

No âmbito governamental, existe o Prêmio Empresa Inclusiva, do governo do estado de Minas Gerais (Secretaria de estado de Trabalho e Desenvolvimento Social, em parceria com a Federação das Indústrias do estado de Minas Gerais), que uma das empresas que atendi também venceu. Também existe o Prêmio Melhores Empresas para Trabalhadores com Deficiência e o Prêmio Ações Inclusivas para Pessoas com Deficiência, ambos promovidos pela Secretaria de estado dos Direitos da Pessoa com Deficiência de São Paulo.

Existem, portanto, várias iniciativas que incentivam a mudança de cultura das empresas, aferindo a qualidade da inserção e inclusão de pessoas com deficiência.

Mais do que prêmios, a imagem de respeito à diversidade do público interno pode trazer bons negócios.

E, no Brasil, como já mencionei, as pessoas com algum tipo de deficiência são cerca de 20% da população, sem contar os familiares.

Falando de outro público para exemplificar o apelo de novos tempos no mercado, há um case de publicidade bem significativo. A marca de desodorantes Rexona resolveu lançar, há alguns anos, um desodorante especial para pele morena e negra em sua especificidade. Certamente, a decisão foi originada de pesquisas internas e externas com este público, que contribuiu com a sua experiência pessoal.

Um programa de qualidade de tratamento a públicos internos, que privilegia a diversidade, reflete claramente na aceitação dos produtos ou serviços que a empresa oferece, pois este consumidor se sente representado. Fazer isso é lidar com a estratégia do negócio.

Todas essas questões fazem parte do conceito geral que a população tem da inclusão. Não basta contratar pessoas com deficiência. É preciso estar atento a todos os aspectos da inclusão.

Nos próximos capítulos vamos mostrar como um programa de Neoinclusão deve ser pensado e estruturado.

PARTE

2

A CRIAÇÃO DE UM PROGRAMA DE NEOINCLUSÃO

CAPÍTULO 4   Aspectos legais da inclusão de profissionais
com deficiência que os líderes e o RH precisam
conhecer   **61**

CAPÍTULO 5   A Neoinclusão na cultura organizacional   7**3**

CAPÍTULO 6   A formação de um comitê multidisciplinar para
pensar e formular o programa de Neoinclusão   **85**

CAPÍTULO 7   Como desenvolver um programa de inclusão com
uma abordagem neoinclusiva?   **99**

ASPECTOS LEGAIS DA INCLUSÃO DE PROFISSIONAIS COM DEFICIÊNCIA QUE OS LÍDERES E O RH PRECISAM CONHECER

Antes de qualquer outra coisa, parece-me importante traçar o perfil do trabalhador brasileiro com deficiência.

Realizei uma pesquisa a partir de dados da RAIS — Relação Anual de Informações Sociais[1] —, divulgados em setembro de 2018. São os dados mais recentes que temos disponíveis, e apresentam um panorama do Brasil quanto aos profissionais com deficiência.

A primeira constatação é que, embora o último censo do IBGE — Instituto Brasileiro de Geografia e Estatística —, em 2010, demonstre que o Brasil tem 45 milhões de pessoas com deficiência (ou seja, quase 24% da população), eram apenas 441.339 trabalhadores com deficiência com vínculo formal de trabalho no Brasil, em 2017. Esse número representava pouco menos que 1% do total de trabalhadores. Menos mal que, em relação a 2016, tenha havido um aumento de 22.818 (0,48%),

1 RAIS — Relação Anual de Informações Sociais, relativos aos anos de 2016 e 2017, divulgados em setembro de 2018. Informação disponível em http://pdet.mte.gov.br/rais?view=default.

percentual equivalente ao do total dos empregados. Mas isso ainda é muito pouco.

Vejamos outros dados que essa edição da RAIS nos revela.

- Onde estão — A distribuição dos empregos pelo território nacional mostra uma concentração no Sudeste, que, com 224.801, chega a cerca de 51% dos empregados. No entanto, é no Sul que se encontra a maior participação dos empregados com deficiência, 1,06%, contra 0,98% no Sudeste. Tanto em termos absolutos quanto relativos, o Norte é a região com menor número de empregados com deficiência. Entre 2016 e 2017, no entanto, o Sudeste foi a única região que apresentou redução no número de empregos.

- Quem são — Na distribuição dos empregados em termos de tipo de deficiência, a física representa quase metade do total (48,23%), seguida pela auditiva (18,85%) e visual (14,08%). O tipo de deficiência com menor número de trabalhadores é a múltipla (1,7%). A deficiência intelectual participa com 8,31% e os reabilitados são 8,79%.

Houve aumento de empregos em todos os segmentos, sendo que o maior crescimento em 2017 aconteceu dentre os trabalhadores com deficiência visual, que variou positivamente 16,27% em relação a 2016. A menor variação foi verificada entre os reabilitados, cujo número permaneceu praticamente estável. Esses dados contrastam com a estabilidade do número de empregados sem deficiência.

Os homens são maioria absoluta, 63,9%, com distribuição relativamente equivalente entre os tipos de deficiência. Comparativamente, no universo dos empregados sem deficiência, os homens representam 55,9%.

- Formação — A distribuição, levando em conta o grau de instrução, mostra uma concentração de profissionais com deficiência com ensino médio completo (46,6%) e isso em todos os segmentos. Essa situação equivale à distribuição escolar de empregados sem deficiência (48%). O grau de escolaridade superior completo reúne 17%, com destaque para empregados com deficiência visual (20,62%) e física (19,41%). Aqui há uma diferença maior em relação aos demais trabalhadores, que reúnem 22% com nível superior completo.

- Quanto recebem — No que diz respeito à remuneração, em 2017 os empregados com deficiência apresentaram uma média de R$ 2.725,68, contra uma média geral de R$ 2.975,52. Considerando os valores por sexo, os homens têm média de R$ 2.903,83 e as mulheres, R$ 2.405,62, uma diferença de 18%. No universo dos empregados sem deficiência, o salário masculino é de R$ 3.184,84 e o feminino é de R$ 2.710,99, uma defasagem de 15%. Ainda nesse recorte, alguns números chamam a atenção.

A maior remuneração média é dos reabilitados masculinos, R$3.296,63. A menor é a das mulheres com deficiência intelectual, R$1.221,15. É interessante notar que a menor diferença entre a remuneração por sexo é encontrada no universo da deficiência intelectual, 9%. Mas esse também apresenta a menor remuneração geral, R$ 1.305,73. A maior remuneração por segmento é a dos reabilitados (R$ 3.119,37), seguido por deficiências visuais (R$ 2.888,13) e físicas (R$ 2.859,81).

Na relação entre grau de instrução e remuneração, a maior média salarial é encontrada na educação superior completa (R$ 5.935,75), enquanto a menor está entre os analfabetos (R$ 1.479,77). Essa escala é similar à dos empregados sem deficiência. No entanto, há uma defasagem entre a média salarial das pessoas com deficiência em relação aos demais empregados, que, no geral, é de 9%.

O empregado com deficiência típico — A partir desses dados, é possível traçar o perfil do empregado com deficiência. Esse empregado típico é homem, com deficiência física, trabalha no Sudeste, tem formação secundária completa e recebe cerca de R$ 2.903,83.

A VIRADA DE CHAVE DA LBI

Essa lei está essencialmente baseada na Convenção Internacional da ONU sobre os Direitos das Pessoas com Deficiência, que foi incorporada à legislação brasileira, por meio de decreto legislativo, em 2008, e ratificada pelo Decreto nº 6.949, de 25 de agosto de 2009, e trata de temas como saúde, mobilidade, educação (com grandes avanços), e sobre o mundo do trabalho, que é o tema deste livro.

Os conceitos adotados pela legislação até a LBI para descrever a deficiência permanente e incapacidade tinham caráter médico e funcional. O Decreto nº 5.296, de 2004, artigo 3º, traz as seguintes definições:

- deficiência: toda perda ou anormalidade de uma estrutura ou função psicológica, fisiológica ou anatômica que gere incapacidade para o desempenho da atividade, dentro do padrão considerado normal para o ser humano;

- deficiência permanente: aquela que ocorreu ou se estabilizou durante um período de tempo suficiente para não permitir recuperação ou ter probabilidade de que se altere, apesar de novos tratamentos;

- incapacidade: uma redução efetiva e acentuada da capacidade de integração social, com necessidade de equipamentos, adaptações, meios ou recursos especiais para que a pessoa portadora de deficiência possa receber ou transmitir informações necessárias ao seu bem-estar pessoal e ao desempenho de função ou atividade a ser exercida.

A primeira contribuição trazida pela LBI é uma definição da pessoa com deficiência que abandona todas as abordagens médicas e rejeita a noção antiga de que tudo dependia do estado de saúde corporal, intelectual ou sensorial da pessoa, e passa a considerar a deficiência como um fenômeno que se manifesta de maneira mais ou menos acentuada, dependendo da interação entre a pessoa e o meio. Essa é a nova definição:

Art. 2º Considera-se pessoa com deficiência aquela que tem impedimento de longo prazo de natureza física, mental, intelectual ou sensorial, o qual, em interação com uma ou mais barreiras, pode obstruir sua participação plena e efetiva na sociedade em igualdade de condições com as demais pessoas.

Segundo essa nova abordagem, uma pessoa pode apresentar mais ou menos restrições dependendo do ambiente em que está e das oportunidades que esse ambiente vai oferecer. Aqui é importante tratar do que a LBI chama de barreiras e que são obstáculos físicos, atitudes e comportamentos que limitem ou impeçam a participação social, a liberdade de movimento e expressão, a comunicação e a compreensão.

Se uma pessoa for colocada numa empresa e forem dadas a ela todas as condições de que necessita para desempenhar a sua função e ser produtiva, em situação de bem-estar, a deficiência, como impedimento, não vai se manifestar. O que vai sobressair é a competência dessa pessoa, sua funcionalidade e os resultados que ela oferecerá.

Antigamente, a avaliação era feita apenas pelo médico, por meio de laudo, que já catalogava a condição, prescrevendo tutela, aposentadoria ou a capacidade de decidir de maneira autônoma as coisas de sua vida.

Hoje, a avaliação é biopsicossocial, feita por equipe multidisciplinar, em que o meio entra como fator decisivo na definição de considerar a pessoa com deficiência ou não, que tipo de limitação real ela tem, que tipo de funções pode exercer.

São vários fatores a serem levados em conta, e não mais apenas a situação física, intelectual ou sensorial da pessoa. A partir da LBI, entra em cena a participação muito efetiva da sociedade e da empresa no aproveitamento das competências e habilidades dessa pessoa — porque antes incluir-se era obrigação exclusiva da pessoa com deficiência.

Não é mais justificável que a empresa alegue que um candidato com deficiência não atendeu aos objetivos e expectativas para ser contratado, se a mesma não oferecer as condições necessárias para a inclusão desse candidato, como adaptação do meio, ferramentas, softwares e outras tecnologias.

Nessa análise, avaliam-se impedimentos e funções na estrutura do corpo, e essa é a parte médica, com exames complementares. Verifica-se o desenvolvimento dessa pessoa desde que adquiriu a deficiência, seja de nascença ou posterior. São classificados os fatos socioambientais, psicológicos e sociais que compõem a maneira como essa pessoa lida com a deficiência e como interage com os outros e com o meio — e essa é a corresponsabilidade de que já falamos anteriormente.

E também são medidas as limitações no desempenho de atividades, em comparação com os padrões das pessoas sem deficiência. E, por último, a restrição da sua participação, ou seja, aquilo que ela não dá conta mesmo de fazer. Um exemplo mais do que óbvio: subir uma escada.

CONCEITOS IMPORTANTES TRAZIDOS PELA LBI — AMBIENTE

A LBI reúne também uma série de conceitos relativos às pessoas com deficiência e sua interação com o ambiente.

Um dos principais conceitos é exatamente o de acessibilidade, que é a possibilidade de utilização de espaços com segurança e autonomia por pessoas com deficiência ou mobilidade reduzida. Segurança e autonomia são essenciais nesse conceito.

O desenho universal se relaciona com a acessibilidade, porque é a definição de como deve ser construído o ambiente de modo a não oferecer risco nem impedimento para todo tipo de pessoa: com deficiência, sem deficiência, com lesões ou que sofreram cirurgia, gestantes, obesos, idosos, crianças, mães com bebês de colo. Existem situações em que o ambiente não seguiu o desenho universal, mas foi adaptado, o que é amparado pela lei.

A tecnologia assistiva, ou ajuda técnica, é um conjunto de equipamentos, dispositivos, práticas e serviços que auxiliam o desempenho de atividades com autonomia e independência. São formas de complementar a acessibilidade e o desenho universal.

Pode ser um objeto que foi adaptado, como uma caneta para quem não tem as mãos, por exemplo. Pensando em tecnologia, equipamentos, como um mouse ou teclado diferentes, um software especial, um computador que converse, um celular com funções específicas, que traduza, mande texto diretamente para a impressora, apresente textos com letras maiores, e inúmeras outras inovações que a tecnologia oferece para esse público.

Existem feiras como a REATECH — Feira Internacional de Tecnologias em Reabilitação, Inclusão e Acessibilidade —, em São Paulo, que todo ano traz para o mercado muitas novidades em termos de materiais e equipamentos para facilitar a vida da pessoa com deficiência, tanto em casa como no trabalho ou no lazer. É até uma dica que dou para as empresas que contratam pessoas com deficiência: visitem essas feiras para verificar novidades que possam utilizar.

Ainda nesse sentido, a LBI traz também o conceito de adaptação razoável, que abrange as adaptações, modificações e ajustes que não acarretem ônus desproporcional e indevido para a empresa. É um conceito um tanto vago, a ser definido concretamente em função de cada caso.

Como se pode verificar, são bem numerosas as possibilidades para produzir um ambiente acessível, e consequentemente tornar o trabalho e a função mais produtivos e autônomos.

Afirmo que isso não demanda muito custo, ao contrário do que pensa a maioria das pessoas, principalmente porque é um bem, um ativo que vai ficar para a empresa. Desde que se esteja pensando num programa de inclusão perene, sustentável, esse é um recurso que vai ser sempre utilizado, porque as pessoas que vão ocupar as cotas precisarão dos equipamentos. Pessoas surdas ou com visão subnormal ou monocular, por exemplo, têm as mesmas características, portanto, os equipamentos destinados a essas deficiências servirão para todas. E mais: são equipamentos adaptáveis, que podem ter graduações variáveis. No caso de pequenas próteses, como a da caneta presa ao braço, o custo é baixo e não terá impacto sobre a economia da empresa.

É fundamental que cada uma dessas solicitações seja feita em parceria com a pessoa com deficiência. Veremos mais à frente neste livro que, no momento da entrevista, um candidato com deficiência muito específica não terá a sua necessidade prevista pela empresa, e será importante uma conversa exaustiva do entrevistador, para saber o que normalmente esse candidato utiliza em casa e, se já trabalhou antes, o que utilizou no trabalho.

A empresa precisa ter, muito clara, qual a necessidade do candidato para que possa prover os meios para que ele desempenhe a sua tarefa da melhor maneira possível. O recrutador, que em geral não tem deficiência, não consegue adivinhar qual a melhor maneira de adequar o espaço ou adquirir materiais e equipamentos se não perguntar. É essencial a participação da pessoa com deficiência.

Entretanto, a empresa, ouvindo as necessidades da pessoa com deficiência e consultando todas as legislações que auxiliam no entendimento da LBI, chegará a uma decisão plausível. Veremos a seguir essa necessária consulta a outras legislações.

CONCEITOS IMPORTANTES TRAZIDOS PELA LBI — INTERAÇÃO COM OUTRAS LEGISLAÇÕES

A LBI reforça a Lei de Cotas e amplia seu alcance, estabelecendo as condições para que se vá além da mera contratação.

Ao mesmo tempo que traz todas essas possibilidades de contratação e inclusão, detalhando tudo o que precisa ser feito para acolher essas pessoas, apresenta um alerta para os gestores, principalmente de RH, a respeito de comportamentos inadequados, por parte dos empregados, para com as pessoas com deficiência.

São atitudes preconceituosas ou de diferenciação de tratamento e oportunidades, que a partir da LBI podem ser enquadradas como crimes de discriminação.

De acordo com a lei, uma denúncia de um crime dessa natureza será investigada e, se comprovada, é passível de resultar em multa. São criminalizadas quaisquer formas de distinção, restrição ou exclusão de colaborador com deficiência, por ação ou omissão. Isso envolve todos os ambientes e atividades de inter-relação com seus pares, como em confraternizações, treinamentos ou eventos internos e externos.

A LBI proíbe a criação de guetos. Não é mais possível aquela fala antiga de empregadores que queriam contratar só pessoas cegas — clínicas de massagem, por exemplo, que sabem do tato aguçado desses profissionais. O que quer dizer que a empresa deve abrir oportunidades de trabalho em todas as funções e cargos, inclusive para serviço externo. Para esse caso, a empresa deve oferecer veículo adaptado para pessoas com deficiências físicas ou mesmo com nanismo. A adaptação não é muito custosa e não inutiliza o veículo para utilização de pessoas sem deficiência. A possibilidade de o empregado com deficiência usar veículo próprio é alternativa que precisa ser avaliada dentro das recomendações da CLT e das regras internas da empresa.

O gestor de Recursos Humanos precisa estudar e ter como livros de consulta a LBI, a Lei de Cotas e a Norma ABNT 9050. São documentos complementares inclusive à CLT — Consolidação das Leis Trabalhistas. E é preciso que o RH esteja bastante alinhado com a área de saúde, devendo conhecer profundamente essas leis e documentos, já que costuma ser o primeiro empecilho para a entrada de pessoas com deficiência — em geral os gestores da área de saúde não sentem segurança para aprovar ou rejeitar uma contratação desse tipo, porque não conhecem a fundo os critérios de enquadrabilidade das pessoas com deficiência.

A LBI E O DIREITO AO TRABALHO

Além dos conceitos gerais, a LBI apresenta uma concepção do direito ao trabalho que, além da simples contratação, abrange as condições para o exercício profissional. Vamos destacar aqui alguns aspectos importantes.

O direito ao trabalho deve ser exercido em ambiente acessível e inclusivo. É interessante notar que essas duas palavras podem parecer sinônimas, mas, na verdade, possuem uma ligeira e importante distinção. Acessibilidade está mais ligada às condições físicas, de acesso ao ambiente ou aos instrumentos de trabalho. Inclusão também envolve comportamento, atitude em relação ao outro.

Portanto, o ambiente deve permitir o acesso e o desempenho da função e a equipe de trabalho deve estar pronta para incluir o profissional com deficiência em seu meio, como igual.

Mas não só. Deve haver igualdade de oportunidades com os demais trabalhadores. A igualdade de oportunidades é um dos componentes centrais da inclusão. Numa grande parte dos casos, as empresas contratam, mas não oferecem condições iguais de progressão na carreira, sendo comum pessoas com deficiência passarem toda sua vida numa empresa, no mesmo cargo em que ingressaram.

Para implementar essa igualdade de oportunidades é que a LBI trata como direito a participação em cursos e treinamentos, bem como planos de carreira, promoções e incentivos nas mesmas condições dos demais trabalhadores.

Todas as etapas da vida funcional estão resguardadas contra discriminação, incluindo as etapas de recrutamento, seleção e contratação. No mesmo sentido, a LBI reforça a igualdade de remuneração para trabalhos de igual valor.

Por outro lado, a lei diz que, em igualdade de condições e fornecidos os recursos de tecnologia assistiva e adaptações razoáveis, a inclusão do profissional com deficiência deve se dar em condições competitivas.

Isso quer dizer que não é apenas a empresa que tem obrigações, mas também o profissional com deficiência que, atendidas as condições ambientais, tem sua parcela de responsabilidade nos resultados de seu próprio trabalho.

Portanto, a legislação brasileira vai no mesmo sentido que a Neoinclusão, ou seja, trata a inclusão no trabalho como uma via de mão dupla, em que a responsabilidade da empresa em oferecer um ambiente inclusivo tem como contrapartida a necessidade de desempenho profissional compatível.

A inclusão no mundo do trabalho, assim, é um processo de corresponsabilidade.

CONCEITOS IMPORTANTES — RESUMINDO

Para resumir este capítulo — e na intenção de trazer informações úteis para consulta de profissionais de RH, gestores de diferentes áreas ou unidades de negócios, pessoas com deficiência e outros agentes que devem ter conhecimento das leis — elaborei a tabela a seguir, incluindo com maiores detalhes alguns conceitos que já tratamos no capítulo.

Tema	Definição da LBI (Lei Brasileira de Inclusão da Pessoa com Deficiência — Lei nº 13.146, de 06 de julho de 2015).
Igualdade	Toda pessoa com deficiência tem direito à igualdade de oportunidades com as demais pessoas e não sofrerá nenhuma espécie de discriminação.
Discriminação	Considera-se discriminação toda forma de distinção, restrição ou exclusão da pessoa com deficiência, por ação ou omissão, que tenha o propósito ou o efeito de prejudicar, impedir ou anular o exercício dos direitos e de suas liberdades fundamentais, incluindo a recusa de adaptações razoáveis e de fornecimento de tecnologias assistivas. Constitui crime punível com reclusão, de um a três anos, e multa.
Direito ao Trabalho	Art. 34. A pessoa com deficiência tem direito ao trabalho de sua livre escolha e aceitação, em ambiente acessível e inclusivo, em igualdade de oportunidades com as demais pessoas.

	§ 2º A pessoa com deficiência tem direito, em igualdade de oportunidades com as demais pessoas, a condições justas e favoráveis de trabalho, incluindo igual remuneração por trabalho de igual valor.
Inclusão no trabalho	Art. 37. Constitui modo de inclusão da pessoa com deficiência no trabalho a colocação competitiva, em igualdade de oportunidades com as demais pessoas, nos termos da legislação trabalhista e previdenciária, na qual devem ser atendidas as regras de acessibilidade, o fornecimento de recursos de tecnologia assistiva e a adaptação razoável no ambiente de trabalho.
Acessibilidade	Possibilidade e condição de alcance para utilização, com segurança e autonomia, de espaços, mobiliários, equipamentos urbanos, edificações, transportes, informação e comunicação, inclusive sistemas e tecnologias, bem como de outros serviços e instalações abertos ao público, de uso público ou privados de uso coletivo, tanto na zona urbana como na rural, por pessoa com deficiência ou com mobilidade reduzida.
Tecnologia Assistiva	Produtos, equipamentos, dispositivos, recursos, metodologias, estratégias, práticas e serviços que objetivem promover a funcionalidade, relacionada à atividade e à participação da pessoa com deficiência ou com mobilidade reduzida, visando sua autonomia, independência, qualidade de vida e inclusão social.
Barreiras Ambientais	Qualquer entrave, obstáculo, atitude ou comportamento que limite ou impeça a participação social da pessoa, bem como o gozo, a fruição e o exercício de seus direitos à acessibilidade, à liberdade de movimento e de expressão, à comunicação, ao acesso à informação, à compreensão e à circulação com segurança.
Barreira Atitudinal	Atitudes ou comportamentos que impeçam ou prejudiquem a participação social da pessoa com deficiência em igualdade de condições e oportunidades com as demais pessoas.

Fonte: elaborada pela autora

No capítulo a seguir, trataremos da Neoinclusão na cultura organizacional.

A NEOINCLUSÃO NA CULTURA ORGANIZACIONAL

Começo este capítulo com um exemplo muito gratificante.

Atendi uma empresa numa cidade da região de Campinas e organizei uma ação de três dias, que ocupava horários nos três turnos de trabalho.

Já no começo das atividades, chegou um senhor, baixinho, vestido socialmente, mas sem luxo. Participou da confecção de um mural, dinâmica em que cada pessoa colocava a palma da mão numa bandeja de tinta e marcava o papel, para deixar registrada e representar a pluralidade na preferência de cores, tamanhos e intensidade da impressão das mãos de cada colaborador da empresa no Painel da Diversidade.

Depois dessa atividade, ele veio à minha mesa de jogos corporativos voltados para a inclusão, que eu desenvolvi, e se interessou em participar. Jogou muito proativamente e até com bastante entusiasmo, ao lado de vários outros empregados. Ao terminar, ficou por um tempo conversando comigo, contou várias experiências que vivenciara com pessoas com deficiência, me deu os parabéns e saiu.

A gerente de RH veio em seguida me contar que aquele homem era o presidente da empresa e participou das atividades como qualquer empregado, sem alardear qual era a sua posição na empresa.

Em outro momento da ação, havia uma atividade só para lideranças, e ele estava presente também.

Era um Café Sensorial, uma atividade em que pessoas sem deficiência experimentam a sensação de viver com uma limitação, usando vendas nos olhos, bengalas, cadeira de rodas e/ou tampões de ouvido.

Ele escolheu logo uma cadeira de rodas. Tomou café e fez questão de se servir sem ajuda. Eu cheguei a oferecer auxílio, e a resposta dele foi esta: "Não, obrigado. Se você consegue, eu também consigo."

Logo depois, todos foram encaminhados para uma sala, cada um ainda na sua condição de pessoa temporariamente com deficiência. O presidente foi com a cadeira de rodas, e estava encarregado de fazer a abertura do evento. Pois fez questão de falar sentado. Depois comentou como era difícil falar em público sentado e sem microfone, porque a posição do corpo comprime os pulmões. Foi uma participação como mais um empregado, com interação com todos os outros, mostrando que ele realmente acreditava na ação que estava sendo desenvolvida na empresa.

Conto essa experiência para mostrar que há pessoas em posição de liderança que já trazem consigo esse despertar para a inclusão e por causa disso não precisam ser convencidos da necessidade de incluir.

Já os líderes resistentes à ideia de implementação de um programa de inclusão nem sequer aceitam participar de uma reunião com a consultoria; apenas delegam ao RH fazer o contato. Nesse caso, a alternativa é municiar o RH com o máximo possível de informações para que as faça chegar à alta direção.

Mas há os líderes que se encontram no meio desse caminho, avaliando os prós e contras de promover a inserção de profissionais com deficiência na empresa. Esses precisam ser convencidos.

CONVENCIMENTO

Vivemos um momento em que, cada vez mais, a ética norteia os princípios da empresa e toda a prática de seu negócio, assim como a busca pela valorização do ser humano em todas as suas potencialidades, introduzindo-se no ambiente corporativo o firme propósito de combate ao preconceito.

Trazer esta ideia de convivência com a diferença para inserção num grupo de trabalho, no contexto de um mundo marcado por tantas desigualdades, além de ser uma iniciativa social louvável pela vanguarda de pensamento dos líderes nas empresas, representa a busca de perenidade para um modelo empresarial sustentável de desenvolvimento para toda a sociedade.

Os resultados positivos dessa convivência natural com a diversidade no ambiente de trabalho já vêm sendo percebidos por diversas empresas que iniciaram o programa de inclusão como componente positivo de integração social, exemplo que permite destacar a riqueza de talentos e capacidade de cada ser humano, o que muitas vezes pode surpreender, dado o grande interesse dessas pessoas em alcançar sua própria realização pessoal por meio do trabalho.

Por exemplo, eu me imagino numa reunião com CEOs de uma empresa em que me perguntam por que é importante promover a inclusão em sua empresa.

As respostas são duas, ambas já vistas: o cumprimento da Lei de Cotas e os potenciais ganhos para a marca.

Como vimos, a contratação de um profissional com deficiência é uma imposição legal e partimos do princípio de que a empresa cumpre a lei. Mesmo cumprindo a lei, as empresas têm dois modos de lidar com esses profissionais: apenas cumprir numericamente a cota ou trazer para sua equipe um profissional produtivo.

Essa é a nossa proposta: ir além da mera contratação. Nossa proposta é fazer diferente. É implementar um programa de Neoinclusão.

Estabelecer uma relação de corresponsabilidade faz com que a empresa ganhe colaboradores que irão efetivamente contribuir com o negócio, em vez de serem apenas um número.

O modelo tradicional de contratação, apenas para cumprimento da cota, representa despesa, um encargo em termos de salários e demais benefícios, sem a contrapartida do empregado contratado. Isso traz repercussões negativas não só sobre o indivíduo que não vê perspectivas de desenvolvimento, mas também sobre a equipe que não o trata como um membro efetivo.

Por isso a proposta de um programa que tenha como filosofia o tratamento igualitário entre profissionais com e sem deficiência. Condições iguais e entregas iguais.

É certo que a inclusão no ambiente de trabalho irá eventualmente requerer a disponibilização de equipamentos específicos relativos ao tipo de impedimento que a deficiência desse empregado apresentar. Mas isso não difere muito dos equipamentos e ferramentas necessários para as atividades cotidianas da empresa, como por exemplo EPI — Equipamento de Proteção Individual — e treinamento para brigada de incêndio. Outro exemplo são os equipamentos e programas essenciais para as tarefas ligadas à informática, tenham os empregados deficiência ou não. Da mesma forma, os cursos e treinamentos.

Por fim, uma reflexão. Se algum dos membros do alto escalão da empresa precisam ser convencidos da contratação de pessoas com deficiência é um sinal de que existe efetivamente uma barreira corporativa a ser vencida. Contratar um profissional com deficiência não deveria ser diferente da contratação de qualquer outro profissional.

É hora de cumprir a determinação legal trazida pelo Decreto nº 3.298/99 de maneira eficiente, econômica e que proteja os interesses de ambas as partes, profissional com deficiência e empresa.

É esse o objetivo de um Programa de Neoinclusão.

FALAR E FAZER

Uma de minhas primeiras "tarefas de casa" que faço questão de realizar antes do primeiro encontro de trabalho com a empresa, principalmente com líderes, é estudar suas próprias mensagens, registradas em seus compromissos, missão, visão e valores.

Quando é uma empresa que já está alinhada com essa nova exigência do mercado, inclusive certificada pela ISO — International Organization for Standardization —, seus compromissos sempre mencionam a valorização dos empregados, com o respeito aos processos de trabalho e relacionamento com sindicatos. Então o que faço é reforçar o que a empresa afirma.

Costumo também me familiarizar com o perfil da alta liderança, sempre com apoio de um briefing do RH. Isso porque o convencimento é muito customizado. É preciso falar a linguagem específica dos líderes, num estilo que eles conhecem, despertar seu interesse e demonstrar alinhamento com seu negócio, além de analisar cada circunstância que envolve a intenção desses líderes de implementar um programa de inclusão.

Da mesma forma, é preciso entender a cultura das pessoas com quem vou falar. Lembram-se do presidente cuja atuação descrevi no início deste capítulo? Fiquei sabendo posteriormente que ele desenvolveu ações de sua empresa com instituições que atendem pessoas com deficiência em sua cidade. No caso dele, não foi preciso convencimento, mas apenas alinhamento.

Ainda sobre esse presidente, gostaria de contar mais sobre sua participação nas atividades que realizei.

Na minha palestra, após o Café Sensorial, falei da importância da identificação e valorização à diversidade de maneira ampla, e mencionei que, segundo a ONU, os idosos constituem um grupo minoritário e, como tal, vulnerável, porque, se a legislação considera idosa a pessoa na faixa dos 60 anos, no ambiente corporativo a idade considerada "fora do mercado" cai para 45 anos — as empresas evitam contratar profissionais acima dessa idade porque os considera ultrapassados.

Quando terminei minha fala e passei a palavra para o fechamento do evento ao presidente, ele comentou: "Aprendi mais uma. Eu não sabia que já estava na chamada população vulnerável e o quanto isso pode ser impactante para uma pessoa." O que demonstra que ele estava ouvindo de verdade, e não somente marcando presença.

Os resistentes

Num trabalho de consultoria em um conglomerado de empresas, lidei com uma estrutura na qual, em cada empresa do grupo, o vice-presidente era razoavelmente autônomo em suas decisões em relação ao CEO da corporação.

Comecei a participar periodicamente das reuniões de vice-presidência e identifiquei, entre eles, atitudes como desconfiança, preconceito, falta de fé na efetividade de um programa de inclusão, crença de que seria uma perda de recursos.

Em cada reunião, eu tive que fazer uma apresentação, com dados, com avanços que conseguíamos internamente com o programa, para tentar derrubar essas barreiras de quem ainda não estava convencido e não contratava profissionais com deficiência na sua empresa, visto que eram independentes.

Uma das argumentações que ouvi foi de que todo o efetivo de determinada empresa era de equipe operacional e que era impossível contratar pessoas com deficiência porque isso exigia carregar peso, subir escadas, andar longas distâncias e às vezes em terrenos acidentados etc. Outro vice-presidente tentava ponderar, apresentando a alternativa de que a empresa dele assumiria as contratações caso aquele que não aceitasse contratar arcasse com os custos, na métrica do headcount.

Surgiam dúvidas como ajuda de custo para transporte, por exemplo, para que não fosse algo incorporado ao salário e vários outros questionamentos.

Passei mais ou menos seis meses trabalhando com tais executivos e reunião a reunião era preciso ajustar concordâncias e controvérsias, até implementar um programa alinhado.

Foi um longo exercício de convencimento, de superação de atitudes de resistência, de alinhamento de conceitos de descobrimento de alternativas e persistência. E também de percepção de que programas desse tipo não devem ser impostos de cima para baixo.

As possibilidades de sucesso são tanto maiores quanto maior for o consenso.

VALORES DA EMPRESA E NEOINCLUSÃO

Aprovada a iniciativa de um programa de inclusão pela alta liderança, na hora de desenhá-lo é preciso muita aderência ao negócio da empresa, à sua missão, visão e valores, e principalmente à cultura organizacional.

Vamos pensar numa empresa onde impera uma cultura majoritariamente masculina. Essa empresa já tem dificuldade de lidar com uma minoria — no caso, as mulheres. Se ela for obrigada a lidar com outra minoria, como a de pessoas com deficiência, sem tratar a primeira, ou mesmo tratar das duas juntas, surgirão grandes entraves.

A tendência dessas empresas é assumir uma atitude paternalista, tanto para com as mulheres quanto para com os profissionais com deficiência.

Para com as mulheres, em geral as atitudes são mais agressivas na direção da discriminação. Já no que diz respeito às pessoas com deficiência, as frases utilizadas são expressivas de um sentimento de pena: "Ah, coitados. São limitados e mais fracos. Não sabem fazer, não aguentam, não dão conta..." Os empregados e gestores mostram um certo cuidado e, embora ainda não seja o que se espera, pelo menos demonstram um passo mais favorável do que a discriminação.

Se pensarmos, por exemplo, em um programa de qualidade de vida, a empresa deve coordenar iniciativas que apoiem esse programa, como a implementação de uma academia própria ou parceria com academias externas, alimentação saudável, monitoramento e avaliações básicas de saúde pela equipe do ambulatório. Ou seja, programas corporativos precisam ter alinhamento com todos os processos da empresa. Todo mundo tem que conhecer o programa e contribuir de alguma forma para que a maioria dos seus empregados usufrua do benefício e a empresa tenha o resultado que almeja.

A conexão de um programa de inclusão envolve fazer o link, apresentar as pessoas com deficiência a todos, cuidar para que sejam valorizadas, e providenciar os apoios internos de todas as áreas: saúde, infraestrutura, RH, presidência, diretorias, gestores de diferentes áreas e colegas.

Em todas as atividades corporativas, das mais complexas às mais simples, todos os colaboradores têm que estar envolvidos. As brigadas, os membros da CIPA — Comissão Interna de Prevenção de Acidentes —, por exemplo. Numa empresa que atendi, conseguimos definir um brigadista responsável por garantir que, numa situação de emergência, nenhuma pessoa com deficiência ficasse para trás; em cada andar havia um responsável pela evacuação dos profissionais com deficiência daquele setor. Isso é estar alinhado com o negócio da empresa e atento às necessidades de todos os colaboradores. O que acontece com um acontece com todos, porque um é parte do todo.

Essa conexão deve passar por muita conversa para eliminar dúvidas. Ainda utilizando o exemplo da brigada de incêndio, uma hesitação comum que testemunhei é a pessoa não saber, na hora de resgatar um cadeirante, em que parte do corpo é mais aconselhável segurar. Pelos braços, pelo torso? Leva ou deixa a cadeira no momento do resgate? Para essas respostas é que se faz necessário um planejamento, uma discussão com os profissionais com deficiência, para que eles orientem sobre suas peculiaridades.

Todas as áreas da empresa devem, em algum momento, participar do programa de inclusão, senão as pessoas não internalizam as informações e o programa segue fragmentado, e não corporativo como deve ser.

RECURSOS FINANCEIROS

Tenho visto líderes que, por desconhecimento, presumem que adaptar a empresa para pessoas com deficiência significa alterar tudo, gastar uma fortuna, mas felizmente não é bem assim.

Ao contrário, as adaptações requeridas pela NBR 9050 são razoavelmente simples.

É, por exemplo, instalar um sinal luminoso num almoxarifado onde o atendente é surdo — e só existe uma campainha sonora para chamar a atenção dele. Por incrível que pareça, esse foi um caso real numa empresa que atendi.

Em reuniões com equipes de brigada e da CIPA, descobrimos que havia a enorme dificuldade de chamar a atenção de um empregado surdo, porque ele não ouvia o chamado para atendimento, nem o aviso de simulados ou de situações reais de emergência. E o problema nem era tanto para agilizar a resposta e o atendimento no dia a dia do trabalho, mas a preocupação com um eventual incêndio ou algo parecido, porque ele corria o risco de não perceber o aviso de emergência e se ferir. O problema, depois de apontado, foi prontamente solucionado, e a um custo muito baixo.

Além disso, o mundo tecnológico de hoje traz ótimas alternativas de custo-benefício para soluções de adaptação de ambientes para pessoas com deficiência.

O empresário não terá custos além daqueles que as necessidades do empregado com deficiência demanda. Não precisa criar um departamento para cuidar disso, pois este assunto geralmente recai nas áreas de infraestrutura ou manutenção comum.

O empregado vai custar para a empresa somente um pouco mais do que qualquer outro da sua área. No entanto, a adaptação que for feita vai servir para outros trabalhadores que venham a substituí-lo, no futuro, desde que o programa seja planejado para ter continuidade, como parte da gestão de pessoas e da cultura organizacional. Se a empresa é inclusiva de verdade, sempre terá pessoas com algum tipo de deficiência.

A adaptação não é feita para um determinado empregado, mas para a empresa.

No desespero de cumprir a cota, quando a fiscalização do Ministério do Trabalho bate à porta, há empresas que demitem profissionais sem deficiência para contratar pessoas com deficiência. São demissões que, às vezes, poderiam ser planejadas de maneira a não representarem custo elevado para a empresa de uma só vez. Sem contar o impacto negativo que uma atitude dessa natureza pode causar no público interno. "A empresa demitiu o meu colega de trabalho para contratar aquele fulano com deficiência..."

O leitor pode observar, nos exemplos citados, os meandros que, numa empresa, podem dificultar a inclusão.

Vou fazer um exercício financeiro para demonstrar que as adaptações representam um custo muito razoável para as empresas.

Considerando valores praticados no mercado no momento do fechamento deste livro — e com a inflação relativamente baixa de nossa economia — podemos, a partir de alguns exemplos, evidenciar como o custo é muito pouco expressivo para uma corporação, tendo em vista que é uma adaptação que demanda apenas o investimento inicial. O que nem se aplica a softwares como leitor de tela para cegos, que na maioria dos casos são gratuitos. Ainda no caso de cegos, um scanner portátil não custa mais do que R$218,00 — e ainda pode ser totalmente substituído por aplicativos de celular.

Para atendimento a surdos, um intérprete de sinais[1] custa R$150,00 por hora.

Uma plataforma elevatória, que serve de alternativa a elevadores, para uso de pessoas com dificuldade de locomoção, custa por volta de R$14.000,00.

Também para pessoas com deficiência ou dificuldade de locomoção, os valores tampouco impressionam qualquer gestor de boa intenção: R$1.000,00 para adaptação de toalete para cadeirante (que também pode ser utilizado por visitantes, exibindo uma marca simpática de respeito por parte da empresa para com pessoas com essa dificuldade), e

---

1 A Libras (Linguagem Brasileira de Sinais) foi definida pela Lei nº 10.436/2002 como a língua oficial das pessoas surdas no Brasil. Esse sistema de comunicação teve como base a linguagem de sinais utilizada na França.

R$2.000,00 para adaptação de veículos (acelerador e freio manuais), que não inviabilizam o uso concomitante de condutores sem deficiência.

SINAIS REVELADORES DA RELEVÂNCIA DA INCLUSÃO NA CULTURA ORGANIZACIONAL

Quando faço contato com uma empresa para contratar os meus serviços de consultoria criando e implementando programas de inclusão, consigo aferir acessibilidade já no primeiro telefonema.

Para combinar a reunião inicial, pergunto como é o espaço físico, e já percebo como a pessoa que me atende fica desconfortável e pede desculpas por não ter local adequado para me receber. Às vezes, tenho que marcar o encontro em locais externos, porque as condições de ambiente da empresa não permitem sequer que eu consiga chegar à sala de reuniões, por falta de acessibilidade. Ou pior, pelo telefone me informam que a empresa é acessível, e quando chego verifico que não é.

O que faço é pedir a um empregado, preferencialmente do RH, para me acompanhar na visita à empresa, para que ele mesmo verifique as dificuldades de mobilidade. Do ponto de vista físico, é fácil verificar as inconformidades: o balcão da recepção é alto, o bebedouro é inacessível, a porta é estreita, não há toalete adaptado. Isso para falar apenas das dificuldades para a pessoa com deficiência física. Deficiências visuais ou auditivas, em empresas assim, também não encontram muitas facilidades para sua interação.

O segundo ponto a analisar é o comportamento das pessoas.

Já na portaria ou na recepção, os empregados de uma empresa que não está preparada no sentido da inclusão atendem o visitante com deficiência de maneira inadequada. Não sabem muito bem como abordar, ou como falar com o visitante, e assim conseguimos identificar previamente a inexistência de qualquer tipo de treinamento ou orientação.

Mas vou dar um exemplo de um caso oposto. Outro dia fui a um restaurante com meu marido. Precisei ir ao toalete e fiquei imaginando se haveria instalação adaptada. Perguntei ao garçom, ele levantou o queixo, numa postura que demonstrou o maior orgulho, ao responder: "Temos sim, senhora, pode me acompanhar."

Ao chegar ao local, a porta era de molas, e levava a um pequeno hall. Lá dentro, de um lado ficava o toalete masculino e do outro o feminino. Eu fiquei por alguns instantes insegura a respeito da existência de um reservado específico unissex para cadeirantes. Foi quando apareceu uma garçonete que perguntou se eu precisava de ajuda. Respondi que sim, porque não sabia onde ficava o toalete adaptado. Ela respondeu: "Ah, o toalete acessível?"

Fiquei com uma boa sensação de surpresa, porque a moça conhecia a nomenclatura inclusiva correta da instalação. Imediatamente abriu uma porta e indicou, polidamente, onde era. Era um cômodo amplo, espaçoso, onde funcionava também o fraldário — preparado, sem barreiras.

Menciono esse caso para mostrar que basta observar a segurança dos empregados do lugar ao atender um visitante com deficiência para verificar a qualidade da inclusão que ali se pratica.

Eventualmente ministro palestras em instituições e mesmo empresas. Nesses casos, como sou voluntária, em geral me oferecem o transporte. Pergunto se a instituição conta com transporte adaptado e a resposta já revela o nível de inclusão.

Em alguns casos ouço: "Sim, temos veículo adaptado, com motorista treinado, acostumado a atender pessoas com deficiência." No caminho, costumo ir conversando com o motorista, que me explica as orientações que recebe e as experiências que teve, porque a empresa tem outros colaboradores que usam cadeira de rodas. O motorista sabe como auxiliar, sem "atropelar" nossa autonomia.

Portanto, os sinais mais claros de que uma empresa é inclusiva são dois: o ambiente físico e o comportamento das pessoas. A segurança que oferece, as informações que disponibiliza, ou ainda no caso de restaurantes, a sinalização correta. E a atitude das equipes de segurança, de limpeza, de infraestrutura. Tudo isso é muito fácil de conseguir com treinamento e até uma cartilha informativa. Voltarei a tratar desse tema com mais profundidade nos próximos capítulos.

Quando integrada à cultura, tudo respira inclusão. Isso é o que demonstra que a inclusão foi incorporada aos valores da empresa.

Mas há que existir planejamento e sinergia. Veremos no capítulo seguinte como devem ser formados comitês multidisciplinares para formulação do Programa de Neoinclusão.

6

A FORMAÇÃO DE UM COMITÊ MULTIDISCIPLINAR PARA PENSAR E FORMULAR O PROGRAMA DE NEOINCLUSÃO

Uma diferença na implementação de um programa de Neoinclusão é que ele deve ser pensado e concebido por um comitê multidisciplinar e não ter uma única pessoa responsável. Um responsável só é muito pouco para iniciar um planejamento, até porque dificilmente um único indivíduo conhecerá todos os processos e estratégias de uma média ou grande empresa. Por isso, o ideal é que seja formado um comitê com pessoas que representem todas as áreas da empresa. Não precisa ser o gestor de cada área, mas uma pessoa indicada por ele com tempo de trabalho e conhecimento de todos os processos, caminhos e serviços. Uma participação-chave, por exemplo, é a do setor de infraestrutura, por causa da questão da acessibilidade, mas todas as áreas são importantes e devem estar representadas.

Portanto, na constituição de um comitê multidisciplinar para pensar e formular o programa de Neoinclusão, é essencial a participação dos seguintes representantes: RH, comunicação corporativa, saúde ocupacional, infraestrutura, segurança do trabalho, jurídico, transporte (se for o caso de ser frota própria), call center (se também for próprio), área de produção.

Cada representante contribuirá dentro do papel que cabe à sua área de atuação.

O PAPEL-CHAVE DO RH

Geralmente a liderança é assumida pelo RH, que vai tratar com o gestor de cada área para que indique pessoas consideradas capacitadas e motivadas para compor o comitê. Mas também pode sugerir aos gestores nomes de pessoas reconhecidamente ativas em programas corporativos. Não é essencial que o indicado tenha conhecimento do tema inclusão, porém é fundamental que conheça bastante bem a sua área de atuação. O ideal é que o RH converse muito claramente com cada gestor, para explicar a importância do projeto e que características e conhecimentos devem ter os membros do comitê.

As pessoas selecionadas são convidadas, e cada uma vai avaliar se tem perfil, disponibilidade de tempo e interesse de participar do trabalho, porque deve ser uma colaboração de qualidade. A coordenação pelo RH é importante porque é o setor que vai levar a ideia para a alta liderança, que vai obter as validações e firmar parcerias externas para desenhar o programa. Ao RH também caberá integrar as pessoas e programar os treinamentos necessários para que todos os membros do comitê estejam a par de um conjunto de informações básicas sobre a inclusão: legislação, normas técnicas, o que caracteriza uma deficiência etc. Como existe a fase de repasse, é necessário que cada participante conheça muito bem a sua área, para poder esclarecer aos colegas sobre as questões vinculadas ao seu setor ou departamento e compartilhar informações.

Não devemos esquecer, e por isso reforço aqui, da importância de um programa de inclusão abranger todo o negócio da corporação. Portanto, deve estar vinculado a todos os processos da empresa. Essa é a razão de ser recomendado que exista um comitê multidisciplinar, para que todos saibam o que vai ser feito, compartilhem as informações e contribuam com o planejamento.

Pode acontecer, e aliás já vi acontecer, de um gestor indicar um empregado que não esteja indo bem na empresa, mas que não queira demitir, e acaba "empurrando" a pessoa para o comitê. Essa pessoa pode acabar sendo muito útil. Caso um indicado não participe efetivamente (porque desiste, não se esforça ou falta seguidamente às reuniões), recomenda-se voltar a falar com o gestor para que indique outro empregado para participar. O RH deve estar atento e avaliando permanentemente a contribuição de cada integrante, para que todos sejam atuantes e eficientes.

Resumindo, as atribuições do RH:

1. planejar a implementação do comitê;

2. criação do comitê;

3. montagem de treinamento para os membros do comitê;

4. responder à liderança sobre o andamento do cronograma e sobre as demandas surgidas;

5. dar retorno aos pedidos feitos pela liderança ao comitê.

Instalado o comitê, é preciso colocá-lo para funcionar.

FUNCIONAMENTO DO COMITÊ

A empresa não vai criar um departamento específico para acolher o programa de inclusão e o comitê. Cada participante continuará atuando na sua área de origem, e apenas participará de reuniões periódicas com o grupo. Será uma atividade a mais que esse empregado desenvolverá.

O trabalho do comitê constitui uma atividade adicional para os participantes. Semelhante a um trabalho exigido para receber uma auditoria externa. Todos os envolvidos trabalham para esse atendimento sem esperar compensação direta, a não ser o reconhecimento da empresa e dos colegas, mostrando um diferencial em seu compromisso com a organização.

A presença de profissionais com deficiência no comitê pode ocorrer, caso seja indicação de sua área.

Entretanto, é preferível, e até aconselhável, que não participem do comitê profissionais com deficiência. A razão é simples: nesse momento, todas as áreas terão que debater, derrubar barreiras, estabelecer protocolos, definir treinamentos e, dependendo da característica da pessoa com deficiência que atue no comitê, ela pode se melindrar ou ficar presa a uma visão pessoal demais, que não ajudaria no processo. E o programa pretende exatamente o contrário disso, ou seja, que todos os profissionais da empresa se engajem no programa. Caso contrário, tudo vai continuar como sempre foi, com a empresa fazendo tudo o que for solicitado e prevalecendo uma conduta assistencialista que poderá causar um clima de desconforto e constrangimento.

No entanto, se um empregado com deficiência participar do comitê, indicado por ser um bom profissional e não por causa da sua condição, não prejudicará o funcionamento do grupo.

A ideia central é que o comitê não será convocado para criar um programa "especial" para pessoas com deficiência, mas para montar um programa corporativo como qualquer outro.

As atribuições do comitê

Passada a etapa de identificação das pessoas e do seu aceite para a participação, deve-se definir todo o caminho para esse programa corporativo de inclusão de profissionais com deficiência na empresa, com começo, meio e fim.

O comitê vai definir todos os passos do programa:

1. quem estará envolvido;

2. o cronograma;

3. o mapeamento dos parceiros internos e externos;

4. atribuição das tarefas de cada departamento; e

5. modificação de todos os processos que precisem de algum tipo de alteração para apoiar esse programa ou que sejam impactados com a criação do programa.

A participação da área de infraestrutura é essencial no comitê porque será necessário fazer várias adaptações no espaço da empresa.

Ainda sobre este tema, caso ninguém do comitê conheça a norma NBR 9050 que regulamenta espaços acessíveis, principalmente a equipe de infraestrutura e manutenção, deve-se chamar um consultor externo, ou buscar dentro da empresa um arquiteto ou engenheiro que possa estudar a norma, ministrar treinamento e/ou criar um planejamento de adequação de acessibilidade. Esse profissional será responsável por elaborar um cronograma de melhorias e adequação predial e mobiliária, e atualizar o RH de evolução e entregas.

O cronograma é outro ponto importante e que os próprios integrantes do comitê devem determinar em conjunto, a periodicidade das reuniões e prazos de entrega de tarefas.

Minha recomendação é de que o intervalo entre uma reunião e outra não ultrapasse 15 dias, para não haver dispersão nem desaquecimento do grupo e para que não seja necessária uma reunião longa — idealmente, deve haver uma reunião por semana, de no máximo duas horas. Mas precisamos ser realistas com o dia a dia da empresa; sabemos que os empregados e gestores não podem se afastar dos seus afazeres rotineiros por muito tempo.

Pode ocorrer que uma determinada área receba um grande volume de demandas do comitê a avise que só poderá entregar as tarefas num prazo de, digamos, um mês. Se for impossível para essa área cumprir um prazo menor, esse representante pode até se ausentar das reuniões seguintes, mas no prazo prometido vai ter que entregar os resultados. O ideal é que participe de todas as reuniões, mesmo que a sua área ainda esteja providenciando o que foi pedido.

Complementarmente, os integrantes do comitê podem — aliás devem — continuar se comunicando fora do momento das reuniões, mesmo que por e-mail ou aplicativos de mensagens.

Falando em comunicação, a área de comunicação corporativa tem grande importância para o comitê e o futuro programa de inclusão. É ela quem vai coletar informações, criar conteúdo, definir estratégias de usos de diferentes plataformas como intranet, cartilha, newsletters, redes sociais, e-mails corporativos, determinar o público, se interno e/ou externo, periodicidade e duração da campanha.

Todas as atividades elencadas pelo comitê vão ser distribuídas pelos departamentos representados no grupo. Mas o comitê pode contar também com a participação de uma consultoria externa, uma empresa especializada ou uma instituição que atenda a esse público de pessoas com deficiência e que conheça todos seus os meandros, dificuldades socioeconômicas, características das deficiências, legislação e necessidades de adaptação.

Essa consultoria pode municiar o comitê com informações e treinamentos para que seus participantes tenham propriedade para desenhar um programa aderente ao negócio, mas que atenda também às pessoas com deficiência. Ou seja, um programa efetivo, abrangente, com custos compatíveis e que contemple a condição de ganha-ganha.

Uma intervenção externa, isenta e capacitada, garante que o comitê adquira uma visão abrangente. Porque o José, um personagem fictício, conhece tudo sobre a sua própria deficiência, mas não conhece tudo sobre todas as deficiências nem sobre as peculiaridades de outras pessoas nessa condição.

Uma vez que o comitê precisa estar muito alinhado e forte entre os seus participantes, vale trazer palestrantes, treinamentos externos, cursos online, grupos de estudo, isso é, todas as maneiras possíveis para reforçar o conhecimento do time. Desde que, ao final dessa preparação, o comitê se sinta seguro para desenhar o programa corporativo, sem dúvida ou hesitação. Tudo tem que estar previsto: como lidar com pessoas surdas ou com deficiência auditiva, com o cego ou com deficiência visual, ou ainda deficiências físicas ou intelectuais.

Isso porque, quando a pessoa com deficiência chega à empresa, ela tem que se sentir ambientada. Todos já têm que saber como lidar com essa pessoa e suas especificidades. Repito o meu caso pessoal, quando fui ao toalete de um restaurante. Todos os empregados sabiam a nomenclatura certa, sabiam como indicar o caminho e conheciam a maneira de lidar com os visitantes. Isso é o que precisa ocorrer dentro de qualquer empresa que pretenda ter um programa adequado: todos têm que estar preparados para a inclusão.

AS QUESTÕES QUE SURGEM NO COMITÊ

Quais são as etapas a seguir para uma pessoa com deficiência ingressar numa empresa? É uma das questões que surgem num primeiro momento de funcionamento de um comitê. A resposta é: recrutamento, seleção, contratação e integração.

Surgirão outras perguntas: Mas onde estão essas pessoas? Como recrutá-las se não se sabe onde elas estão? Quem é que sabe? Uma entidade? Um consultor? O INSS? O médico do trabalho?

E sobre enquadrabilidade na Lei de Cotas? Quem podemos chamar para nos esclarecer, porque depende do caso, não é?

Não, não depende do caso porque está na lei quem pode e quem não pode ser enquadrado. Por isso, outra área fundamental para ser representada é a de saúde ocupacional.

Os profissionais dessa área costumam ser rígidos na avaliação de enquadrabilidade dos candidatos com deficiência, em geral porque não se sentem muito seguros em relação aos critérios utilizados pela fiscalização. Podem surgir alguns entraves entre a área de saúde e o RH em razão disso.

Numa situação hipotética, o RH recruta um candidato com deficiência e quer fazer a contratação, mas esbarra em restrições da área de saúde que às vezes não têm fundamento técnico suficiente para aprovar ou não o candidato. Esse é um exemplo a ser discutido previamente no comitê, para que se encontrem apoios para a saúde ocupacional estar mais segura e amparada em suas decisões.

Outro exemplo de atuação de um comitê aconteceu numa das empresas que assessorei. Houve um debate a respeito de ajuda de custo de transporte para empregados com deficiência. A empresa fornecia vale--transporte ou fretado para os seus empregados. No entanto, nem todos os empregados com deficiência poderiam utilizar o transporte público ou mesmo o fretado até o trabalho.

A empresa enfrentava um dilema porque a prefeitura local disponibilizava um sistema público de transporte gratuito, porta a porta, para pessoas com deficiência. Por causa da elevada demanda, algumas vezes o transporte ultrapassava os horários e os empregados atrasavam para chegar ao trabalho. E nem todos os empregados tinham recursos para tomar outro transporte, quando havia atraso dos veículos da prefeitura.

Com essa dificuldade específica dos empregados com deficiência, pensamos em criar uma ajuda de custo para eles, o que esbarrou na perspectiva de um grande aumento de custo para a empresa, na criação de mais um benefício.

Minha ponderação foi adotar essa ajuda apenas para quem tivesse dificuldades de locomoção em transporte público ou próprio, como cadeirantes.

No comitê, surgiram as perguntas clássicas, e a principal era como definir quem teria direito ao benefício. Quem deveria responder a essa questão seria o médico do trabalho, então ficou clara a necessidade de parceria do RH com o setor de saúde. Chamamos a área jurídica para nos orientar como implementar o benefício sem que fosse incorporado ao salário para não onerar ainda mais a empresa — mais uma parceria interna —, e foi criado um processo, dentro do benefício de transporte, para pessoas com mobilidade reduzida.

Divulgamos a novidade, as pessoas interessadas se inscreveram para um exame periódico e o médico definiu quem se enquadrava para receber a ajuda de custo. Conseguimos implementar o benefício, que era depositado na conta do empregado. Este é um caso de um processo que foi revisto e reformulado de maneira bastante satisfatória, com base numa necessidade nova dentro de um programa que estava sendo implementado.

O comitê deve passar um pente fino em cada tema. Tudo o que acontece na empresa, no dia a dia, tem que passar por ele, por isso é importante a presença de representantes de cada área. Alguém do setor de logística pode lembrar que só existe aviso sonoro no caminho da empilhadeira, e que é preciso instalar avisos luminosos para surdos ou traçar caminhos no chão para cegos seguirem, sem risco e de maneira autônoma.

Para sintetizar o foco recomendado para o comitê, proponho o seguinte cronograma de atuação:

ETAPAS

REUNIÕES	ATIVIDADES
1º mês — 4 sessões (uma por semana)	Alinhamento, diagnóstico e levantamentos.
2º mês — 4 sessões (uma por semana)	Capacitação do comitê.
Do 3º ao 5º mês	Preparação do ambiente e do público interno.
A partir do 6º mês	Implementação do programa, começando a efetuar a contratação de pessoas com deficiência.

Fonte: elaborada pela autora

Na etapa do diagnóstico, pode ocorrer que uma área inicialmente desconsiderada para as reuniões precise ser chamada a participar. É o caso, por exemplo, de um restaurante terceirizado, que precisa estar preparado para verificar e adequar altura de balcões para pessoas com deficiência física, aviso de localização de superfícies quentes para cegos, informações em braile e assim por diante. Por isso, o comitê vai percorrer toda a empresa, mapear todas as necessidades de acessibilidade, inclusive em estacionamentos, áreas livres, portarias.

Na etapa da capacitação, todos os integrantes do comitê vão receber informações e também pesquisar sobre normas, leis e outros conteúdos importantes sobre inclusão e deficiências.

Em seguida, o comitê está em condições de recomendar e acompanhar o trabalho de execução das adaptações essenciais no espaço físico, assim como já começar a trabalhar com os gestores e empregados questões relativas ao acolhimento de profissionais com deficiência, à eliminação de atitudes discriminatórias, por meio de cartilha para distribuição interna por exemplo e/ou por meio de ferramentas eletrônicas.

A etapa da implementação, após tudo o que foi realizado conforme os passos descritos, deve ser iniciada em um prazo de no máximo três a seis meses, para que o programa comece a ser efetivo e a trazer pessoas com deficiência para trabalhar. Passar desse prazo leva ao risco de esfriar o assunto ou até mesmo de ocorrer visita de fiscal do Ministério do Trabalho que, verificando que o programa não está concluído, poderá decidir pela autuação da empresa.

As atas de reunião do comitê não servem como provas de ações de inclusão para a fiscalização. É preciso ter o programa funcionando. Por isso, dependendo da situação legal da empresa, é preciso ir realizando ações mesmo se o comitê ainda estiver em fase de diagnóstico ou capacitação.

Portanto, a partir da atuação do comitê, vamos definir novamente a Neoinclusão: é um programa pensado e concebido por um grupo multidisciplinar, com planejamento duradouro, integrado aos processos e à cultura organizacional.

PRIORIDADES ESTRATÉGICAS

Diretores, profissionais de RH e gestores de áreas de negócios, preocupados com o risco iminente de suas empresas serem fiscalizadas e autuadas pelo Ministério do Trabalho, por conta de não estarem cumprindo adequadamente a legislação, perguntam-me com frequência quais devem ser as prioridades estratégicas de trabalho do comitê. Assim, seguem itens de importância fundamental sobre os quais é preciso se debruçar:

1. **Elaboração de Plano de Ação** — é a primeira atividade do comitê de inclusão. Realização de ações de engajamento e alinhamento conceitual com RH, área de saúde, gestores e equipes que possuem ou receberão profissionais com deficiência (palestras, workshops, rodas de conversa); planejar o evento de Lançamento do Programa de Neoinclusão (com logomarca e plano de comunicação); reuniões de alinhamento com profissionais com deficiência da empresa sobre as novas diretrizes e estratégias de inclusão; atividades de continuidade do programa para valorização da diversidade, de modo a gerar reflexão e conhecimento quanto ao potencial e limitação de todos.

2. **Definição clara e objetiva dos temas das reuniões** — revisão crítica e ajuste de todos os processos básicos; o objetivo final é preparar o RH para atrair, reter e desenvolver profissionais com deficiência. Buscar estudos sobre deficiência e inclusão, buscar benchmarks, fazer reuniões com outras empresas que tenham ações pontuais, mas de muito sucesso, vistas como exemplo e até ações estruturadas que já foram reconhecidas, principalmente por entidades como o Instituto Ethos. Revisão e ajustes de processos básicos do RH: recrutamento e seleção, integração, benefícios, avaliação de desempenho, PDI — Plano de Desenvolvimento Individual —, treinamentos, desligamento, exame admissional, periódico e demissional, acessibilidade, fiscalização do Ministério do Trabalho, brigada, CIPA, SIPAT — Semana Interna de Prevenção de Acidentes de Trabalho —, treinamentos da liderança e equipes; identificação de parceiros externos e internos; alinhamento do programa com o negócio e cultura organizacional da

empresa; criação de marca para o Programa; aprovação e validação pela alta direção sobre as ações futuras definidas.

3. **Benchmarking** — um dos papéis importantes do comitê é buscar informações sobre inclusão com diferenciais positivos. É relativamente fácil encontrar empresas com algum tipo de reconhecimento — em artigos ou reportagens de jornal ou revista e na internet —, um prêmio, ou menção em algum levantamento como os realizados pelo Instituto Ethos. Informações produzidas por instituições especializadas em gestão do negócio, gestão de sustentabilidade, listagem das melhores empresas para se trabalhar, são fontes para chegar a elas.

Não necessariamente uma empresa vai ser completamente inclusiva, mas pode ter um grande caso de sucesso. Uma área específica, uma gestão que tenha líderes com deficiência. O comitê deve buscar esses diferenciais para conhecer as melhores práticas e adaptá-las para a realidade onde atua. É interessante visitar as empresas para verificar *in loco* a acessibilidade, as inovações e alternativas de adaptação de baixo custo e criativas. Geralmente elas são muito abertas, acolhedoras e disponíveis, porque as que tem uma boa prática tem prazer em contar como chegou até ali.

É também possível encontrar essas possibilidades de *benchmarks* ou cases de sucesso por indicação. Existem grupos de RH que se reúnem para intercâmbio de práticas, informações, questionários, assim como grupos da área de saúde, de segurança do trabalho ou de assistência social — esses últimos não mais tão comuns. Mas todas as formas de intercâmbio são válidas.

O leitor interessado em identificar empresas inclusivas pode procurar instituições certificadoras internacionais, como a ONU, que às vezes divulga boas práticas da iniciativa privada.

Uma atividade interessante do comitê é fazer o levantamento de parceiros internos e externos que ajudarão a implementar um programa neoinclusivo eficaz e de sucesso.

4. **Mecanismos de Avaliação do Programa** — avaliação de desempenho dos profissionais com deficiência; avaliação dos líderes e dos profissionais com deficiência sobre o programa; mensuração dos

resultados do programa (tangíveis e intangíveis); disseminação do modelo para demais públicos da empresa, como afrodescendentes; desempregados há mais de dois anos; egressos do Sistema Prisional (ex-presidiários); grupos étnicos (indígenas, refugiados, imigrantes); maiores de 60 anos; menores de 18 anos; mulheres; público LGBT+.

5. **Duração do comitê** — O comitê vai funcionar até o fim da implementação do programa e será dissolvido naturalmente, quando já não for necessário o seu apoio e o programa estiver sob a responsabilidade de uma ou duas pessoas, geralmente do RH.

Todas as informações relevantes precisam constar no processo. Além disso, deve-se especificar quais documentações serão exigidas previamente dos candidatos para comprovar sua enquadrabilidade na Lei de Cotas, como o CID — Classificação Internacional de Doenças e Deficiências — com validade de até seis meses. Isso porque a falta de documentos pode representar um corte de seleção. O RH, nesse processo, deve buscar ser assertivo com o cumprimento da lei, também.

OLHANDO PARA O PÚBLICO INTERNO

Na fase da implementação, não é raro o RH, em conexão com a área de saúde, descobrir que já existem pessoas com deficiência na empresa que não eram identificadas como tais. Não estariam, portanto, incluídas nas estatísticas de cumprimento da cota.

Exames médicos periódicos podem ser realizados já na primeira etapa do comitê, para um levantamento abrangente. Neles, podem ser identificadas pessoas com alto grau de perda auditiva e que não tinham consciência dessa situação; ou alguém com uma deficiência visual parcial da qual não se dava conta porque o cérebro faz compensação automática e a pessoa não percebe.

Há muitos casos de empregados com deficiência não aparente que ocultaram a informação no momento da contratação, achavam que se fossem contratados dentro da cota de profissionais com deficiência seriam considerados pelos colegas como alguém inferior, que só foi contratado pela deficiência. Em três grandes empresas que assessorei surgiu a dificuldade em convencer seus respectivos colaboradores de assinarem o Termo de Anuência para serem enquadrados como parte da cota da empresa. Em um dos casos, inclusive, o empregado chegou a insinuar que se continuassem pressionando ele entraria com um processo por danos morais.

Nesses casos, é necessário muito tato e conversa para esclarecer ao empregado os pontos que envolvem sua enquadrabilidade. A questão central é a confidencialidade entre empresa e colaborador. Ninguém mais, além das áreas de saúde e RH, precisa dessa informação.

É uma questão de orgulho e de uma herança cultural que infelizmente ainda domina o país. Qual o problema de ser considerado pardo, negro, mulher ou pessoa com deficiência? Nenhum, a não ser o preconceito social.

QUAIS AS DIFICULDADES QUE O COMITÊ PODE ENFRENTAR?

Algumas coisas ou atitudes podem minar o trabalho de um comitê.

A primeira é a falta de apoio dos gestores. O que pode ocorrer é o gestor indicar uma pessoa para o comitê e depois ficar demandando tarefas, o que pode dificultar-lhe a participação. O gestor precisa entender que, naquele dia, naquele momento, a pessoa indicada estará participando do comitê e deve cumprir esse compromisso inteiramente.

Outro problema é falta de respaldo da área, quase sempre culpa do gestor também, que não atende demandas que o participante leva para o seu departamento. Aquilo que for levado como solicitação para a área é assunto definido pelo comitê e precisa ser respeitado e atendido.

Naturalmente, o alinhamento proposto no programa cuidará de esclarecer os gestores, antes de as tarefas serem definidas, para que não existam essas resistências.

Acontece, às vezes, a falta de comprometimento dos participantes do comitê. O programa tem que ser visto como mais uma atividade profissional solicitada pela empresa, e não como uma ação voluntária que extrapola a função. Não é uma participação individual, mas uma presença representativa de uma área. Por isso, o cronograma deve ser respeitado de modo integral. Se uma das áreas falhar em entregar suas tarefas, o atraso vai interferir nas operações das outras áreas.

Essa fase de formação do comitê multidisciplinar, que reúne todas as áreas-chave da empresa, é muito importante para o sucesso do programa de inclusão, constitui o planejamento, a planta do programa, que vai propiciar que tudo funcione. Os integrantes do comitê são os arquitetos desse projeto.

Se o alicerce dessa casa não for pensado e estruturado nesse momento, a construção terá problemas mais tarde. É o momento de alinhar abordagens, conceitos, conhecimento, informações, comportamento, expectativa da empresa e o que as áreas podem realizar.

Por último, uma questão bem prática. O programa pode surgir num ano em que não havia previsão orçamentária para a sua realização, mas tem que ser feito em razão de exigência legal. Nesse caso, não será possível colocá-lo em prática por inteiro naquele exercício fiscal. Mas o planejamento para o ano seguinte precisa estar pronto e com orçamento aprovado, para evitar que se repita o problema.

No próximo capítulo trataremos de como desenvolver um programa de inclusão com abordagem neoinclusiva.

Como desenvolver um programa de inclusão com uma abordagem neoinclusiva?

Neste capítulo vou tratar do planejamento de um programa de inclusão no ambiente de trabalho com abordagem, práticas, processos e estratégias neoinclusivas. Mas antes quero ressaltar por que é um programa inovador.

O programa neoinclusivo é estruturado, planejado, alinhado e envolve todos os setores da empresa. Também deve ser pensado para o engajamento ativo do profissional com deficiência, que age com corresponsabilidade no sucesso da sua inclusão.

Nos programas tradicionais de contratação, o modelo é quase assistencial, a empresa cuida de tudo unilateralmente e acha que tem que funcionar da maneira que definiu. Tende a cobrar algo que talvez o profissional com deficiência não possa entregar, por conta das condições oferecidas e do desenho dessas iniciativas de inclusão.

Realmente, o profissional com deficiência tem que ser cobrado por seu desempenho, mas isso dentro de um ambiente com acessibilidade e equipamentos adequados, para que tenha igualdade de oportunidades em relação aos demais empregados. Essas são as principais diferenças.

A IMPORTÂNCIA DE UM OLHAR INCLUSIVO PARA ESTRUTURAR UM PROGRAMA

Logo nos primeiros dias de trabalho em uma empresa, já me foi entregue a demanda de implementar um programa de inclusão. Os líderes já estavam diante de sérios problemas, porque já haviam sido acionados pelo Ministério do Trabalho, mas conseguiram uma liminar por causa da grande quantidade de atividades muito restritivas para pessoas com deficiência.

Não tinham sido multados ainda em razão do recurso jurídico, mas queriam se adiantar à possibilidade de derrubada da liminar e implementar um programa de inclusão efetivo. Assim, na minha chegada, a empresa já tinha um desenho do que estava planejando e o meu papel seria finalizar o programa e colocá-lo em funcionamento.

O programa planejado se resumia a treinar pessoas para o call center, que era próprio, mas nem ficava no mesmo prédio da sede. Havia, portanto, um certo desprestígio para quem trabalhasse ali, como se não fizesse parte da mesma companhia. Acostumada com a liberdade e amplitude de ações em entidades do terceiro setor, de onde estava chegando, estranhei a timidez do programa proposto e questionei minha gerente sobre o programa se resumir apenas ao treinamento para atendimento telefônico.

Ela pensou por um momento e perguntou: "O que é que você propõe?" Em resposta, pedi 24 horas para elaborar um projeto abrangente. Ela me concedeu o prazo e disse que se eu precisasse de ajuda poderia chamar alguém da área de Responsabilidade Social, uma vez que a empresa considerava a inclusão um programa social e não parte da cultura organizacional, como deve ser.

Coloquei as mãos na massa, em conjunto com uma pessoa da área de Responsabilidade Social e em parceria com uma entidade que trabalhava com empregabilidade de pessoas com deficiência, desenhamos um programa que não abarcava apenas o call center, mas era muito mais amplo, incluindo a área administrativa. Oferecia aulas de português, matemática e informática, além de curso de administração, atendimento ao cliente e competências para o trabalho, com o objetivo de qualificar os candidatos. Para ser mais inclusivo, ampliamos para aceitar pessoas sem deficiência, mas de baixa renda.

Ao final da formação profissional, os melhores alunos foram contratados.

Foram mais de 12 turmas, em três anos, cada uma com 15 a 20 alunos. Mesmo aqueles que não foram contratados foram encaminhados ao mercado de trabalho, prontos e preparados.

A ARQUITETURA DE UM PROGRAMA DE NEOINCLUSÃO

Como vimos no capítulo anterior, a primeira etapa do programa de inclusão é a formação e consolidação do comitê, e a preparação para que ele possa desenhar esse plano de negócios do programa, assim como o cronograma das ações que serão necessárias. Sempre com definição de prazo para cada ação e responsabilidades de cada área envolvida no comitê e consequentemente no programa.

Para uma empresa que quer se tornar neoinclusiva, o primeiro ponto a ser coberto pelo comitê é o levantamento e avaliação de todos os processos da empresa que têm interface com o empregado, para verificar a necessidade de adequação. Não necessariamente se incluem aqui somente as atividades produtivas, como no caso das indústrias, mas também os serviços, a parte administrativa e operacional, que é onde normalmente está concentrada a maior quantidade de inclusão desses profissionais, em função do ambiente mais fácil de adequar.

Depois desse mapeamento, e discutidos os processos no comitê, cada líder será responsável junto à sua área e, validado por seu gestor, por promover as alterações necessárias para deixar o ambiente preparado para receber o novo profissional que vai chegar.

Como já mencionei, os processos a serem adequados, que representam maior peso, podem estar na área de infraestrutura, com a questão da acessibilidade, e na área de benefícios e remuneração, com a questão dos benefícios de transporte e auxílio-prótese — só para dar exemplos —, mas todas as áreas precisam ser revistas. Um caso ilustrativo é o do restaurante, quase sempre terceirizado. É preciso verificar se tem acesso, se o balcão do buffet tem altura adequada para facilitar que cadeirantes se sirvam, se são utilizadas placas em braile para informar aos cegos quais alimentos estão ali.

Por meio desse mapeamento, será possível verificar com clareza qual é a visão macro da empresa em relação à inclusão de pessoas com deficiência. Verifica-se se já existem pessoas com deficiência atuando na empresa. Como fazer isso? Em entrevistas formais ou rodas de conversa de grupos afins, como um grupo de gestores e outro de empregados. Com que intenção? Para termos um diagnóstico de quais treinamentos, informações e estratégias terão que ser estruturados pelos consultores, pessoas que estão apoiando e o próprio comitê, enfim, a liderança desse programa de inclusão.

Com os debates, será possível avaliar se o foco tem que ser maior nos gestores, e que tipo de ferramenta o comitê vai utilizar, a partir da visão desses. Pode-se promover workshops de mais tempo, de vivência, ou só informativos; pode-se decidir que um manual ou uma cartilha bastaria, ou se as ferramentas de comunicação interna darão conta dessa distribuição de informação ou será necessário um trabalho de médio prazo com essas equipes.

Em segundo lugar, o comitê vai mapear vagas nas quais possam ser aproveitadas pessoas com deficiência. Analisar cargos e funções, identificando quais não podem ser ocupados, entre outros motivos, por segurança. Isso é importante para a empresa se planejar: ao constatar que existem dois cargos nos quais não é possível incluir pessoas com deficiência, redistribuir esses dois cargos para outras áreas.

REVISÃO DE PROCESSOS — RH

A experiência mostra que recrutamento e seleção são processos que têm de ser revistos cuidadosamente.

Assim, antes que o RH comece a divulgação, é preciso planejar como informar que as vagas são exclusivas para pessoas com deficiência e o tipo de vaga oferecida, de modo a evitar que se inscrevam pessoas não aderentes ao que se espera no processo. É o caso, por exemplo, de uma atividade que exija disponibilidade para dirigir ou fazer serviço de campo, para que não se candidate uma pessoa cega, por exemplo.

Para garantir que as candidaturas sejam adequadas, além da comunicação também precisam ser revistos os processos de entrevista e de dinâmicas.

É preciso avaliar também, quando se tratar de entidade parceira, se o local das entrevistas é acessível, se o parceiro é capacitado para fazer as entrevistas ou vai precisar da ajuda do RH contratante.

Outro processo muito importante para efeitos dessa revisão é a integração do empregado contratado. Não a integração enquanto conceito típico dos anos 1980, mas o processo de entrada na empresa, apresentando o ambiente, as instalações, a equipe, o trabalho. E vice-versa, porque a empresa e a equipe também precisam conhecer o novo colega.

Nunca é demais lembrar que, antes da chegada desse novo empregado, é preciso mapear se a empresa já tem material em braile ou software de fala, e, se for o caso, já ter no cadastro fornecedor de material gráfico ou de informática. E identificar profissional terceirizado ou contratado para falar, ler ou traduzir cursos online, por exemplo, para surdos. Como se vê, uma coisa puxa a outra e a integração acaba demandando essas providências.

Quanto aos benefícios, já vimos anteriormente um exemplo na área de transporte. Em relação aos demais benefícios, às vezes as empresas são bem criativas. Hoje em dia, no mercado, costumamos dizer que, na relação CLT, o que conquista o novo empregado não é só o salário, mas os benefícios que a empresa oferece. Isso não é diferente para a pessoa com algum tipo de deficiência. Mas às vezes os benefícios são muito diversos e requerem uma análise: Qualquer pessoa pode usufruir deles? Por exemplo, usufruir de uma academia interna na empresa. A academia está preparada para receber uma pessoa com deficiência física, visual, auditiva ou intelectual?

Ainda sobre o RH: deve-se fazer uma análise dos processos de Avaliação de Desempenho e PDI. Normalmente, o PDI define quais os treinamentos que essas pessoas terão ao longo do ano e quais são os gaps — aquilo que precisa ser melhorado. Quem aponta essas necessidades é o gestor, além do empregado com ou sem deficiência e os seus pares, numa avaliação 360°. Conforme as indicações, geralmente a empresa oferece treinamentos para desenvolvimento profissional, que pode ser *in company* ou externo.

Ambos os processos estão adaptados para serem utilizados pelos profissionais com deficiência de minha empresa? O conteúdo da dinâmica é entendível? É utilizável por todos ou preciso de alguma adequação? Quais?

Cabe ao gestor definir, baseado na equipe e no orçamento, as prioridades de aprimoramento profissional para sua área. Normalmente, as empresas já têm contrato guarda-chuva com universidades e consultorias voltadas para educação corporativa. Ou têm sua própria área educacional.

Também aqui é importante atentar para se as organizações contratadas ou setores próprios de educação corporativa estão preparados para receber um público diverso, com algumas necessidades específicas, por exemplo, acessibilidade, toalete, sala, carteira adequada, mesa, fone de ouvido, material didático, e intérpretes de Libras. É uma revisão de processos parecida com a da integração.

Um momento muito delicado e que deve ser planejado pelo RH é o da fiscalização do Ministério do Trabalho. É preciso definir quais documentos têm que ser colhidos, quem fica responsável pela juntada e onde ficarão arquivados. Essa é uma boa interface, porque a revisão dessa ação tem que envolver o RH, o Jurídico e o setor de Saúde (com os laudos e as perícias médicas), todo o tempo. Não funciona se cada um desses setores guardar uma parte dos documentos.

Faz parte desse processo a responsabilidade da prestação de contas exigida pela legislação ao Ministério do Trabalho, a forma de fazê-lo e os prazos. Esse encargo tem que ser definido de tal forma que, se o responsável se ausentar da empresa provisória ou definitivamente, sempre haja alguém pronto para substituí-lo.

REVISÃO DE PROCESSOS – DESLIGAMENTO

Existe uma dúvida frequente nos setores de RH: "Posso ou não desligar da empresa uma pessoa com deficiência?"

A dúvida se refere principalmente ao fato de a pessoa fazer parte da cota de profissionais com deficiência da empresa. Eu respondo que nenhum empregado, com ou sem deficiência, deve virar ativo da empresa. Se não atende às expectativas, se teve algum comportamento inadequado que vai contra o regimento interno ou outro motivo, o profissional com deficiência pode ser desligado, como qualquer outro empregado.

Até compreendo a permanência dessa dúvida, porque na Lei de Cotas há uma palavra que leva a esse questionamento. Em vez de usar desligamento, a Lei de Cotas fala em substituição. A intenção da Lei é que o profissional com deficiência desligado seja rapidamente, ou de preferência automaticamente, substituído por outro, para que a cota esteja sempre preenchida e não se corra o risco de perda dessa vaga. No entanto, essa necessidade de substituição não representa proibição de demissão.

Tive uma experiência pessoal quanto a isso. Saí de uma empresa e, no momento da homologação, no sindicato, estávamos eu e uma amiga com deficiência auditiva. Quando apresentei os meus documentos, o advogado do sindicato rasgou nossas homologações. Argumentou que a empresa não podia nos desligar sem estar com a cota cumprida — ou fazia nossa recolocação ou contratava outras pessoas antes dos desligamentos.

Fiquei chocada com a situação e com a fala do advogado do Sindicato. Até brinquei, dizendo que ele estava recomendando trabalho escravo para nós duas, porque não queríamos ficar na empresa e ele estava nos obrigando a permanecer. Ele foi irredutível, apesar das minhas ponderações de especialista, já que era eu quem cuidava do programa de inclusão da empresa e, assim, conhecia a legislação pertinente. O resultado foi que voltei para casa, e minha amiga para a casa dela, sem recebermos as verbas rescisórias e sem solução para o impasse criado. Frustradas, evidentemente.

Fiz contato com a empresa, que também não sabia como resolver, já que uma situação dessa não tinha precedentes na organização. Dias depois, com muita conversa, consegui uma reunião entre a liderança do RH e o sindicato, e tive que assinar um termo detalhado, afirmando que eu estava consciente de que fazia parte da cota e tinha sido desligada por minha vontade, mas cuidando para não reconhecer que fora um pedido de demissão. Só aí foi feita a nova homologação, com o presidente do sindicato, o representante legal da empresa e eu. Minha amiga não teve tanta sorte e demorou cerca de dois meses para resolver a sua rescisão. Conto isso para mostrar como o desconhecimento da legislação é sério. A proibição de desligamento não está na LBI e nem na Lei de Cotas.

A pessoa com deficiência precisa ter este ponto esclarecido, pois já ouvi profissionais com deficiência tendo posturas inaceitáveis, porque consideram, erroneamente, que a empresa não pode demiti-los por causa da legislação, que teriam, portanto, estabilidade no trabalho. Isso não existe. Não é assegurada estabilidade à pessoa com deficiência se ela não alcançar resultados e não atingir metas. O profissional tem que trabalhar como qualquer outro empregado da empresa, seguir normas e o que rege a CLT.

O caso de desligamento de um profissional com deficiência é um processo tão importante quanto delicado. Existem critérios para isso — porque esse empregado deve ser tratado como todos os outros. Se não apresentar desempenho e eficiência, pode sim ser desligado. Mas alguns cuidados devem ser tomados.

Primeiramente, verificar se a motivação da dispensa não se deve à perseguição, ao preconceito, a algum medo do gestor, ou se é porque o profissional com deficiência foi excluído pela equipe, que não foi bem orientada e sempre o isolou até que chegou o momento em que se tornou impossível mantê-lo no grupo. Então, a exclusão pode não ser culpa da pessoa, por isso o RH deve investigar a razão desse desligamento. Se a dispensa for efetivamente justificável, entra a forma como se fará a comunicação desse desligamento. No caso de um surdo, será necessário contar com um intérprete de Libras, para que não haja confusão na compreensão dos fatos. No caso de um cego, os documentos deverão estar em braile.

O RH precisa participar do processo de desligamento. Claro que o gestor da área é quem decide quem deve ou não ser mantido na sua equipe. Mas o RH tem que acompanhar para manter aquela vaga dentro do número previsto na cota. Já vi acontecer de um gestor demitir três profissionais com deficiência e colocar dois sem deficiência — ou seja, ele fechou duas vagas e isso teve impacto no cumprimento das metas de contratação. Portanto, o controle de vagas, seja de contratação ou de desligamento de profissionais com deficiência, deve ser compartilhado com o RH. Existem algumas ferramentas, desenvolvidas internamente, sem necessidade de investimento financeiro, sobre as quais vamos falar mais adiante, no capítulo específico do RH.

REVISÃO DE PROCESSOS – SAÚDE

Os processos afeitos à área de Saúde incluem, entre eles, o exame admissional, que também demanda aferição da documentação. Se o médico do trabalho não tiver segurança sobre a enquadrabilidade de um candidato, tem que buscar esse entendimento. Podem acontecer casos passíveis de diferentes interpretações da legislação, e isso ocorre até mesmo para os fiscais do Ministério do Trabalho. Numa eventualidade dessas, é preciso pesquisar e até mesmo consultar parceiros confiáveis para ajudar a definir se aquela deficiência é enquadrável ou não. Sempre é bom lembrar que há um documento, chamado Termo de Anuência, que todos os que ingressam na empresa pela cota devem assinar. Esse documento faz parte da documentação que a área de Saúde providencia, para efeito de fiscalização.

Sobre a realização dos exames periódicos, eles servem também para mapear se existe profissional que possa ter uma deficiência que passou despercebida no exame admissional. Há deficiências que não são visíveis, e às vezes a pessoa tem receio em verbalizar isso, porque teme a reação da empresa, se descobrir. E há deficiências que a própria pessoa desconhece.

Conheço o caso de um eletricista que, num exame periódico, descobriu que tinha uma cicatriz num dos globos oculares, possivelmente de quando ainda era menino, ocasionada por um espinho ou batida de um inseto. Ele jamais se dera conta desse problema, porque o cérebro e o corpo promovem misteriosas compensações. E foi bom que a deficiência tenha sido descoberta, porque a partir da identificação pôde-se aplicar um tratamento para evitar que o problema se agravasse.

Note-se que a identificação de uma deficiência deve ser tratada pela área de Saúde com toda a confidencialidade, até para não mudar nada no relacionamento do empregado com os seus colegas ou com a empresa.

A área de Saúde também precisa cumprir o processo do exame demissional, inclusive para evitar problemas legais para a empresa. Se uma pessoa adquiriu a deficiência na empresa e não sabia, ou ficou quieta, achando que era só uma dor nas costas, isso poderá ocasionar um problema quando ela deixar a empresa.

Portanto, a visão mais apurada e focada da equipe de saúde da empresa pode detectar isso e dar o alerta para o RH providenciar tratamento, afastá-la se necessário, para cuidados médicos e mais adiante verificar se é preciso mudar essa pessoa de função ou readaptá-la. São esses alguns caminhos para resolver a situação desse colaborador antes da demissão.

Inclusive, a área de Saúde deve promover campanhas regulares, com viés de prevenção ou de informação sobre as causas, prevenção, sintomas e tratamento das diversas formas de deficiência.

REVISÃO DE PROCESSOS – INFRAESTRUTURA

Acessibilidade física é um item que a área de infraestrutura domina. Desde a entrada do visitante com deficiência, de empregados, fornecedores, a permanência e o trabalho deles dentro da empresa. Tudo isso precisa ser mapeado desde a catraca, portaria, recepção, acessos internos, área fabril, áreas de reunião, de treinamento, auditório, áreas administrativas e operacionais. Isso vale para todos os tipos de deficiências.

REVISÃO DE PROCESSOS – SEGURANÇA

A área de Segurança do Trabalho é uma parte importante dos processos de inclusão. Os técnicos de segurança por exemplo, precisam ter conhecimento sobre as deficiências para ajustar a utilização de EPIs — Equipamento de Proteção Individual —, e criar novos procedimentos de segurança caso necessários, a fim de proteger os empregados da empresa.

Em relação aos brigadistas, eles estão em todas as áreas, e são responsáveis por atuar em situações de emergência que podem até exigir uma evacuação geral da empresa, auxiliando os colegas. Dentro da área de Segurança do Trabalho, além das brigadas de incêndio, existe a CIPA. Os cipeiros e os brigadistas atuam em situações sensíveis, razão para que sejam incluídas, no treinamento desses empregados, noções sobre deficiência e inclusão.

Eu tenho uma experiência muito bacana nessa área. Junto com brigadistas de uma empresa em que trabalhei, marcamos, na planta baixa da empresa, com números e cores, onde estavam as pessoas com determinadas características mais difíceis de locomoção: fosse o cego total, aquele com prótese nas pernas ou em cadeira de rodas. Cada brigadista ficou responsável por uma pessoa com maior dificuldade para que, no afogadilho, na correria, se porventura acontecesse alguma coisa, ajudá-la a chegar até o ponto de encontro ou da saída.

A CIPA também precisa ter esse olhar, até porque é ela quem coordena a brigada e a SIPAT. Aliás, a SIPAT é o momento-chave para as empresas trabalharem a inclusão e a questão da deficiência. Na SIPAT pode ser criada uma vertente de desmitificação da deficiência, principalmente em sintonia com a área de Saúde, expondo aspectos da prevenção.

No início deste livro abordamos as causas da deficiência e demos como exemplos doenças oportunistas que, como sequelas, podem resultar em deficiência. Também há outros fatores, como a nossa falta de cuidado no trânsito e o consumo de bebidas alcoólicas. E mesmo a negligência: descer uma escada correndo ou sem se apoiar no corrimão, usar salto alto em pisos irregulares. Tudo isso representa risco para a nossa saúde, além de serem causas de deficiência e temas a serem trabalhados na SIPAT.

Costumo trabalhar bastante durante SIPATs em empresas, com apresentações teatrais, dinâmicas e palestras. São oportunidades muito boas para abordagem da inclusão. Aliás, muitas empresas têm a prática de lançar programas de inclusão na SIPAT.

Revisão de processos – Liderança

Todas as empresas têm o PDI dos seus gestores. Sabe-se que está na sua descrição de cargo gerenciar conflitos, o tempo e equipes. Por que não proporcionar também, a esses gestores, cursos de inclusão e informações sobre diferentes tipos de deficiências e noções da legislação brasileira? Trazer informações relacionadas a questões que eles precisam desenvolver para se tornarem melhores líderes pode ser um investimento valioso. Conflitos, mitos e preconceitos surgem, quase sempre, por falta de informação. Portanto, é recomendável treinar formalmente esses gestores também e assim agregar os temas de inclusão e deficiência ao PDI da liderança.

Parceiros

Parceiro interno é todo aquele que possa ter interface, no ambiente da empresa, com um profissional com deficiência. Por exemplo, o operador de empilhadeira, que vai observar como a empresa se resguarda para dar aviso a um surdo de que há um veículo em operação — ou fazer o empregado surdo usar um colete de identificação para ser visto —, e que vai compartilhar a iniciativa.

Raramente a empresa tem uma academia interna, mas pode ter convênio com uma academia parceira, e esta por sua vez deve estar preparada para atender todos os empregados da empresa, com e sem deficiência.

As empresas geralmente têm restaurante terceirizado, que também pode ser parceiro. As instalações devem ter entrada facilitada para todo tipo de deficiência, portas onde passe cadeira de rodas, checagem de altura do buffet para que esteja acessível a cadeirantes. Também observar se existem placas indicativas de plataformas aquecidas para que um cego não se queime, se existem pessoas preparadas para orientar cegos a saber o que está sendo servido e para auxiliar cadeirantes e pessoas que usam próteses nas mãos a se servir.

Numa empresa em que trabalhei havia uma menina amputada e o restaurante parceiro designava uma funcionária para servi-la pessoalmente, cortando a carne e os outros alimentos. Depois saía e deixava a menina se alimentar normalmente.

A segurança patrimonial também costuma ser feita por empresas terceirizadas, assim como a limpeza. A empresa deve fazer um trabalho de conscientização com os profissionais desses parceiros, informar que está investindo em inclusão, para que eles estejam alinhados e saibam como lidar no atendimento de um cego que possa chegar na empresa para uma reunião ou a ajudar o cadeirante a sair da cadeira. Para o empregado com deficiência, a primeira barreira da empresa é a portaria. Quase sempre são empregados terceirizados que fazem esse primeiro atendimento e estes também precisam ser envolvidos no programa.

Todos os empregados terceirizados, assim como fornecedores regulares, têm que ser considerados parceiros internos, porque saberão informar o impacto da inclusão nos processos da empresa. Muitas delas têm conselho de fornecedores ou fazem encontros com este público, para alinhar práticas comerciais. Envolver a todos é também uma ação de inclusão, porque certamente a conscientização será uma semente que poderá ser plantada em suas empresas de origem e nas suas redes de relacionamento.

Fazer contatos externos é de grande ajuda para identificar e formar parcerias. Não se trata necessariamente de fazer contrato ou convênio, mas sim de trocar informações com outras empresas para intercâmbio de experiências, porque sempre há um olhar diferente, algo mais que pode ser adaptado ou aproveitado. É uma relação ganha-ganha, porque a empresa também pode contribuir com esse parceiro.

Importantes parceiros externos são as prefeituras como, por exemplo, na questão de transporte. Uma interface muito necessária, porque às vezes não existe linha de ônibus que pare na porta da empresa e o empregado não dispõe de ônibus fretado, e uma pessoa com dificuldade de locomoção não pode andar 500, 800 metros.

A empresa traz empregos e desenvolvimento para a região, paga impostos e, com as facilidades de transporte, pode até empregar mais pessoas com deficiência. Assim, pode solicitar um ponto de ônibus próximo de sua portaria. As prefeituras dão abertura para isso.

O Sistema S também é um grande parceiro, tanto para o desenvolvimento de cursos profissionalizantes para pessoas com deficiência quanto para encaminhamento de candidatos. A maioria das empresas que têm unidades fabris já conta com parceria do Sistema S porque já desenvolvem projetos de capacitação para aprendizes e primeiro emprego. Projetos relacionados a pessoas com deficiência não fogem à regra. Por isso a empresa pode pedir, por exemplo, um curso profissionalizante específico para adolescentes com deficiência, com o objetivo de que os melhores possam, ao final do curso, ser absorvidos. E a empresa fará o processo de seleção como faz com qualquer turma do Sistema S. Essa parceria pode contrapor uma alegação corriqueira das empresas, de que não encontram mão de obra preparada.

Um parceiro em potencial e que raramente é acionado é o INSS. Nele muita gente apta a trabalhar está inscrita, mas continua recebendo benefícios porque não consegue voltar ao mercado de trabalho. O INSS tem total interesse em auxiliar as empresas na colocação de pessoas com deficiência e, mais ainda, os reabilitados. Por isso é extremamente válido acionar a agência da sua cidade ou região para uma parceria de divulgação de vagas e de encaminhamento de candidatos.

E, por último, as empresas também podem contar com parceiros externos que são instituições do terceiro setor, instituições sociais, ONGs que lidam com pessoas com deficiência, seja na reabilitação, na vocação profissional ou para um curso profissionalizante e consultorias específicas.

Esses parceiros externos podem agregar muito para o programa de Neoinclusão porque vão trazer pessoas preparadas ou vão prepará-las. E certamente podem contribuir com a própria equipe da empresa, com esse olhar de quem está na linha de frente, lidando diretamente com essas pessoas.

NEM TUDO SÃO FLORES

Claro que também há entraves na implementação de um programa com abordagem neoinclusiva.

Primeiro, a falta de orçamento, porque não dá para começar um programa, seja ele qual for, sem recurso. É preciso antes fazer o planejamento orçamentário, propondo previsão orçamentária específica, seja do RH, da infraestrutura, ou de todas as áreas que terão interface para que o programa seja viável. Afinal, não se constrói nem uma rampa sem recurso.

Às vezes, até é possível providenciar ações pontuais, porque geralmente a área de infraestrutura tem sua reserva financeira para manutenção, aquisição de equipamentos de segurança, reposição de peças. Mas, de qualquer forma, é preciso ter orçamento para realizar o programa. Daí a importância do mapeamento dos processos, porque cada um pode ter um custo.

Alguns dos parceiros externos terão custo — por horas de trabalho, treinamento ou consultoria e até por encaminhamento de candidatos. Existem instituições que trabalham como uma agência de empregos, mas são especializadas em profissionais com deficiência. Por isso tudo, a questão do orçamento pode ser um entrave. Minha recomendação é formar o comitê, começar a rever processos e fazer a previsão de orçamento para o ano seguinte, sabendo que, para implementar e desenvolver ações efetivas, será necessário esperar a aprovação do orçamento geral da empresa.

Não há uma resposta única para o custo financeiro de implantar um programa de Neoinclusão. As empresas estão em etapas diferentes, tanto de acessibilidade quanto de barreiras atitudinais. Pode ser que ela não precise adaptar nada fisicamente, mas precise investir pesado no treinamento, na capacitação, no envolvimento da liderança e dos empregados com deficiência. Não existe métrica porque cada negócio tem sua peculiaridade, assim como cada empresa tem suas características e o seu momento de inclusão.

Quando menciono este item de orçamento, as empresas acham que sou muito objetiva, muito concreta. E eu ganho até um pouco de credibilidade porque ninguém gosta de tocar muito no assunto logo na primeira visita. Há o aspecto da ansiedade: Quanto isso vai custar? Por isso mesmo o RH ou um consultor, como eu, tem que falar com clareza a respeito disso. É um tema muito importante e é coisa que o CEO e a diretoria querem ver logo.

Um segundo entrave são os obstáculos atitudinais, aquelas barreiras vinculadas à postura negativa ou preconceituosa, à visão distorcida do que é a inclusão, aos valores dos profissionais da empresa, que fazem com que compreendam ou não a inclusão.

Deve-se prever se vai ser preciso um trabalho com os empregados sem deficiência ou até mesmo mudar o plano de ação — talvez começar a incluir não pela equipe A, mas talvez pela B, ou C. Tudo isso precisa ser mapeado porque pode ser um obstáculo para o início de um programa alinhado a um novo olhar. A empresa deve organizar uma pauta de informação para o público interno em relação às pessoas com deficiência, promovendo palestras, elaboração de folders, vídeos e até iniciativas bem concretas, como curso de Libras. Tudo isso faz parte do processo de relação no dia a dia com os profissionais com deficiência, no sentido de remover ou, pelo menos, minimizar barreiras.

Terceiro ponto: a condição ambiental da empresa. Pode-se até fazer um plano de acessibilidade para a empresa, mas às vezes ela está localizada num terreno em que fica impossível a adaptação. É um barranco, um descampado, um lugar muito afastado. Existem instalações fabris distantes da área administrativa e que não têm acesso a não ser por escadas; se for inviável a colocação de elevador ou de plataforma elevatória, isso pode ser motivo de risco para os empregados.

Há empresas que trabalham com produtos que representam perigo para a vida, como líquidos inflamáveis, ferramentas de corte, e as adaptações para esse tipo de maquinário às vezes não são factíveis.

Claro, estou falando de maneira global, porque existem exceções. Mas há exceções que ajudam e exceções que atrapalham. A acessibilidade pode ter esse entrave concreto: não dá para adaptar. Aí, consequentemente, não dá para contratar determinadas pessoas com algumas características para aquele setor. Apesar disso, é possível dizer que mesmo uma empresa que não consiga incluir pessoas com diferentes tipos de deficiência em todos os seus setores pode promover um programa neoinclusivo.

A comunicação pode ser um quarto impedimento. A divulgação do programa é algo que precisa ser trabalhado dentro da empresa de maneira corporativa e institucional, e precisa ser muito bem pensada para evitar a produção de peças desastrosas, como eu já vi por aí. Exemplos: a foto de uma pessoa com deficiência extraída de banco de imagens que não retrata a realidade; um informe numa plataforma que desconsidera profissionais com deficiência que já existem dentro da empresa — como apenas colar um folder num quadro de avisos, esquecendo de pensar nos cegos, que não podem ler.

A minha orientação, e vamos falar mais especificamente sobre isso no Capítulo 17, é que todas as peças publicitárias e de marketing corporativo sejam elaboradas, dentro do possível, retratando a comunidade interna. Assim, quando se falar de pessoas com deficiência e for utilizada uma foto, fotografe um empregado da empresa. Fica mais real e valoriza "as pratas da casa", além de engajar e demonstrar a veracidade da intenção: "Já estou valorizando quem está aqui dentro e buscando trazer outros profissionais como estes."

Então, meu conselho é que descartem os bancos de imagens. Senão, o que vai aparecer nas mensagens são cadeiras fora do padrão, pessoas que usam a cadeira de rodas e não têm atrofia nos membros, cadeiras que não são usáveis de jeito nenhum — fica uma coisa meio estranha, fantasiosa, artificial. Captando imagens atualizadas dentro da própria empresa, a comunicação ganha mais veracidade.

Algumas ações podem minimizar dificuldades na comunicação. Por exemplo, sempre que possível, em reunião de equipes em que o gestor apresenta o boletim da empresa, ou comunicados importantes diretamente para os empregados, precisamos lançar mão de todas as ferramentas disponíveis: e-mail, intranet, TVs corporativas, informativos.

Existem os entraves tecnológicos, mas creio que podem ser resolvidos com a previsão orçamentária procurando a melhor ferramenta para atender o novo profissional e suas características. Muitas vezes nem será preciso investimento, já que estamos no mundo dos aplicativos, que oferecem as mais diversas opções e facilidades para computador e celular — e também instituições específicas que desenvolvem essas ferramentas.

Falemos de uma última barreira — a falta de candidatos. A empresa conseguiu desenhar um programa bem estruturado, com orçamento e tudo o mais, mas não sabe onde estão as pessoas para contratar. Chega a hora de acionar os parceiros externos. É com o apoio deles que podem ser encontrados os candidatos. Além disso, também é recomendável fazer a divulgação de vagas para o público interno, indicando as características desejadas.

Por essa solicitação ser muito positiva é certeza que o apelo da empresa será ouvido e atendido por diferentes parceiros.

VALIDAÇÃO PELA ALTA LIDERANÇA

O prazo de implementação de um programa de inclusão depende muito da maturidade da empresa. Algumas podem conseguir em seis meses. Outras, com dois ou três anos ainda estão patinando. Mas, pensando idealmente, seis meses é um tempo absolutamente possível de planejar e estruturar o programa, dar o start da implementação e avaliação para que complete o seu ciclo em até dois anos.

Nesse prazo é factível passar por todas as etapas: atração, retenção, avaliação, desenvolvimento, e demissão nos casos em que não houver sucesso. Em até dois anos o programa tem que fazer o ciclo completo.

Durante todo o processo de constituição do comitê, planejamento, implementação e avaliação do programa de Neoinclusão, há o movimento cíclico de avaliação e correção de rota. Se for verificada alguma etapa no meio do processo que não esteja indo bem, então é o momento de diagnóstico e de mudança. Não se deve postergar nada para não ter problemas no futuro, o que pode levar a ter que começar tudo de novo. Por isso, é necessária constante avaliação.

Em relação à validação, quando estiver tudo redondo — previsão orçamentária, planejamento das ações, mapeamento de parceiros, cronograma, pacotinhos de trabalhos já resolvidos (ou seja, suas responsabilidades definidas e cumpridas, por exemplo, melhorias do ambiente físico, necessidade de treinamentos específicos e aquisição de novas ferramentas de trabalho) —, cada gestor deve ter autonomia para aprovar alterações sugeridas no seu processo. Então, o ideal é que seja feita uma apresentação formal do programa, com todo o comitê, para o CEO e a diretoria. É bom mostrar quem participou, até como forma de reconhecimento.

Depois dessa apresentação, divulgar ao máximo para as outras pessoas, usando as plataformas de comunicação que já existem na empresa. Pode ser numa reunião por árca, de equipe, com um boletim ou resumo que será distribuído primeiro para os gestores de área, diretores e gerentes, que cascateiam esse novo modelo de gerenciamento para suas equipes. Não recomendo impor uma apresentação padronizada. Cada gerente tem o seu estilo de apresentação e sabe como cativar a atenção do seu grupo.

Não se deve demorar para lançar o programa, depois dessa divulgação maciça. Na minha opinião, fica simpático e dá uma força grande que o lançamento seja anunciado ao público interno pelo presidente. Ganha mais peso ainda se isso for em uma data comemorativa, no aniversário da empresa, na SIPAT, ou na Semana da Diversidade. E aí, com o programa já estruturado e todas as peças, o presidente pronunciar: "Eu conheço este programa, eu o estou patrocinando, e acredito nele."

Será o sinal para a largada. Veremos, no capítulo a seguir, como a equipe do RH deve se preparar para a efetivação do programa de Neoinclusão.

PARTE

3

A EXECUÇÃO DO PROGRAMA DE NEOINCLUSÃO: IMPLEMENTAÇÃO E GESTÃO NO DIA A DIA

CAPÍTULO 8   A preparação do RH   **119**

CAPÍTULO 9   Recrutamento e seleção de profissionais com deficiência   **129**

CAPÍTULO 10   Remuneração, benefícios, gestão de informação e documentação de profissionais com deficiência   **141**

CAPÍTULO 11   Como deve ser feita a integração dos Profissionais com Deficiência   **151**

CAPÍTULO 12   Avaliação de desempenho   **161**

CAPÍTULO 13   Estratégias de treinamento e desenvolvimento   **171**

A PREPARAÇÃO DO RH

Depois de constituído o comitê, definido o programa e mapeadas as mudanças necessárias de processos, precisamos começar a efetiva implementação do programa de Neoinclusão. A primeira fase é a preparação do RH, que consiste, no primeiro momento, num treinamento e na definição de papéis.

Não é necessário que haja uma liderança exclusiva para o programa, até porque sabemos que não é a realidade da maioria das empresas a condição de determinar essa tarefa a alguém que cuide apenas desse assunto. A Neoinclusão é mais um processo de RH, sempre em interface com outros processos. Com certeza tem relação muito próxima com o processo de recrutamento e seleção, com a área de treinamento e desenvolvimento, e benefícios. Considero que este modelo de conceder a liderança informal do programa de Neoinclusão ao RH é mais funcional, porque será incorporado pelo RH e conduzido junto aos seus demais processos. Evidentemente serão buscados parceiros internos e externos, quando necessário, e a pessoa responsável pedirá apoio gerencial quando houver necessidade, assim como ocorre em qualquer outro programa.

É claro que algumas empresas de grande porte têm capacidade de manter uma pessoa e/ou equipe específica para cuidar de programas corporativos, como é o caso da Serasa Experian e do HSBC, por exemplo. Mas essas equipes não cuidam apenas de programas de inclusão

— com atribuições mais abrangentes, dentro de programas maiores, de diversidade, atendem vários públicos.

Esse cenário se dá até porque as grandes estruturas empresariais estão mudando, atualmente. Desde o começo da década, pelo que observo, a figura do empregado generalista tem sido cada vez mais valorizada. O especialista, focado apenas num tema específico, tem perdido espaço nas corporações e isso se deve principalmente ao fato de as equipes estarem mais enxutas e multitarefas. Ou seja, as empresas estão otimizando seus trabalhos e serviços com menos pessoas. Por essa razão, dificilmente um departamento exclusivo será criado para cuidar do programa de Neoinclusão. Desse modo, todas as indicações que faço neste livro são no sentido de apontar o RH como regente e condutor do processo.

Reforço que até algum tempo atrás as empresas contratavam agências de headhunting para buscar pessoas com deficiência no mercado e hoje preferem fazer esse trabalho internamente, com os recursos próprios do seu RH, e quando necessário contam com instituições sociais especializadas com tal público como parceiras. Por isso, não apenas em relação ao programa de Neoinclusão, mas em todos os processos da área, a equipe de RH precisa estar treinada para conduzir adequadamente cada etapa, para evitar que só uma pessoa conheça o conjunto de tarefas da área. Essa preparação da equipe de RH é fundamental.

GESTÃO DO CONHECIMENTO

A primeira coisa que deve ser de conhecimento de toda a equipe de RH são os conceitos. Quais são as legislações pertinentes ao programa, quais são os tipos de deficiência, como funcionam os processos de recrutamento, seleção, retenção e desenvolvimento de empregados com deficiência. Porque podem ocorrer mudanças na equipe, alguém que deixa a empresa ou é transferido de setor, e é preciso que sempre haja pessoas na equipe preparadas para manter o programa em andamento e atualizar novos integrantes do RH. Até porque o integrante da equipe que participou do comitê não é necessariamente quem ficará responsável pela implementação e acompanhamento do programa depois que o comitê for dissolvido.

Conheço casos em que a saída de uma pessoa da equipe ocasionou um retrocesso equivalente a dois ou três anos de trabalho. Num desses casos, o programa teve que começar novamente do zero. Para impedir a estagnação ou retrocesso da Neoinclusão, o remédio é ter bem organizado o histórico do programa, atas das reuniões do comitê, o plano de ação do comitê, o cronograma, o plano de comunicação, a indicação das pessoas responsáveis por todas as tarefas, registro das atividades que já foram realizadas, a identificação de todos os parceiros externos para eventual reaproximação. Ao lado disso, muita leitura e estudo de todos os integrantes do RH, para se manterem atualizados.

Os documentos de fiscalização precisam estar junto a esse conjunto de informações. O Ministério do Trabalho tem os documentos e formulários padronizados, por meio dos quais informa, comunica e às vezes autua a empresa. Cada documento desses deve estar arquivado e o andamento de cada solicitação oficial deve ser acompanhada e cumprida.

PROBLEMAS DE CONTINUIDADE

Atuei em uma empresa que fazia um trabalho consistente sobre o tema da inclusão. Coordenei a implementação do programa desde o início.

Na primeira etapa, o candidato, antes mesmo de ingressar na empresa, fazia um curso profissionalizante. Preparamos 12 turmas ao longo de três anos, selecionando os melhores alunos para contratação. Com esse trabalho, envolvemos o público interno, modificamos a visão das pessoas sobre o assunto, os próprios gestores compraram a ideia e assistiam às apresentações dos trabalhos dos alunos. Em suma, tivemos uma inserção muito grande do programa nos processos e no negócio da empresa.

Depois de seis anos, a empresa foi vendida. Com isso, mudou a equipe, mudou a visão empresarial porque os acionistas eram outros — e com outra cultura, passando de uma cultura norte-americana para uma latina —, então o programa parou. Não subitamente, mas foi sendo deixado em segundo plano, por causa das mudanças, e estagnou. Quando fui chamada novamente para fazer um trabalho de inclusão, porque a empresa estava abaixo da cota — situação muito diferente daquela que deixei quando completei a consultoria —, tinha mudado toda a equipe de RH, não havia histórico completo e a empresa havia perdido muitos profissionais com deficiência. Portanto, foi preciso recomeçar.

A nova equipe que me procurou, há cerca de um ano, pedindo uma proposta de trabalho, era composta por pessoas "novas de casa". O resultado: não tive retorno e pelo que sei o programa ainda não foi retomado. Mas é preciso lembrar que há uma questão legal e uma questão organizacional, e o programa não pode ser afetado por mudanças. Deve continuar, independentemente de quem está à frente dele.

Participei de um outro caso bem conturbado. Fui chamada para implementar o programa de inclusão numa situação em que a antiga líder havia deixado a empresa devido à sua aposentadoria. O projeto estava com uma defasagem de quatro anos, com problemas sérios. A empresa tinha feito um acordo com o Ministério do Trabalho de que contrataria pessoas mesmo sem escolaridade, por meio período — e este já é um primeiro tropeço, porque não podemos usar uma régua diferente para pessoas com e sem deficiência, se estamos buscando inclusão real.

Esses empregados, no contraturno livre, tratariam de buscar formas de complementar o estudo. A empresa entendia que estava prestando um benefício, oferecendo emprego de tempo parcial para ajudar essas pessoas a concluírem o segundo grau.

Com isso, conseguiram contratar muita gente, cerca de 150 pessoas com deficiências. O acordo consistia no seguinte combinado: depois que essas pessoas concluíssem os estudos, seriam contratadas em equiparação com os outros empregados — havia pessoas com deficiência desempenhando a mesma função que pessoas sem deficiência, mas ganhando a metade do salário, como mencionei.

O Ministério viu a questão com algumas ressalvas, e um fiscal chegou a me dizer, já que eu passei a coordenar o programa, que a empresa estava calculando duas pessoas para efeito de cota, mas na verdade só pagava um salário, porque cada uma trabalhava só meio período e consequentemente ganhava só a metade de um salário-padrão para o cargo, o famoso 2 por 1. Ou seja, a cota era cumprida, mas de maneira distorcida.

Com a saída dessa líder que se aposentou, não houve ninguém para acompanhar o cumprimento do acordo. As pessoas se formaram, mas continuaram trabalhando como estavam, meio expediente. Inclusive, muitas delas conseguiram outro trabalho para preencher o tempo livre e complementar a renda. Ficaram nessa situação durante quatro anos, até que houve uma denúncia ao Ministério do Trabalho. Acontece que a nova pessoa que assumiu a liderança do RH não conhecia o histórico (que devia ter ficado guardado na gaveta da antiga líder) e não sabia como lidar com o assunto, por isso contratou a minha consultoria. Como responsável pela retomada do programa, que já estava completando dez anos de existência, fui chamada ao Ministério do Trabalho para, no prazo de um mês, regularizar a situação e passar todo mundo para período integral, de oito horas, sob pena de autuação para a empresa por discriminação.

Preparei então um plano de adequação para todos esses profissionais, mas aí surgiu uma outra questão. Muitos desses empregados já haviam arranjado outro emprego ou outro curso para ocupar o período livre. Tivemos que acionar um por um, fazendo uma proposta para que passasse o contrato de trabalho para oito horas, com aumento de salário; aqueles que não aceitaram precisaram fazer uma carta de próprio punho, que devíamos anexar aos documentos e levar para o Ministério do Trabalho, provando que a recusa era do próprio empregado, e que não havia coação da empresa. Concluímos tudo dentro dos 30 dias, conforme acordado com o Ministério do Trabalho. Mas foi um trabalho imenso para adequar um erro que podia ter sido evitado se tivesse havido, primeiro, a contratação regular ou a implementação da proposta original do programa e, segundo, a formalização do processo e a comunicação dentro do RH.

DESAFIOS DOS RECURSOS HUMANOS

A primeira dificuldade que a equipe de RH enfrenta, quando está se preparando para a implementação do programa de Neoinclusão é identificar onde encontrar profissionais com deficiência para contratar. Mas já enumerei neste livro várias fontes de pesquisa para encontrar essas pessoas.

O segundo maior desafio é a discriminação em relação ao nível de comprometimento de algumas deficiências. A maioria das empresas espera contratar uma pessoa com deficiência física que ande, um surdo que ouça e fale, e um cego que veja. São refratárias a pessoas com limitações mais comprometedoras, alegando que não conseguiriam incluí-las. O que, na realidade, é um mito, porque qualquer pessoa com deficiência pode ser incluída, bastando deixar de lado o comodismo e buscar ferramentas humanas, tecnológicas e estruturais que permitam a inclusão.

Ouvi, de uma líder de RH, a seguinte frase: "O que a gente precisa aqui é de surdos bem fortes. Não falam, por isso não perdem tempo conversando. E têm que ser fortes, pra carregar sacos do produto." Essa visão deturpada de inclusão se repete com várias outras deficiências, lamentavelmente.

O preconceito é mais acentuado quando se trata de deficiências intelectuais ou múltiplas. É muito difícil incluir essas pessoas e posso dizer que estão em último lugar na preferência das empresas.

DESCRIÇÃO DE CARGOS

Toda empresa tem o que chama de *job description*, que consiste na descrição das tarefas designadas para cada cargo e função.

Para fazer a adequação de *job description* para profissionais com deficiência, o recomendável é entrevistar pelo menos dois profissionais que já atuam na empresa, para verificar com eles quais são as peculiaridades do trabalho e suas dificuldades e possibilidades. Idealmente, é trabalho para ser feito por uma consultoria especializada, que conte com terapeuta ocupacional e psicólogo. Mas a empresa pode optar por seu próprio levantamento e análise.

Nesse caso, a equipe de RH deve ir aos postos de trabalho para saber exatamente que tarefas executam, de que modo as executam e com qual apoio de ferramenta ou instrumento contam para desempenhar a sua atividade profissional. Além de colher essas informações, recomenda-se fotografar o espaço, o mobiliário utilizado, os equipamentos de uso, os meios para deslocamento de todo dia (para a recepção, o toalete, o restaurante e o local de trabalho). Todo esse levantamento deve resultar num relatório detalhado que estabeleça, dentro da vaga X, quais as características de cada deficiência que permitem a ocupação daquele posto, com ou sem necessidade de algum tipo de adaptação. E, no mesmo relatório, indicar quais postos de trabalho não podem ser ocupados por pessoas com algum tipo de deficiência, em função dos riscos para elas ou para os seus colegas de trabalho.

Munido desse relatório, o pessoal do RH pode progredir com o processo de recrutamento e seleção, já sabendo para onde encaminhar os candidatos aprovados.

Mesmo no caso de uma vaga nova, o processo é semelhante. Observam-se as circunstâncias, exigências e condições do posto e a partir daí cria-se a *job description* e só então inicia-se o processo de recrutamento.

As vagas administrativas são as mais fáceis de preencher, porque normalmente o que será utilizado são computadores, impressoras, equipamentos já adaptados ou de fácil adaptação. A complexidade reside mais nas áreas fabris e/ou de produção, mas com as novas tecnologias, e com apoio de parceiros experientes, é possível criar ferramental adaptado.

Um parceiro interno estratégico nesse processo é a equipe de segurança do trabalho, que tem muita propriedade para fazer o mapeamento da empresa, suas instalações, postos de trabalho e eventuais riscos.

COMPETÊNCIAS E HABILIDADES DO CANDIDATO

O principal erro que observo nos setores de RH é que primeiro contratam o profissional e depois tentam encaixá-lo numa vaga existente, sem seguir o estudo preliminar necessário. Essa atitude é herança ainda da fase de integração, quando era a pessoa quem tinha que se adaptar ao ambiente. Na Neoinclusão, o colaborador deve chegar à empresa e já encontrar as condições adequadas para começar a trabalhar — são o ambiente e o ferramental que devem estar adequados à pessoa.

O RH deve ter esse olhar diferenciado, que não seja assistencialista. Simplesmente dar as condições necessárias para o profissional com deficiência trabalhar como os outros. Providenciar um cabo mais longo, uma sinalização adequada, o que for conveniente para um trabalho normal.

O mapeamento das competências e habilidades requeridas do profissional com deficiência para enquadramento na vaga existente deve ser a continuidade de uma entrevista muito transparente com o candidato, apresentando uma descrição bem detalhada do cargo e do trabalho. Na hora da entrevista, o selecionador deve ainda explicar claramente os requisitos da vaga, trocando informações, para verificar se o candidato considera necessária alguma adaptação, e, se teve experiência prévia, como fazia no antigo trabalho. Essa conversa deve ser transparente, tranquila e sem qualquer tipo de melindre.

TREINAMENTOS

A iniciativa de promover treinamentos presenciais ou online para equipes de RH, em relação a programas de inclusão, é algo bastante novo nas empresas. Mas eu passei por uma companhia que comprou, de empresas especializadas em desenvolvimento de cursos no formato e-learning, um curso que versava sobre diversidade, dentro do qual havia um capítulo sobre pessoas com deficiência. Foi uma iniciativa interessante, porque o curso era aplicado a todos os empregados e a cada pessoa que ingressava na empresa, junto com os treinamentos sobre o código de conduta e segurança do trabalho. Sem o certificado digital de conclusão do curso, o novo empregado não conseguia se efetivar na empresa.

Os treinamentos são uma oportunidade de nivelamento de conhecimentos e de apresentação da política da empresa em relação à inclusão. Um trabalhador que passa por esses treinamentos, certamente será uma peça importante na implementação de uma cultura inclusiva.

UM MODELO

Vou ilustrar com um caso real a criação de uma *job description* para a função de auxiliar de produção.

Descrição sumária: Abastecer as células de produção com material produtivo, operar qualquer tipo de máquina na área de produção, com supervisão, respeitando as normas de segurança.

A análise dessa descrição já nos permite verificar quais candidatos com deficiência podem ou não ser considerados para a vaga. Deve-se ficar alerta para a possibilidade de que o trabalho possa trazer piora para a condição da pessoa ou contrariar alguma questão de segurança. Enfim, priorizar integridade física e psicológica da pessoa e da equipe.

Vamos à primeira parte: "abastecer as células de produção com material produtivo". Tratando-se de uma empresa automobilística, os materiais não são leves. Uma pessoa que tenha distrofia muscular, ou que seja cadeirante, não pode atuar nessa vaga, por falta de mobilidade.

Na segunda parte: "operar qualquer tipo de máquina na área de produção". Um candidato com deficiência intelectual talvez possa ser aproveitado, desde que a operação da máquina não seja complexa e ele possa ser treinado adequadamente.

Pelo exemplo, nota-se que é preciso observar cada deficiência e comparar as suas características às necessidades da vaga, num exercício de adequação. Supõe-se que um surdo, para essa vaga, não tenha barreira. Conseguiria abastecer as células e operar as máquinas, se tiver treinamento e orientação por escrito, tiver ao lado pessoas que possa acionar em caso de dúvidas, e também receber instruções sobre as normas de segurança.

Pode ocorrer que de dez itens solicitados na descrição da vaga, um candidato não seja capaz de realizar um deles. O gestor pode aceitar que aquele item seja realizado por outro empregado, e o profissional com deficiência se responsabilizará pelos outros nove. Se todos estiverem de acordo, a inclusão está feita. Essa é a conduta inclusiva: é possível fazer concessões, sem comprometer o profissionalismo.

Quanto aos empregados com deficiência intelectual, geralmente ingressam em cargos-base, de auxiliares, por exemplo. Cargos de entrada, como chamamos. No decorrer do tempo, muitas vezes as empresas acabam entendendo que essas pessoas têm as competências e habilidades para um crescimento profissional, podendo assim assumir cargos melhores.

Numa empresa que assessorei, havia um profissional com Síndrome de Down, que entrou bem jovem, logo depois dos 18 anos, como auxiliar administrativo da área comercial. Atuava como os antigos office-boys — levava documentos de uma área para outra, buscava as correspondências na recepção, cuidava do arquivo, essas atividades básicas. Nessa rotina, ele conheceu a empresa inteira, conversava com todo mundo, e todos os empregados interagiam muito bem com ele. Ele chegava e saía sozinho, de ônibus, almoçava no restaurante da empresa, sem necessidade de apoio. E gostava muito de conversar. As barreiras atitudinais e os mitos foram sendo derrubados e aos poucos foram lhe dando tarefas cada vez mais complexas, as quais correspondia satisfatoriamente. O funcionário chegou ao cargo de assistente administrativo, desempenhando outras atividades e tornou-se um empregado como qualquer outro.

Há pouco tempo trabalhei na contratação de uma moça, com deficiência intelectual, para a equipe de limpeza de uma empresa de construção civil. Em um mês, já vislumbraram a possibilidade de ela passar por um novo processo de seleção para trabalhar na recepção. E foi o que fizeram, porque, apesar de o trabalho de limpeza ser impecável, ela tinha potencial para outras tarefas. Fiquei muito satisfeita com a visão da empresa, principalmente porque é inclusiva e contempla não só a deficiência, mas também descarta barreiras de gênero e de idade. A moça tem 52 anos.

Como vimos, uma *job description* bem-feita, combinada com uma entrevista profissional e honesta com o candidato, além da participação efetiva do gestor e dos colegas, compõem o caminho mais feliz para uma contratação de sucesso. É o que veremos, no capítulo seguinte, em que vamos nos dedicar às providências de recrutamento e seleção de profissionais com deficiência.

Recrutamento e seleção de profissionais com deficiência

A contratação de um profissional com deficiência deve ser acompanhada, além da documentação comum, dos exames complementares e principalmente do laudo médico contendo o código CID (a Classificação Internacional de Doenças e Deficiências) da limitação do candidato.

A legislação é bem específica com relação à classificação das pessoas com deficiência que são enquadráveis para fins de cumprimento da cota. Por exemplo, no caso de deficiências auditivas, são consideradas enquadráveis para a cota apenas as que ouvem até 42 decibéis. Se o laudo médico apontar uma audição de 43 decibéis, ela já está fora da cota. Uma pessoa com encurtamento de membro inferior só é considerada com deficiência se tiver acima de 3cm de encurtamento, porque pode causar desvio na coluna, dor e uma série de complicações. Uma mulher que realizou uma mastectomia pode entrar na cota de pessoas com deficiência, desde que a doença tenha provocado perda ou limitação permanente ou temporária de movimentos e/ou força, condição prevista numa CID.

Existe uma legislação baseada em critérios internacionais de deficiências e doenças que é utilizada na definição de quem pode ou não ser contemplado pela Lei de Cotas. É uma legislação revista de tempos em tempos pelas organizações internacionais de saúde. A revisão é necessária porque surgem novos tratamentos médicos para controlar a condição ou porque a condição de deficiência avança e traz sequelas.

Portanto, existem graus e tipos de deficiência que não são enquadráveis na lei. É uma situação difícil, porque o profissional com deficiência tem dificuldades, mas não o suficiente para ocupar uma vaga de trabalho destinada a esse público. Por outro lado, não consegue colocação como empregado sem deficiência porque apresenta uma limitação. Essas pessoas ficam entre dois mundos. Nem o INSS tem uma alternativa definitiva para esses casos.

Há estudos indicando que o Ministério do Trabalho deixará de usar o CID como única "ferramenta", como parâmetro, depois da LBI, e vai começar a trabalhar com a CIF— Classificação Individual de Funcionalidade. Isso fará com que as pessoas com deficiência sejam avaliadas e consequentemente classificadas com base em sua funcionalidade no trabalho e não nas suas limitações.

QUEM REALIZA A CONTRATAÇÃO NA SUA EMPRESA?

O setor responsável por recrutar e selecionar candidatos cuida de todas as vagas, mas, quando se trata de escolher candidatos com deficiência, deve trabalhar de maneira muito alinhada com os gestores que vão receber esses empregados. Os recrutadores e selecionadores precisam conhecer bem o candidato e saber em que equipe seria mais adequado encaixá-lo e também a melhor forma de encaminhar esse candidato ao gestor. Ou seja, saber "vender" as qualidades e competências do candidato.

Pode ocorrer que, mesmo depois de todo o trabalho do comitê, de todo o planejamento realizado, de todos os treinamentos oferecidos aos gestores, fique algum resquício de preconceito, de apreensão, de desconhecimento ou de desinformação. Por isso, é essencial o papel da equipe na apresentação do potencial, experiência, competências e qualidades pessoais do profissional. É importante mostrar que o candidato pode realizar as tarefas e contribuir como qualquer empregado para as metas do setor para o qual está sendo indicado, porque foi a equipe que o conheceu, entrevistou e observou.

É bom lembrar que o sucesso da contratação vai depender mais da área de recrutamento e seleção, porque o gestor do futuro candidato não vai estar junto, acompanhando o processo; só conhecerá os candidatos selecionados pelo RH no fim do processo. Essa é a importância estratégica do RH para a contratação de profissionais com deficiência.

Por sua vez, o gestor do setor que receberá o profissional contratado vai cumprir a etapa da entrevista com o candidato. É claro que ele não vai receber um profissional dentro da sua área sem entrevistá-lo antes, sem conhecê-lo. A ordem em que essa etapa é cumprida depende da empresa: às vezes a primeira é a entrevista, às vezes é a última.

Uma questão que se coloca é que, por um lado, há muitas empresas que pretendem praticar as orientações do comitê e as seguem seriamente; por outro, pode acontecer de um determinado gestor apenas comunicar ao RH que conhece uma pessoa deficiente que quer contratar. Nesse último caso, cabe ao RH firmar posição em favor dos procedimentos estabelecidos, e pode fazer isso de duas formas, ambas polidas e profissionais. Uma delas é informar que o conhecido do gestor poderá se candidatar, mas precisará passar por todo o processo de recrutamento e seleção como todo mundo, e que se não for bem nas etapas do processo, não será contratado. Uma segunda situação é quando a empresa não está com a cota cumprida e acontece um caso de interferência do gestor, indicando um candidato que não seja deficiente. A resposta deve ser que a prioridade da empresa é cumprir a cota, e que no momento o RH está cuidando do processo de recrutamento e seleção para priorizar candidatos com deficiência.

Deverão ser conversas claras, objetivas, dentro da ética e dos processos da empresa. O RH precisa ter essas respostas prontas, e alinhadas com a alta direção e com o comitê.

ESTRATÉGIAS PARA ENCONTRAR PROFISSIONAIS COM DEFICIÊNCIA

Como vimos no Capítulo 4, 24% da população brasileira economicamente ativa apresenta alguma deficiência. Do total de trabalhadores atualmente empregados, apenas 1% é de profissionais com deficiência. Isso significa que, se a lei manda que as empresas contratem de 1% a 5% de profissionais com deficiência na sua força de trabalho, temos ainda muita gente para ser aproveitada e que, por algumas razões, ainda não foram recrutadas.

Uma grande dificuldade das empresas, e já falamos disso nos primeiros capítulos, é a alegação de que desconhecem onde estão esses profissionais com deficiência e não sabem onde os buscar.

Já mencionamos alguns possíveis parceiros e caminhos viáveis, mas neste capítulo vamos aprofundar um pouco mais essa questão. E quais são as estratégias para encontrar essas pessoas? Respondo afirmando que as empresas precisam se colocar no lugar dessas pessoas e imaginar qual a sua rotina, que lugares frequentam, o que costumam fazer.

Assim pensando, as empresas podem procurar, por exemplo, dentro de universidades. Elas já fazem isso para buscar estagiários, mas podem lançar mão dessa estratégia também para identificar alunos com deficiência. Poderão ser encontrados alunos prestes a se formar, recém-formados, ou ainda estudantes de pós-graduação.

Há uma prática em crescente utilização, nas empresas, de, em vez de contratar agências para buscar estagiários, os próprios setores de RH vão até as universidades, fazem uma apresentação da empresa e das suas áreas de negócios, e captam interessados em estágio. A mesma prática pode e deve ser utilizada para identificar e recrutar pessoas com deficiência. E as empresas ganharão ainda mais, porque encontrarão profissionais capacitados, chancelados pela universidade.

Com isso, terão solução para uma outra queixa frequente dos setores de RH, de que não acham pessoas capacitadas e com instrução superior. As universidades são celeiros de novos profissionais atualizados com as informações mais recentes. Além disso, se uma pessoa com deficiência é capaz de frequentar um curso superior e cumprir as tarefas acadêmicas, que não são leves, também é capaz de trabalhar. É sinal de que sua deficiência está estabilizada e sua reabilitação foi efetiva. Portanto, a estratégia apresenta vários pontos positivos. Porém, a empresa precisa estar ciente de que estagiários não são enquadráveis para fins de cumprimento de cota, somente empregados contratados via CLT, mas não deixa de ser um investimento da empresa a curto e médio prazo em um "banco de futuros profissionais com deficiências".

No entanto, mesmo que as empresas decidam contratar estagiários recrutados em universidades, nos últimos anos de curso, estão apostando em desenvolver potenciais empregados que ao fim da formação já terão a experiência de ter vivido o ambiente da empresa, de conhecer a rotina e as condutas. Estarão aculturados e conhecendo todas as áreas.

Outra estratégia é procurar instituições onde essas pessoas possam usufruir de algum serviço. Algo como terapia, um curso profissionalizante, um benefício naquele momento da vida, como esporte ou mesmo lazer. São instituições como as associações que reúnem pessoas com deficiência, na cidade.

Também podem ser procuradas instituições que oferecem cursos profissionalizantes, tanto ONGs, associações da sociedade civil, quanto o Sistema S. Basta divulgar nessas entidades anúncios de oportunidades de trabalho para profissionais com e sem deficiência. Representantes do RH podem fazer um dia de plantão autorizado para apresentar a empresa, divulgar as vagas disponíveis e cadastrar novas pessoas para criar um banco de talentos. O RH tem que ir aonde há mais gente circulando.

Cada pessoa pode ser uma multiplicadora, porque possivelmente conhece outras em condições de ocupar vagas destinadas a profissionais com deficiência. O caminho mais seguro para selecionar essas instituições é procurar o Conselho Municipal de Ação Social da cidade onde está a empresa. Lá estão cadastradas todas as entidades e instituições, e a lista pode ser filtrada por segmento. Há entidades que só atendem crianças, outras só idosos, outras só pessoas com deficiência. Com a lista em mãos, o representante do RH pode agendar e visitar cada entidade, falar da empresa, da proposta, das vagas que tem, conhecer o público para verificar se existem pessoas no nível de preparo que está procurando para contratar. Focar em meios oficiais é o caminho mais garantido para não cair em armadilhas.

É fundamental preparar um plano de comunicação que contemple a pessoa com deficiência como um profissional, e não como um coitadinho. O que a empresa procura é alguém proativo, que busca desafios, que quer crescer profissionalmente. É preciso deixar isso claro no conteúdo da divulgação das vagas e cuidar dos termos para ser politicamente correto. Essa comunicação deve ser distribuída entre os parceiros e, quando possível, na mídia — muitas vezes um anúncio dessa natureza gera mídia espontânea, porque a imprensa é sensível à questão da inclusão. E é esse material que o RH também usará em suas visitas a instituições e organizações que atuam junto à pessoa com deficiência.

Outro meio a ser buscado são os Centros de Apoio ao Trabalhador, que existem nas principais cidades. Nesses locais podem ser instalados banners, informando por que a empresa está procurando esses profissionais, como pretende atendê-los e recebê-los, e o que valoriza. Nas cidades menores, do interior, vale toda forma de divulgação, até carro de som. Eu mesma já cheguei a usar esse recurso para uma empresa que estava contratando na cidade de Descalvado, região de São Carlos.

Os parceiros podem contribuir de variadas formas. Divulgando e encaminhando candidatos, por exemplo. Não podem ser ignoradas as consultorias específicas, que fazem encaminhamento de pessoas com deficiência para o trabalho. Existem ONGs especializadas nesse trabalho e que não cobram dos candidatos, mas das empresas; é uma forma de obterem recursos para continuar auxiliando profissionais com deficiência a encontrar trabalho. Funcionam como uma agência de empregos e centro de treinamentos profissionais, com a diferença que não têm fins lucrativos e são especializadas em atender pessoas com deficiência.

É preciso desmitificar a ideia de que ONG tem que fazer tudo de graça. A ONG presta serviço gratuitamente, sim, mas para seu público direto. Das empresas interessadas em contratar, cobra um percentual que na realidade representa a sustentabilidade do seu trabalho para assim atender mais pessoas. Não visa ao lucro, mas à sustentabilidade de sua atuação social.

Tenho parceria com uma ONG e a gente ouve muito de empresas para quem apresentamos nossos serviços: "Vocês não fazem de graça?" Respondemos que atendemos gratuitamente as pessoas com deficiência, mas o trabalho realizado para empresas demanda tempo e custos, então cobramos para manter o nosso trabalho. Por isso é importante que o comitê, ao fazer o seu planejamento para implementação do programa de Neoinclusão, indique aporte de recursos no orçamento para a fase de recrutamento. Funciona da mesma maneira como qualquer projeto corporativo, com provisão de recursos para divulgação, pagamento de consultorias e outras despesas como transporte e eventual aluguel de espaço externo para a fase de seleção.

Outro lugar propício para encontrar pessoas com deficiência são as clínicas de reabilitação. Potenciais candidatos se submetem a sessões de fisioterapia ou reabilitação, mas podem estar em fase final de tratamento, quase prontos, ou prontos, para o mercado de trabalho. Divulgar vagas nesses locais é alternativa para alcançar um volume bastante significativo de pessoas que certamente estão interessadas em participar de processos seletivos. Como as ONGs, as clínicas são parceiras da iniciativa privada.

Mais uma estratégia recomendada para a empresa divulgar suas vagas é a chamada campanha de portas abertas. Convidar os parceiros para visitar as instalações, de modo a aproximá-los, inclusive permitindo que potenciais candidatos com deficiência participem da visita, vejam vídeos e assistam palestras. Essa iniciativa conquista muita simpatia. E faz muita diferença ver a empresa por dentro, ouvir as pessoas que trabalham lá, observar o clima. Uma campanha assim pode ser eficaz para a busca de candidatos.

Os canais de mídias sociais já existentes são excelentes instrumentos de divulgação do projeto da empresa, que é captar profissionais com deficiência, talentosos. Informações sobre quais são as vagas disponíveis, por que razão está selecionando pessoas com deficiência, quais competências procura, são essenciais. Deixar claro que a empresa está aberta a todos os tipos de deficiência, porque o filtro de competências será realizado no processo de seleção. No recrutamento, chama-se o máximo possível de pessoas para ter um contingente adequado que ofereça oportunidades de escolha. Na seleção, a empresa vai analisar, caso a caso, quem é mais aderente ao cargo.

Dentro das redes sociais, há também muitos grupos de afinidades. São pessoas interessadas no tema, que vão compartilhar e ajudar a divulgar. Por exemplo, existe uma metodologia chamada *Job Club* (Clube do Trabalho), normalmente desenvolvida por instituições sociais.

São constituídos de pessoas com deficiência que no momento estão desempregadas, mas que já trabalharam, têm experiência e formação. Ou seja, estão prontas para voltar para o mercado. Essas pessoas comparecem a esses *Job Clubs*, semanalmente ou quinzenalmente, para discutir temas referentes ao mundo do trabalho. Assim, não perdem o vínculo, não se desmotivam e recebem orientação técnica de profissionais das instituições. Naturalmente, depois são criados grupos virtuais de comunicação, para manutenção dos contatos, e por meio de mensagens são divulgadas vagas e oportunidades. Muitas pessoas foram recolocadas com a ajuda desses clubes.

Por último, uma estratégia muito utilizada pelas empresas, mas que precisa de um certo "olhar mais inclusivo", é a prática de contratar sites de vagas para divulgação de oportunidades de trabalho. O que vemos é que os sites distribuem as vagas em duas categorias: uma para profissionais em geral e outra para profissionais com deficiência.

Na categoria exclusiva para pessoas com deficiência, constam apenas vagas básicas, como de assistente ou auxiliar. Não existem vagas de gestão nem de maior complexidade nessa categoria. Parece que é proibido às pessoas com deficiência se cadastrarem para concorrer, por exemplo, a uma vaga de gerente ou de diretor.

O correto seria que os sites divulgassem todas as vagas, sem distinção. O candidato que preencher os requisitos exigidos pela empresa contratante, com ou sem deficiência, será encaminhado.

É preciso reeducar as empresas, os sites de empregos e os próprios profissionais com deficiência, para que busquem vagas adequadas às suas competências, e não aquelas apenas restritas à sua condição física ou sensorial. Quanto às empresas, essas poderiam anunciar em suas vagas uma frase como esta: "Aceitamos também candidatos com deficiência." Reforço que contrata-se o profissional e sua competência, e não sua deficiência.

O PROCESSO SELETIVO IGUALITÁRIO

Um processo seletivo igualitário não é aquele que trata todos os candidatos de maneira igual. Rui Barbosa já dizia, há mais de 100 anos, que justiça é tratar com desigualdade os desiguais.[1]

Vamos falar de um processo básico de seleção, já que cada empresa tem o seu modelo, e muitas vezes o processo depende da necessidade específica da empresa para determinada vaga. O básico é: entrevista, checagem de documentação e dinâmica, não necessariamente nessa ordem. Ao final, os recrutadores vão analisar todos os resultados e escolher os melhores candidatos.

O fundamental, para alcançar um processo seletivo igualitário, é adaptar todas as atividades planejadas para qualquer deficiência. Por isso é importante que o recrutamento, ao fazer a inscrição do candida-

---

1 Frase proferida por Rui Barbosa no discurso endereçado aos formandos da turma de 1920 da Faculdade de Direito do Largo de São Francisco, em São Paulo. O discurso levou como título "Oração aos moços" e tem sido base da doutrina nacional do Direito. A frase original é a seguinte: "A regra da igualdade não consiste senão em aquinhoar desigualmente aos desiguais, na medida em que se desigualam. Nesta desigualdade social, proporcionada à desigualdade natural, é que se acha a verdadeira lei da igualdade. O mais são desvarios da inveja, do orgulho ou da loucura. Tratar com desigualdade a iguais, ou a desiguais com igualdade, seria desigualdade flagrante, e não igualdade real".

to, já peça informações sobre a deficiência que possui e a classificação segundo o CID, para pensar se na seleção será necessária a presença de um intérprete de Libras, material em braile ou gravado, ou ainda uma sala acessível. Portanto, o recrutamento bem feito vai facilitar a seleção. Tudo o que o recrutador puder pensar que seja importante para a seleção, deve estar registrado na ficha do candidato, no site, no telefone, em qualquer plataforma que possa ser consultada pela equipe.

Para efeito de adaptação, a entrevista é a atividade mais fácil. As dinâmicas costumam ser mais complicadas. Geralmente envolvem atividades físicas (como, por exemplo, correr com balões de ar, sentar no chão, escrever em lugares altos etc.) que exigem certa desenvoltura corporal e sensorial. O selecionador precisa pensar em dinâmicas que mostrem o perfil dos candidatos e as competências que a empresa está buscando, mas desde que todos consigam participar. Os recrutadores têm experiência e podem criar dinâmicas adaptadas apropriadas para todas as pessoas.

Será muito desmotivador para um candidato com deficiência — competindo em pé de igualdade nos quesitos competências, experiência, idade, perfil e interesse — acabar excluído de um processo porque não foi planejada uma dinâmica que considerasse a sua deficiência.

Salvo vagas que exijam aptidão física e sensorial específica, como bombeiro ou eletricista (e para esses profissionais serão aplicados testes práticos, posteriormente), todas as dinâmicas precisam ser adaptadas para que todos os candidatos possam participar. Isso é um processo igualitário. Ter todas as informações sobre as diferenças dos candidatos para que todos participem em pé de igualdade. Adaptar as ferramentas de análise, levando em conta as diferenças para igualar as oportunidades.

O que deve ser adaptado: dinâmica, apostila, cursos online, vídeos. Mas também podem e devem ser adaptados equipamentos para testes funcionais. Para esses testes práticos, os profissionais de recrutamento e seleção podem contar com os conselhos e apoio da área de saúde ocupacional e segurança no trabalho. Há casos em que o teste prático define que algumas pessoas não são capazes de ocupar uma determinada função, mas em muitos outros casos uma ligeira adaptação pode revelar que mesmo pessoas com deficiência podem desempenhar uma certa função. Um ajuste no volante, a elevação de um pedal, a instalação de uma pequena rampa para descanso do pé, uma adaptação na cadeira, tudo isso pode ser orientado pela área de saúde ocupacional para ajudar no processo de seleção dos candidatos. Essa é uma parceria bastante importante.

O candidato com deficiência no processo de Recrutamento e Seleção

Como estamos falando de corresponsabilidade, de postura e de protagonismo, é importante observarmos também qual deve ser a participação do candidato com deficiência no processo de recrutamento e seleção. Que fique claro: não é porque o candidato tem deficiência que o RH deve fazer concessões que não faria para qualquer outro candidato sem deficiência, com relação a postura, apresentação e comportamento no processo de seleção.

Até aqui recomendamos que o RH atenda bem, cuide, planeje, seja humano. Isso não quer dizer ser filantrópico ou assistencialista. O candidato com deficiência também deve ter a sua parcela de contribuição ao processo. Você, recrutador, você, selecionador, aceitaria um candidato entrar na sala descalço, ou só usando meias? Claro que não. E, se chegar um cadeirante sem os sapatos, vai ser tolerado por que ele não anda? Da mesma forma que você não aceitaria algo de um candidato sem deficiência, não deve aceitar do cadeirante. O mesmo se aplica a uma pessoa falando ao celular durante o processo, usando bermudas, minissaia, camiseta cavada, ou que chegue atrasada — não se pode aceitar porque não estará em igualdade com outra pessoa que esteja agindo corretamente, e trajada adequadamente.

As empresas têm suas regras de conduta. E a equipe de recrutamento e seleção também deve ter esse olhar. Por isso pode chamar a atenção do candidato com deficiência com a mesma firmeza que usaria para qualquer outro. São obviedades, mas muitas vezes os profissionais de RH não sabem como agir para uma eventual repreensão necessária. Recomendo agir com o candidato com deficiência como agiria com as outras pessoas, isso é praticar igualdade.

As regras do recrutamento e seleção têm que ser as mesmas para todo mundo — as ferramentas não.

Enganos e dificuldades

Já vimos que uma das maiores dificuldades do RH é saber onde estão as pessoas com deficiência e especialmente onde estão as que estão sendo procuradas. A segunda dificuldade é entender como atrair essas pessoas para os processos de seleção. A terceira é estabelecer o processo adequado de seleção para poder aproveitar os talentos e competências desses candidatos — e, assim, não perder o candidato por causa de um processo de seleção mal planejado.

Agora vamos falar de alguns enganos, um deles é não lançar mão de uma comunicação abrangente, na cidade ou na região onde o RH está captando candidatos, não se colocar no lugar da pessoa com deficiência para entender onde procurá-la e como acessá-la. Em terceiro lugar, não procurar ajuda de parceiros — profissionais especializados, consultorias e/ou entidades — que conhecem as questões que envolvem a pessoa com deficiência.

Mas ocorrem erros por parte de profissionais com deficiência também. Numa consultoria que prestei para uma empresa, alugamos uma van para levar 14 candidatos com deficiência para uma seleção numa cidade vizinha. Os selecionados já estavam com a documentação pronta e todos tinham demonstrado aderência e interesse pelas vagas para as quais haviam sido convocados. Eram vários tipos de deficiências e o grupo foi recebido por supervisores de produção e um representante do RH. Todos já sabiam para qual cidade seria o emprego e tinham consciência de que precisariam fixar residência lá, ou viajar diariamente em carro próprio ou ônibus.

Depois do processo, recebi a devolutiva, informando que a empresa havia escolhido sete pessoas. Quando fomos ligar para uma das escolhidas, logo de manhã, a candidata respondeu que precisava pensar. Não havia muita folga de prazo para a resposta, porque a empresa queria concluir o processo até às 13h daquele dia. Afinal, a candidata telefonou de volta, declinando da vaga, porque achava a empresa longe de casa, o que a faria ficar muito tempo longe dos dois filhos. Tivemos, então, que correr atrás de um substituto para a vaga que ela não quis.

Essa experiência serve para demonstrar um pouco de falta de responsabilidade dessa candidata, porque ela já sabia de todas as informações sobre a localização da empresa e as exigências de deslocamento, antes mesmo de ir para o processo de seleção. Deixou para a última hora levantar dificuldades para justificar a desistência.

Um segundo candidato, desse mesmo grupo de 14, cometeu o oitavo pecado capital: a arrogância. Participou do processo de seleção e não foi muito bem na entrevista. Foi evasivo, por exemplo quando perguntado quanto tempo conseguiria ficar em pé, em razão de impedimentos decorrentes de sua deficiência, respondeu que dependia. "Depende" não é uma resposta que se dê em um processo de seleção. E, na maior parte do tempo, falava alto e bastante, como se estivesse fazendo discurso para uma plateia. Até os candidatos surdos nos perguntaram, em linguagem de sinais, por que aquele ouvinte falava tanto... Por essas, e por outras atitudes, o resultado foi não ser escolhido. Como consultores, tentamos orientar os candidatos, mas há atitudes em que as pessoas se revelam, até sem querer.

Agora, um caso bizarro. Um RH de uma empresa que assessorei me telefonou, para se queixar de que não conseguia falar por telefone com candidatos surdos selecionados para ocupar duas vagas. Isso mesmo, leitor, você não leu errado. O RH queria falar por telefone com dois surdos! Orientei que o ideal, nesse caso, era conversar com eles por aplicativo de mensagens, porque eles não conseguiriam se comunicar por telefone.

A empresa não pode limitar suas contratações a um tipo de deficiência. Estão sendo selecionadas pessoas, e não deficiências. Portanto, não importa que tipo de deficiência o candidato tem; importa se ele vai atender às atribuições do cargo e se apresenta as competências que a empresa valoriza. Além disso, a atitude de limitar o tipo de deficiência preferida pode ser motivo para autuação pelo Ministério do Trabalho, por discriminação.

O processo de recrutamento e seleção, para qualquer pessoa, mas especialmente para pessoas com deficiência, tem que ser humanizado. Quando é atendido com polidez, gentileza e respeito, num processo de recrutamento e seleção, fica muito grato, mesmo que não seja aprovado. Vai falar bem da empresa, contar como foi bem recebido, e vai participar de outros processos seletivos.

Ficam aqui as minhas dicas para os profissionais de RH, em relação ao processo de recrutamento e seleção. No capítulo seguinte, abordaremos outras questões em processos rotineiros que o RH deve considerar na contratação de profissionais com deficiência: remuneração, benefícios, gestão de informação e documentação de profissionais com deficiência.

Remuneração, benefícios, gestão de informação e documentação de profissionais com deficiência

No quesito remuneração, não há diferença. A CLT deve ser seguida, com igualdade de tratamento, para profissionais com ou sem deficiência. Todos devem ser tratados com igualdade nos acordos coletivos e dissídios. Pequenas modificações que precisem ser implementadas devem ser comunicadas e aprovadas pelos sindicatos.

O que trataremos neste início de capítulo não se aplica a mudanças, mas a cuidados que têm que ser tomados pelas equipes de RH. São particularidades que devem ser observadas para permitir igualdade de condições para profissionais com deficiência, em relação aos demais colaboradores.

No processo de recrutamento e seleção humanizado, como vimos, e que inclui admissão e integração, a comunicação é elemento fundamental. A equipe de RH deve passar todos os detalhes referentes a remuneração e a benefícios, com clareza, para o candidato contratado, a fim de eliminar as dúvidas que ele possa apresentar. Para isso, é necessário adequar a linguagem à pessoa que está recebendo as informações. Por exemplo, é interessante, nesse momento, que uma pessoa com deficiência intelectual seja acompanhada por alguém da família, que a ajude a ter ciência de tudo o que lhe vai ser informado. Pessoas com essa condição precisam de apoio para compreender claramente as questões mais burocráticas, como abertura de contas, recebimento de salários, uso de cartão de ponto. Da mesma forma, a comunicação com pessoas surdas deve ser feita por alguém que saiba se comunicar em Libras ou por um intérprete profissional.

Isonomia não é só uma exigência legal, mas uma obrigação moral das empresas. Pessoas que desempenham a mesma função devem ser remuneradas com igualdade e receber os mesmos benefícios, tenham ou não deficiência. Naturalmente, os profissionais com deficiência devem ser cobrados também com isonomia e produzir como qualquer outro empregado.

INTERDIÇÃO E CURATELA

Um ponto a esclarecer, no tocante à pessoa com deficiência intelectual, é a diferença entre interdição e curatela, mecanismos legais previstos na Lei Brasileira de Inclusão.

Uma pessoa interditada não pode trabalhar, porque, de acordo com a LBI, considera-se que tenha impossibilidade total do exercício de direito e deve ser representada. O inciso III do artigo 4º dessa lei assim caracteriza as pessoas interditadas: "Aquelas que, por causa transitória ou permanente não puderem exprimir sua vontade." A interdição é solicitada por parentes, cônjuges ou tutores e decretada por um juiz, e a partir daí o interditado não poderá comandar os atos na sua vida civil. Terá que ser nomeado um curador para exercer a curatela desta pessoa. Portanto, a pessoa interditada não pode ser considerada para contratação.

Por outro lado, a mesma lei, no seu artigo 85, diz: "A curatela afetará tão somente os atos relacionados aos direitos de natureza patrimonial e negocial." Vou explicar melhor o que isso significa, porque o parágrafo primeiro do artigo citado diz que "a definição da curatela não alcança o direito ao próprio corpo, à sexualidade, ao matrimônio, à privacidade, à educação, à saúde, ao trabalho e ao voto". Para esclarecimento, a curatela é uma medida extraordinária, devendo constar da sentença as razões e motivações de sua definição, "preservados os interesses do curatelado". Legalmente, a pessoa com deficiência pode adotar um processo chamado Tomada de Decisão Apoiada. Nesse processo, a pessoa com deficiência dotada de certo grau de discernimento (incapacidade relativa) pode eleger pelo menos duas pessoas idôneas, com as quais mantenha vínculos e que gozem de sua confiança, para prestar-lhe apoio na tomada de decisão sobre atos da vida civil, fornecendo-lhes os elementos e informações para que possa exercer sua capacidade.

O departamento jurídico, aliado ao setor de saúde da empresa, será de grande apoio na análise de casos de candidatos com deficiência intelectual, curatelados, que podem ou não ser considerados para contratação. Uma recomendação importante para as equipes de RH seria de, no momento da entrevista com um candidato com deficiência intelectual, perguntar claramente ao acompanhante se existe algum obstáculo jurídico que possa impedir a contratação, se o candidato é autônomo, se é independente. Para garantia do RH, o candidato deve comprovar tudo o que afirmar.

BENEFÍCIOS

Entre os benefícios comuns a todos os empregados, existem alguns específicos que podem ser oferecidos aos profissionais com deficiência. Conheço pelo menos três grandes empresas que implementaram esse tipo de benefício, espontaneamente, o que é algo bem elogiável.

Um deles, implementado por uma empresa onde atuei, foi um programa de reembolso de parte das despesas decorrentes de assistência prestada aos empregados (ou dependentes) com deficiência física, intelectual e sensorial. A empresa, aliás, nem precisou investir recursos para instituir o benefício em questão — bastou a sua força institucional junto ao convênio médico, alicerçada no fato de contar com mais de 9 mil empregados conveniados. Com a atitude, a empresa minimizou os custos de tratamento de empregados com deficiência e/ou dependentes, e ao mesmo tempo ganhou mais produtividade daquele colaborador, porque eliminou uma preocupação, o que lhe deu mais tranquilidade para produzir.

A concessão do benefício, nesse exemplo dado, seguia uma proporcionalidade salarial, como se vê na tabela abaixo para ilustrar:

FAIXAS SALARIAIS	% DE REEMBOLSO
Até R$1.168,24	90%
De R$1.168,25 a R$1.998,30	85%
De R$1.998,31 a R$3.608,01	80%
Acima de R$3.608,02	75%

Fonte: elaborada pela autora

Esse benefício é importante porque alguns tipos de deficiência demandam tratamentos regulares ou prolongados, do profissional ou seu dependente, como fisioterapia, fonoaudiologia e outros mais específicos que o convênio nem cobre, mas que o empregado pode realizar, pagar por eles e pedir o reembolso. É um olhar diferenciado da empresa para com empregados que já têm gastos constantes com sondas, cadeira de rodas, colchões especiais, e uma série de aparatos que a pessoa com deficiência pode precisar.

Além disso, a empresa pode ter um programa destinado ao atendimento de necessidades pontuais, como pagamento de até 100% na reposição de uma prótese, órtese, aparelho auditivo, que quebra ou se desgasta, tudo bem documentado e avaliado. São casos que não podemos considerar assistencialismo da empresa, uma vez que a concessão leva à melhoria da qualidade de vida do empregado e resulta em elevação da sua produção profissional. E, também, a empresa poderá graduar o benefício, levando em conta o salário, para avaliar o percentual de participação do empregado.

Vamos imaginar um empregado que tem um filho com deficiência auditiva, por exemplo. Ou que usa um aparelho ortopédico. A cada fase de crescimento da criança, o aparelho tem que ser trocado. E os aparelhos também se desgastam pelo tempo de uso. Se a empresa contribui para eliminar ou minimizar a preocupação do empregado com as necessidades do filho, certamente esse profissional vai trabalhar mais tranquilo e produzir mais, e além disso vai procurar trabalhar com afinco, pela admiração que a empresa conquistou dele.

Pensando racionalmente, comparo essa iniciativa da empresa à concessão de bolsa de estudos. As empresas, em geral, concedem bolsa de estudos a todos os níveis de empregados — de estagiário a diretor —, que servem para o desenvolvimento da pessoa, com vistas à melhoria do seu desempenho. Portanto, não há nada de assistencialista nisso. A educação faz parte do desenvolvimento, e assim também a saúde. Só precisamos lembrar que os benefícios não são concedidos aleatoriamente, mas apenas depois de um mapeamento de necessidades do empregado, e sempre vinculados à elevação do nível de qualidade de vida do empregado e consequentemente do resultado do trabalho prestado.

Outra inovação digna de aplausos, praticada pela mesma empresa que citei antes, é o reembolso integral dos gastos com transporte do profissional com deficiência que tenha dificuldade de locomoção, limitado a um valor teto, para o deslocamento diário entre residência/empresa/residência. O benefício foi batizado de Locomoção Assistida e tenho orgulho de ter participado de sua implementação. Esse benefício substitui o vale-transporte, e basta o empregado apresentar ao RH um laudo do médico do trabalho, comprovando a impossibilidade de utilização de transporte público, e um comprovante de residência. A concessão do benefício é feita por meio de crédito mensal em folha de pagamento, sob o título de Vale-Transporte, com o desconto de até 6% do salário. Não conheço nenhuma outra empresa que tenha um benefício semelhante. Deixei a empresa, algum tempo depois, e não acompanhei a evolução desse programa de benefícios.

Numa outra empresa, encontrei o tíquete-combustível. Em vez de depositar o dinheiro em conta, referente ao vale-transporte, o empregado podia optar pelo tíquete-combustível. Como era uma empresa pequena, o benefício era aplicado para todos os empregados, e não apenas para profissionais com deficiência.

Tratando-se de profissionais com deficiência que ocupem cargos gerenciais ou mais altos, os benefícios são — e devem mesmo ser — os mesmos oferecidos aos profissionais sem deficiência em função semelhante. É o caso da frota corporativa utilizada por executivos. Muitas empresas oferecem a gerentes e diretores um veículo para seu uso. Gerentes e diretores com deficiência devem receber o veículo já adaptado para sua condição ou um motorista à sua disposição.

FLEXIBILIZAÇÃO DO TRABALHO

O regime de trabalho em home office é uma comodidade, além de ser uma pertinente adaptação do mercado para o público de profissionais com deficiência. Dois dos grandes entraves do acesso ao mercado de trabalho para as pessoas com deficiência são acessibilidade e locomoção. A opção do trabalho em casa é completamente aderente ao conceito da inclusão. O profissional vai produzir, vai entregar o trabalho solicitado, mas de uma forma bem mais confortável, tanto para ele quanto para a empresa. Esta, porque vai incluir, receber um trabalho de qualidade e economizar em transporte, e o profissional porque não precisará se submeter diariamente aos embaraços de transporte, riscos de acidentes, violência e perda de tempo no deslocamento.

Considero que o home office é o futuro do mercado de trabalho, para todo mundo, com o suporte cada vez maior da tecnologia. A OIT — Organização Internacional do Trabalho —, numa de suas convenções[1], já reconhecia em 1996 o home office, e a própria reforma trabalhista[2] também admite esse regime de trabalho.

Só é preciso um ponto de atenção, em relação ao trabalho em domicílio, que é o cuidado para que a contratação não seja mascarada. Foi uma tática utilizada, para burlar o preenchimento da cota: contratava-se a pessoa com deficiência e deixava-se que ela ficasse em casa, sem compromisso de trabalho. Para prevenir esse desvio, essa modalidade só deve ser empregada caso seja oferecida a outros profissionais em cargos semelhantes.

ORIENTAÇÕES PÓS-CONTRATAÇÃO

Os benefícios legais são o vale-alimentação (para aquisição de produtos alimentícios em supermercados e similares), o vale-refeição (para custeio de refeição, durante a jornada de trabalho, em restaurantes ou estabelecimentos similares) e o vale-transporte (para deslocamento do empregado para o trabalho).

O RH deve informar, com clareza, os benefícios que se referem à alimentação dos empregados, no caso de a empresa não ter restaurante próprio. Deve, também, indagar do profissional com deficiência a respeito de sua capacidade ou não de se deslocar para usufruir do vale-refeição. Ao lado disso, sempre há o coleguismo e os companheiros de trabalho que tenderão a fazer o possível para ajudar nesse quesito. Eu mesma, numa empresa em que trabalhei, passei os primeiros 15 dias comendo numa rede de lanchonetes, mas depois estava enturmada e já comecei a almoçar com os colegas de trabalho. Não deve ser, portanto,

---

1 Convenção 177 da OIT, ainda não regulamentada pelo governo brasileiro. Disponível em https://www.ilo.org/brasilia/convencoes/WCMS_242947/lang--pt/index.htm.

2 A Lei 13.467/2017, que se refere ao home office como teletrabalho. "Considera-se teletrabalho a prestação de serviços preponderantemente fora das dependências do empregador, com a utilização de tecnologias de informação e de comunicação que, por sua natureza, não se constituam como trabalho externo."

uma preocupação do RH, mas a informação adequada sobre todas as dúvidas de cada profissional deve ser uma constante.

E há situações até inusitadas, por falta de comunicação. Nos primeiros dias de trabalho numa determinada empresa, fiquei sabendo que fazia sete anos que todos os cadeirantes do prédio só tinham toalete acessível no térreo. Todo mundo que trabalhava nos demais andares era obrigado a pegar o elevador e descer até o térreo, para usar o toalete. Demonstrei a perda de tempo e de produção que isso ocasionava. Em 15 dias consegui que todos os banheiros de todos os andares fossem adaptados, tanto os femininos quanto os masculinos.

BENEFÍCIOS CUSTOMIZADOS

O principal problema em que as empresas incorrem, no tratamento dos seus profissionais com deficiência, em relação a benefícios, é não oferecer nada customizado. Só oferecem o que já têm nos seus protocolos, que quase nunca atendem às especificidades e acabam prejudicando a qualidade de vida e a qualidade das entregas, além de causar uma distinção injustificável de condições de trabalho. Customizar não é complicado. Na maioria das vezes, a empresa não precisa sequer mudar um processo para adequar seus benefícios para um profissional com deficiência. Basta um pequeno ajuste nos procedimentos internos. Substituir um procedimento para entregar a mesma condição, em que nem é necessário destacar o profissional com deficiência. Quase sempre, fazer o que é simples é mais eficaz.

No mais das vezes, o pecado maior é a falta de comunicação. Uma parte dos profissionais com deficiência evita reclamar ou fazer exigências. Trabalham sob condições que não são as ideais e o RH nem fica sabendo. Lidam com muitos problemas, passam por dificuldades para chegar à empresa e para executar o trabalho para o qual foram contratadas e, afinal, desistem porque não conseguem superar os obstáculos. Um desperdício de talentos que poderia ser resolvido com uma conversa ou com uma solicitação do profissional com deficiência, demonstrando a importância de eliminar um empecilho. Vejo muitos casos assim.

Se os profissionais de RH buscarem maior aproximação com os profissionais com deficiência, como também os observar mais atentamente, compreenderão melhor as situações e se anteciparão na resolução de problemas. Aqui se percebe a importância do conhecimento sobre as deficiências. Mas, também cabe a proatividade do profissional com deficiência — é ele que conhece onde dói, onde o calo aperta. Ao requisitar uma modificação no sistema, no ambiente, no tratamento, o profissional com deficiência vai colaborar, inclusive, para melhorar a vida corporativa de pessoas que vierem a trabalhar ali depois dele. Essa atitude é, de fato, o que preconiza a Neoinclusão.

A postura do profissional com deficiência em relação ao seu desenvolvimento profissional é importante. Não se deve ter medo de encaminhar demandas para o seu gestor. Por exemplo, se trabalha com um equipamento que exige conhecimento de terminologia em outro idioma que ele não domina, pode sugerir ao gestor que o seu desempenho poderia melhorar bastante com um curso sobre a operação do equipamento.

Trataremos das estratégias de treinamento e desenvolvimento adiante, neste livro, mas não podemos deixar de comentar, neste momento, a responsabilidade do profissional com deficiência. Se ficar acanhado, com vergonha de pedir, ou com medo de que a solicitação possa comprometer o seu futuro na empresa, vai acabar rendendo menos do que pode e até desistir de continuar na empresa. Com certeza o gestor vai verificar as possibilidades de atender, talvez não imediatamente em razão de orçamento de sua área, mas levará em consideração o pedido. O gestor pode também consultar o RH, que muitas vezes conta com programas especiais de treinamento ou até de tratamento de saúde, que não são divulgados de maneira rotineira por causa do número reduzido de pessoas em condição de utilizar esses programas. Alertado para a necessidade, o RH pode criar programas que atendam a essas demandas.

Talvez a simples iniciativa de perguntar abra caminho para vários outros profissionais com deficiência e urgências semelhantes — isso não seria ótimo?

GERAÇÃO E CONTROLE DE DOCUMENTAÇÃO

Em relação ao profissional com deficiência, a documentação não se limita à carteira de trabalho, aos documentos de identificação e ao comprovante de endereço que devem compor o prontuário. Existe uma série de documentos que a empresa precisa saber organizar, criando um processo de gestão para a sua guarda e acesso. Isso para fins de controle de sua cota e fiscalização.

Um processo eficiente de gestão do número de vagas para profissionais com deficiência é fundamental, para que o RH não perca o controle. É preciso haver procedimento e ferramentas de checagem regular, e um deles é primordial: administração do fluxo de profissionais contratados e desligados (admitidos x demitidos). A equipe tem que ter esse controle à vista de todos, nem que seja num quadro de avisos. Não se pode perder esse controle, sob risco de fechar vagas para essa cota.

É muito corriqueiro acontecer de uma empresa ter 50, 70 vagas na cota e, sem o controle adequado, de repente estar com apenas 10. Algum tipo de ferramenta precisa estar à mão, para consulta de qualquer um dos setores envolvidos, seja um sistema como o SAP[3] — Systeme nwendungen und Produkte in der Datenverarbeitung, na sigla em alemão, ou Sistemas, Aplicativos e Produtos para Processamento de Dados, em português —, uma planilha, até mesmo um placar. E não basta anotar, mas fazer um controle periódico e detalhado de onde vai parar a vaga de uma pessoa com deficiência desligada da empresa — essa vaga tem que ser "congelada" para substituição.

Deve existir uma forma de os gestores de áreas terem acesso a esse controle de vagas, para que possam pedir desligamento, admissão, substituição de empregados, ou mesmo fechamento de vaga por não haver mais necessidade de determinada função. Numa experiência de que participei, fizemos uma alteração interna na empresa, no sistema que utilizávamos. Quando um gestor pedia o desligamento de um profissional com deficiência, permanecia assinalado um alerta vermelho até que fosse recrutado e selecionado um substituto para aquela vaga. O alerta era visível para o gestor de RH e para a equipe de recrutamento e seleção. Ao verificar o alerta vermelho, o gestor era procurado, para esclarecer as razões do desligamento — se era questão de substituição, de um engenheiro por outro, ou de mudança de vaga, por exemplo fechar a vaga de engenheiro e abrir uma de assistente administrativo. Já sabemos que essas alterações podem ser feitas; o que não pode é diminuir a quantidade de vagas. O alerta só era apagado, por meio de uso de senha do gestor de RH, quando a posi-

---

3 Existe um sistema integrado de gestão empresarial bastante utilizado em grandes empresas, chamado SAP ERP. Foi concebido e é comercializado pela empresa alemã SAP SE, que tem subsidiária no Brasil. O endereço virtual é https://www.sap.com/brazil/why-sap.html.

ção era preenchida por outro profissional com deficiência. Essa era uma garantia para que não perdêssemos vagas.

Há um documento específico, cujo modelo (chamado Anexo I) é fornecido pelo Ministério do Trabalho e Emprego, que deve ser apresentado, preenchido com a quantidade e a identificação dos empregados com deficiência. Junto com o Anexo I, o RH deve apresentar toda a documentação de cada profissional — ficha cadastral, exame admissional, exames periódicos quando o profissional está há mais de um ano na empresa, laudo do médico do trabalho com CID ou Certificado de Reabilitação do INSS para quem é reabilitado, exames complementares quando requeridos e exame demissional, no caso de desligamento. Numa das empresas pelas quais passei, gerenciando programas de inclusão, fui a responsável por esse procedimento. Antigamente, levava-se em papel, depois passou-se a entregar em CD e, hoje, certamente há formas eletrônicas de envio. Mas o RH deve guardar essas informações por cinco anos após o desligamento de cada profissional com deficiência.

Um erro que ocorre frequentemente é a dispersão desses documentos por áreas diferentes. O recrutamento e seleção fica com o currículo e a folha de cadastro da entrevista; o setor de saúde fica com os laudos, exames e Certificados de Reabilitação; o jurídico fica com o contrato de trabalho. Não é nada funcional. Não há problema que cada área tenha uma cópia dos documentos, mas o prontuário completo precisa estar numa única pasta, física ou eletrônica, dentro de um sistema, de maneira que possa ser visível a todos os que precisam ter acesso às informações.

Em muitas empresas, o departamento jurídico é o responsável por atender às demandas da fiscalização do Ministério do Trabalho e Emprego. Mas reforço que não se pode deixar, por exemplo, para o setor jurídico responder todas as questões que possam surgir por parte do fiscal — o atendimento à fiscalização precisa envolver todos os setores que atuaram no processo, com o acesso facilitado a essa pasta que contém as informações completas. A participação da equipe de RH é essencial, porque teve contato com o profissional, acompanhou a sua carreira, conheceu os laudos e exames. Não basta somente apresentar a documentação, mas justificar determinadas questões para os fiscais, e o RH tem condições de esclarecer, muitas vezes impedindo uma autuação simplesmente por ter a resposta para uma pergunta que ninguém imaginava que viria.

No próximo capítulo, detalharemos o processo de integração de profissionais com deficiência.

Como deve ser feita a integração dos profissionais com deficiência

A porta de entrada de uma empresa, para qualquer profissional, é o RH. Esse setor é o responsável pela integração dos novos colaboradores. Faz parte desse processo assinar a carteira de trabalho, elaborar e entregar o crachá, mostrar as dependências da companhia, passar o vídeo institucional, dar orientações, encaminhar para cursos *e-learning* que geralmente oferecem hoje em dia, orientar sobre o código de conduta, esclarecer sobre missão, visão, valores e sobre o próprio negócio.

Tive uma experiência grande sobre integrações bem estruturadas nas empresas pelas quais passei, como empregada. Como eram do setor elétrico, além de todas as providências gerais de integração, tinham também cursos e apresentações sobre normas específicas, já que são organizações reguladas pelo governo. A quantidade, a duração e conteúdo desses cursos dependem do segmento de atuação e do tamanho da companhia, e variam de uma para outra. Uma delas oferecia um curso específico de integração sobre diversidade. Tratava de como lidar com qualquer colega, fosse profissional com deficiência, mulher, negro, LGBT+, mostrando que não fazia distinção e não tolerava preconceito. Por meio desses cursos, é possível passar uma série de informações sobre a cultura e sobre o comportamento que se espera de um empregado novo que está chegando.

Mesmo dos prestadores de serviços é exigido, principalmente em grandes e médias empresas, que passem pelo programa de integração antes de entrar para desempenhar o seu trabalho. Isso é importante, porque qualquer pessoa que entre nas instalações deve ter um mínimo de informações sobre áreas de escape, segurança, e dados como a quem procurar em caso de emergência.

INTEGRAÇÃO DE PROFISSIONAIS COM DEFICIÊNCIA

As providências descritas acima são válidas e obrigatórias para todos, e constituem papel do RH. Mas, no caso de pessoas com deficiência, todas essas etapas têm que ser vistas, analisadas, discutidas e antecipadas no comitê de inclusão, para verificar se está tudo dentro da conformidade e pronto para receber qualquer pessoa, sem surpresa.

Os profissionais responsáveis pela integração dentro do RH precisam estar preparados para receber pessoas com algum impedimento de ordem visual, física, auditiva ou intelectual. Devem estar prontos para receber todos os que serão contratados, entre eles possivelmente pessoas com deficiência. Isso porque não se pode correr o risco de gerar constrangimento ou ser obrigado a cancelar a integração naquele dia porque a empresa não está organizada.

A integração, apesar de ser parte do RH, muitas vezes não é levada em consideração como deveria. A equipe de RH fica focada em documentação, contratação, interação com outros setores como saúde e jurídico, e deixa de lado a integração nessa fase primária, que é na portaria ou na recepção. Acontece de o novo empregado com deficiência chegar e enfrentar dificuldades na recepção por falta de intérprete ou de software adequado, ou de uma lupa para enxergar material escrito que precisa conhecer, e mesmo sem acesso, porque não há rampa no prédio escolhido para realizar a integração. Tudo isso tem que estar mapeado desde o período de composição do comitê, na implementação de um programa de Neoinclusão, e ser adaptado antes de a integração se realizar.

Caso as adaptações não tenham sido completamente feitas antes da integração, o RH precisa estar atento e observar, com a maior presteza, possíveis entraves para a integração de pessoas com deficiência e corrigi-los imediatamente.

AÇÕES ESSENCIAIS

Para apresentar um passo a passo de maneira bem didática, vou detalhar algumas ações que devem nortear o processo de integração de profissionais com deficiência — em todas as integrações que a empresa fizer.

Primeiro, deve haver um planejamento do grupo que participará do processo. Identificar quantas pessoas com deficiência estão programadas para estarem no grupo, quais são as deficiências e o perfil dessas pessoas, para antecipar as necessidades que poderão surgir. Outro passo é definir quem vai receber essas pessoas, consideradas as necessidades de cada profissional com deficiência — se o empregado que vai recepcionar os novos contratados tem conhecimento de como tratar essas pessoas, se será necessário contar com apoio, como alguém que traduza linguagem de sinais.

Um dos trabalhos que desenvolvo junto a empresas é contratar um intérprete de Libras para atuar em processos de integração. Outro apoio que pode ser necessário é ter uma pessoa à disposição para conduzir cegos, de modo que se sintam mais confortáveis.

O ambiente físico deve ser examinado cuidadosamente e, caso uma ou mais adaptações sejam necessárias, preparado antes da integração. Se existe catraca na entrada, é preciso verificar se tem dimensões suficientes para passar uma cadeira de rodas ou se é necessário existir uma passagem ao lado da catraca que possa ser aberta para permitir o acesso sem obstáculo (novos empregados contratados, terceiros ou visitantes). Eu mesma já fui impedida de entrar em uma empresa onde prestaria consultoria porque não conseguia passar na portaria, onde havia acesso apenas por uma roleta, sem alternativa. A reunião teve que ser cancelada e marcada posteriormente em outro local.

É importante que, na parte documental, como contrato de trabalho e outros papéis, existam ferramentas que garantam segurança ao novo contratado quanto à leitura e entendimento da documentação, seja um software de voz, uma lupa, ou mesmo uma pessoa que faça a leitura e/ ou a interpretação em linguagem de sinais.

Eu assessorava uma empresa e, um dia, no corredor, o gerente de RH me abordou e disse que precisava falar urgentemente comigo, ali mesmo, no corredor. Ficou sem graça ao relatar, com estas palavras: "O problema é que contratei um anão e agora não sei o que fazer com ele." Estranhei a conversa e quis saber se havia algum problema com o candidato. O gerente respondeu que não, mas que na entrevista ficara envergonhado e sem jeito de perguntar as necessidades do empregado quando chegasse à empresa por causa de sua baixa estatura. O empregado começaria a trabalhar na manhã seguinte e o gerente não tinha noção do que ele precisaria em termos de mobiliário.

Eu pensei menos de um minuto para recomendar ao gerente que superasse seu constrangimento e conversasse com sinceridade com o novo empregado, na integração, explicando que era a primeira vez que a empresa contratava uma pessoa com nanismo e que não soubera como abordar o assunto na entrevista, e por isso precisava que ele indicasse o que era preciso fazer para que ficasse confortável no seu espaço de trabalho.

Eu soube, depois, que o empregado chegou, fez a integração e foi encaminhado ao posto de trabalho. Embora a equipe tivesse abaixado a cadeira que ele usaria ao máximo, ele ainda ficou com as pernas suspensas, porque era de estatura realmente muito pequena, e com dificuldades de alcançar a mesa confortavelmente. Posteriormente, a área de infraestrutura foi mobilizada e fez os ajustes na cadeira e na mesa, deixando tudo a contento. Também rebaixaram a impressora e a máquina de cartão de ponto e arranjaram um banquinho para que ele pudesse acessar o arquivo de benefícios e remuneração, área para a qual fora contratado como assistente administrativo.

Ilustro com esse caso a preocupação que o RH deve ter antes de o empregado chegar para trabalhar, porque às vezes a adaptação requerida não é tão rápida e causa um desconforto no departamento inteiro. Se a pessoa não tiver senso de humor, a situação pode até trazer um problema para a empresa, porque eventualmente ela pode alegar discriminação. O que não foi o caso, porque não houve negligência ou discriminação, mas falta de preparação e de informação. Há a necessidade não só de preparar o ambiente, mas de preparar os colegas de trabalho. Conheço situações em que o empregado chegou para trabalhar e a equipe nem sabia que ele tinha sido contratado. Quando a deficiência é mais visível, a surpresa dos colegas é grande. No mundo ideal, a equipe deveria receber noções de Libras para se comunicar com um surdo, por exemplo.

Em várias empresas existe uma figura, que desempenha a função de receber o novo colaborador com ou sem deficiência. Pode ser a secretária da área, um assistente ou um analista sênior que possa ensinar os processos da área, mas também para mostrar a empresa, ensinar onde ficam os toaletes, restaurantes, materiais de escritório, quais são os horários, os procedimentos internos, enfim. Esse "apoio natural" complementa as informações internas ao setor que o RH não pôde oferecer no momento da integração formal.

Em minha primeira experiência no setor privado, fiz a integração numa sala equipada de computadores para os cursos internos. Houve o momento da documentação relacionada a benefícios, convênios etc., e logo após fui conduzida para um tour pela empresa — dentro do possível, porque algumas partes não conheci, por falta de acesso e/ou distância.

Ao chegar ao RH, setor onde trabalharia, recebi um calhamaço de papéis com os processos internos da área: recrutamento e seleção, benefícios e remuneração, educação corporativa, treinamento interno. Li tudo isso numa semana, e eu tinha uma pessoa de referência na área para consultar, caso eu tivesse dúvidas. Receber um novo colaborador com deficiência deve seguir os mesmos procedimentos aplicados a qualquer outro colaborador, mas é claro que é preciso ter sensibilidade na escolha da pessoa que vai auxiliar nessa integração interna. O profissional com deficiência não deve ser tratado diferentemente de como é tratado um profissional sem deficiência, mas também deve haver atenção às suas particularidades. Assim, ele vai se ambientar normalmente, como todos os empregados.

É importante sempre lembrar que a integração, normalmente, é o primeiro contato de uma pessoa com deficiência no ambiente de trabalho e, por isso, deve receber especial atenção dos responsáveis.

O PAPEL DO GESTOR NA INTEGRAÇÃO

O gestor tem que ser preparado, assim como a equipe. Tem que saber quem é o colaborador que está sendo contratado, qual a deficiência dele, as características dessa deficiência, quais os impedimentos que ela traz, e deve ser o responsável por informar à equipe sobre quem é a pessoa que vai chegar. E, também, deve ser quem recepciona o novo empregado que inicia o trabalho na empresa.

É comum que o gestor, em razão de sua agenda, delegue para um representante fazer a parte mais concreta da integração, mas é de bom-tom que dê as boas-vindas e apresente o empregado recém-chegado à equipe. O comportamento e a atitude desse gestor vão prenunciar como será a inclusão dessa pessoa que começa a trabalhar. Se o gestor não participar da recepção, não der importância à chegada do novo empregado, a tendência é que a equipe lhe imite a postura. O que não será bom para ninguém. Uma boa parte do sucesso do novo colaborador, mesmo aquele sem deficiência, depende da boa acolhida por parte do gestor.

Ainda que o gestor tenha participado de todo o processo de recrutamento e seleção, que tenha dado a palavra final para a escolha do candidato, isso não o exime de seguir participando do processo de integração. O bom gestor, o gestor atuante, reservaria esse momento de integração para acompanhar de perto a sua equipe, dar suporte a esse novo colaborador, até ir almoçar um dia com ele e se aproximar para conhecer melhor as suas características, monitorar como está sendo a integração, verificar se está sendo realmente integrado ao trabalho e à equipe.

O PAPEL DO PROFISSIONAL COM DEFICIÊNCIA NA INTEGRAÇÃO

Na proposta da Neoinclusão, o profissional com deficiência precisa responsabilizar-se por 50% do esforço para o sucesso do seu processo de inclusão. Os outros 50% estão distribuídos entre o gestor, o RH, colegas de trabalho e a empresa. A atuação do profissional com deficiência depende do seu perfil, mas ele deve enxergar a entrada no mercado de trabalho como uma oportunidade e não como um favor, ver o mercado de trabalho como um modo de ser mais independente, produtivo, uma forma de se inserir socialmente, interagir com outras pessoas, contribuir com uma missão, seja atender bem um cliente, introduzir um novo produto, e enfim fazer parte de um grupo.

Este livro se propõe a ajudar as empresas a iniciar ou aperfeiçoar um projeto de inclusão de maneira global, que atenda a todos os empregados, melhorando processos, ações, e até a sua estrutura, mas nunca um projeto será perfeito, porque as pessoas são diferentes umas das outras.

Mesmo entre profissionais com deficiências semelhantes, há diferenças. Um cadeirante vai ser diferente de outro. A necessidade de um possivelmente não será a mesma de outro. A empresa se prepara para receber cadeirantes, mas não consegue se preparar para receber de maneira totalmente satisfatória cada cadeirante com suas necessidades pessoais e específicas.

Pessoalmente, por exemplo, não gosto que empinem a minha cadeira para descer uma rampa; e tem gente que só sabe auxiliar um cadeirante na descida de uma rampa desse modo. Mas conheço cadeirante que desce rampas sozinho, empinando a cadeira. Essas situações dependem do gosto e do perfil de cada um, e certamente precisam ser adequadas às normas de segurança da empresa e discutidas com os colegas.

Por isso digo que o profissional com deficiência precisa participar do processo de inclusão, manifestando as suas necessidades e sua vontade. Deve informar aos colegas se precisa de ajuda para conduzir a cadeira ou se prefere fazer as manobras sozinho; deve colocar as suas preferências e necessidades, em todas as situações, como num restaurante, num hotel, num passeio, e principalmente dentro do ambiente de trabalho. Esse profissional se entusiasmou pela possibilidade do emprego, se inscreveu, participou do processo de recrutamento e seleção, foi escolhido, e, no primeiro dia, precisa dar um voto de confiança para a empresa. E, claro, apontando questões que possam colocar em risco a sua integridade física, sua dignidade e seu desempenho profissional. Mas, dentro desse limite, precisa dar uma chance para a empresa, buscar adaptar-se ao que a empresa oferece e, com diálogo, usando das ferramentas de comunicação, alcançar um denominador comum entre o que quer e o que a empresa pode oferecer — no tocante a suas necessidades.

O outro ponto é o comportamento dos colegas de trabalho e do próprio gestor. Isso é algo que não se pode avaliar antes de o profissional começar o trabalho na empresa. O diálogo claro e franco é ainda mais importante e o PcD deve ter uma postura educativa. Com respeito e educação, mas de maneira clara e assertiva, o cadeirante deve pedir que um móvel seja afastado um pouco para que ele possa passar com facilidade, ou o cego deve pedir que seja colocado um adesivo tátil que informe onde está o bebedouro.

Muitas vezes, o profissional com deficiência é o primeiro numa empresa e os colegas seguramente não saberão como se comportar em relação à sua condição, se ele não ensinar. Não deve também fazer concessões — perguntas sobre a vida íntima não precisam ser respondidas, se o profissional com deficiência não gosta de tocar nesse assunto. Polidez e boa educação são sempre indicadas, mas às vezes uma resposta mais direta e firme tem que ser dada, para que as pessoas percebam que o novo profissional tem preferências e sentimentos. Tive um amigo que acabou cadeirante por ter levado um tiro ao entrar em caminhos errados, e não gostava de falar nisso. Ele tinha passado por um período difícil de recuperação e reabilitação e depois conseguiu entrar no mercado. Considerava o que havia acontecido com ele como algo que devia ficar no passado, e não apreciava ter que conversar sobre aquilo.

O profissional com deficiência costuma se deparar com uma atitude muito embaraçosa e bastante comum: os colegas o considerarem quase como um incapaz. Para reagir contra isso, não se deve deixar tutelar — pode aceitar ajuda, mas não tutela. Quando não precisar de ajuda, deve dizer, claramente, com o coração aberto. As pessoas vão entender. Tem gente que pergunta "quer ajuda?", mas imediatamente já pega na cadeira e começa a conduzir. Principalmente nos primeiros dias na empresa, o profissional com deficiência quer demonstrar independência e profissionalismo, para fazer valer a conquista que obteve com a contratação para aquela vaga.

Em resumo, todo profissional com deficiência que entra num ambiente de trabalho tem uma responsabilidade muito grande, que é ser educador. Se ensinar errado, as pessoas que o rodeiam vão aprender errado. Os profissionais com deficiência são modelos, mesmo que não queiram. Estão sendo observados todo o tempo. E, consequentemente, estão sendo analisados, comparados e julgados. Depende do profissional com deficiência fazer com que a impressão dos colegas seja natural e positiva, para que possam agir adequadamente com ele mesmo e com outros profissionais com a mesma condição que virão.

O RH NO PROCESSO DE INTEGRAÇÃO DE PROFISSIONAIS COM DEFICIÊNCIA

Existem também exemplos negativos de integração, seja do ponto de vista pessoal ou profissional.

Conheço o caso de uma empresa que contratou uma profissional tetraplégica, que conseguia fazer o trabalho com software, telefone adaptado; mas, na hora de comer e de ir ao toalete, precisava de ajuda. Então, a empresa escolheu — desconheço como foi o processo de escolha — uma pessoa da área para auxiliar nessas ocasiões. Para analisar a situação, eu me coloquei no lugar da profissional com deficiência e no lugar da profissional que a auxiliava. Concluí que esses casos extremos, de necessidade de apoio, não podem ser tratados dessa forma. Ou a empresa aceita que o profissional com deficiência seja acompanhado de um cuidador especializado, para não onerar de responsabilidade um outro empregado, ou não realiza a contratação.

Eu soube desse caso quando estive na empresa como visitante. A situação foi narrada até com um certo orgulho, como se fosse um case de sucesso de integração. Mas creio, como consultora, que uma situação desse tipo, delicadíssima, pode trazer problemas para o profissional com deficiência; e para o que dá apoio é possível que o desempenho profissional seja comprometido ou mesmo haja responsabilização na eventualidade de um acidente, de uma queda, ou de um desentendimento. Isso sem mencionar eventuais problemas legais para a empresa, porque será uma situação informal ocorrendo dentro de um ambiente corporativo. Em casos de deficiência com elevado grau de comprometimento, existem alternativas, como redução de carga horária ou home office, e o RH deve recomendar essa postura à liderança da empresa.

É lógico que se deve dar oportunidade para todos, em qualquer situação de deficiência, mas é preciso ser realista e dar atenção às diversas situações de limitação e potencial, buscando alternativas factíveis para o profissional e para a empresa.

As principais dificuldades do RH estão relacionadas, quase sempre, com alguma ação que devia ter sido realizada para a chegada do candidato e foi esquecida ou desconsiderada. De certa maneira, essas dificuldades já foram abordadas neste capítulo. Se faltou intérprete de sinais na integração, a acessibilidade não estava completa, o mobiliário não foi adaptado, equipamentos e ferramentas não estavam disponíveis ou não eram suficientes, então a equipe não estava informada ou não estava preparada para receber a pessoa com deficiência.

Quanto a erros, quase todos têm origem no fator comportamental. Falar de costas para um surdo sem perceber que assim ele não poderá ler os lábios; pegar na cadeira sem saber se o cadeirante quer ou aceita ajuda; não se comunicar com clareza; dar tratamento condescendente ou exigente demais ao profissional com deficiência

ERROS E EXPERIÊNCIAS MARCANTES

Trabalhei em uma empresa com uma jovem estagiária, com deficiência visual. Eu a conheci durante um curso profissionalizante que promovíamos. Gostei muito dela, mas na época não foi contratada. Perdemos o contato. Pouco tempo mais tarde, quando buscávamos uma estagiária para começar a implementar um programa de Neoinclusão, soube que a jovem estava cursando faculdade e entrei em contato, porque parecia muito adequada para a vaga. Comunicava-se muito bem, tanto que eu achava que, em vez de cursar Recursos Humanos, ela deveria ter seguido carreira na área de comunicação. Além disso, já existia um vínculo afetivo, uma vez que ela havia sido aluna do nosso curso.

Mas, no processo de contratação, ela não nos informou que a deficiência tinha progredido. Era uma deficiência degenerativa e ela já havia feito cirurgia, mas perdera muito da capacidade de enxergar. Começou a trabalhar conosco e, no decorrer dos dias, fomos observando que ela estava com mais dificuldade para enxergar, quase totalmente cega. Com isso, não ia bem na entrega dos trabalhos e no desempenho. Perguntei como estava a deficiência e ela reafirmou que a acuidade visual não tinha piorado desde o curso. Cheguei a sugerir que ela se alfabetizasse em braile, como preparação para a cegueira, já que a perda da visão era certa e irreversível. Ela foi muito resistente à sugestão e não a aceitou. O desempenho profissional foi ficando tão insatisfatório que infelizmente fomos obrigadas a fazer o desligamento.

Confesso que, nesse caso, cometi um erro que vários gestores de RH acabam cometendo, que é deixar de pedir exames complementares para avaliar o grau de deficiência.

No próximo capítulo, vamos nos dedicar a analisar o processo de avaliação de desempenho de profissionais com deficiência.

AVALIAÇÃO DE DESEMPENHO

Cada empresa aplica a sua própria metodologia para avaliar o desempenho de seus empregados e gestores. A mais utilizada é a denominada 360°. É uma avaliação anual na qual os gestores avaliam seus subordinados, os empregados avaliam a si mesmos, o gestor e seus pares. Este é o motivo de ser chamada 360°, todo mundo avalia todo mundo. Ou seja, o colaborador observa todos os que o rodeiam, e a si mesmo.

Segundo o site do IBC — Instituto Brasileiro de Coaching —, a Avaliação 360° é considerada uma metodologia bastante eficaz para medir a percepção que as pessoas ao redor de um profissional têm a respeito dele, considerados o seu desempenho profissional, qualidades, gaps, comportamentos e relacionamentos no ambiente de trabalho.

Não se trata de um mecanismo para castigo ou punição por mau desempenho, como pensam muitas pessoas quando ouvem falar de avaliação. Ao contrário, a intenção é promover a melhoria contínua dos colaboradores da empresa, ela é uma ferramenta eficaz para que os gestores e o RH possam definir as melhores estratégias de treinamento e desenvolvimento para cada um dos membros de uma equipe. A Avaliação 360° é realizada por meio de um questionário sobre o profissional, respondido por ele mesmo, seu gestor direto, membros da equipe que participa e até clientes internos de outras áreas.

Propicia uma perspectiva mais precisa de desempenho do profissional e comportamento no ambiente de trabalho, para, assim, implementar melhorias e fortalecer seus pontos fortes.

E o que uma Avaliação 360° mede?

Entre os principais pontos, estão:

- capacitação;

- atitudes;

- habilidades técnicas;

- pontos fortes;

- pontos de melhoria; e

- perfil comportamental.

Há uma variação aplicada apenas a um determinado empregado pelos seus pares e pelo gestor, chamada Avaliação 270°. Nesta modalidade, o gestor avalia, mas não é avaliado. É geralmente recomendada em situações que envolvem a perspectiva de promoção ou aumento salarial a algum colaborador, ou eventuais necessidades de treinamento. Acontece também em casos nos quais alguns profissionais não têm supervisores ou não supervisionam diretamente uma equipe.

A IMPORTÂNCIA DA AVALIAÇÃO

Entretanto, a avaliação completa, a chamada 360°, é importante porque empregados com mais de um ano de trabalho terão a sua primeira oportunidade de desenvolvimento propiciada pela empresa. Os resultados das avaliações dos pares e gestores, além da própria autoavaliação, vão indicar os pontos de melhoria que o empregado precisa desenvolver para chegar ao máximo de seu desempenho profissional. Evoluindo, assim, ao longo do ano, para conseguir melhor avaliação no seguinte e obter melhores oportunidades de crescer na carreira.

É como se esse processo, concluído, resultasse numa espécie de teste vocacional para o empregado. Ajudando a identificar as atividades em que tem mais domínio, o que precisa melhorar, que treinamentos precisa procurar para se aperfeiçoar e onde procurá-los. Além de trabalhar as competências pessoais ainda não bem desenvolvidas, como a comunicação ou a gestão do tempo, por exemplo. Eventualmente, o diagnóstico pode apontar apenas questões profissionais, como a melhora na utilização do Excel, maior desenvoltura com um novo idioma ou a necessidade de uma graduação, pós-graduação e outros cursos de qualificação profissional. As empresas, hoje em dia, têm essa área de educação muito bem estabelecida, ou por meio de unidades corporativas ou por meio de bolsas de estudos que oferecem aos colaboradores. É o RH que cuida da gestão da oferta de tais bolsas.

A avaliação constitui uma etapa muito importante para profissionais com deficiência, porque representa um momento de autoconhecimento de suas habilidades profissionais e uma oportunidade para que pares e gestores conheçam suas peculiaridades, seu potencial e suas necessidades. Já falamos antes que os profissionais com deficiência precisam expor as eventuais barreiras encontradas no ambiente da empresa. A avaliação pode ser um momento privilegiado para isso.

CONTEXTUALIZAÇÃO PARA ELABORAÇÃO DA AVALIAÇÃO

As equipes de RH não elaboram as questões da avaliação. Existem empresas especializadas em avaliação de desempenho que oferecem vários testes prontos, focados no negócio da companhia. Em sua maioria, esses produtos são bem globais e contemplam muitas informações importantes sobre competências profissionais e pessoais utilizadas no trabalho. São produtos bem completos e o RH escolhe aquele mais adequado às suas pretensões de avaliação.

O próprio sistema, depois que as avaliações são preenchidas pelos participantes, automaticamente produz um laudo. O relatório apresenta as estatísticas em relação ao desenvolvimento dos avaliados.

O RH, com base nas metas de cada empregado, reunirá todas as informações de que dispõe para complementar o relatório de feedback e planejar estratégias para promover o desenvolvimento do colaborador.

Mas nada impede que determinada empresa desenvolva e elabore o seu próprio formulário de avaliação de desempenho.

O PROCESSO DE AVALIAÇÃO PARA PROFISSIONAIS COM DEFICIÊNCIA

A avaliação de profissionais com deficiência, quando é feita em sistema eletrônico, apresenta mais facilidades, porque o sistema pode se ajustar ao software do computador para se comunicar por áudio com a pessoa cega, por exemplo, e até permite que o preenchimento possa ser feito na residência do profissional com deficiência (embora o ideal seja fazer a avaliação na empresa). No caso de profissionais com deficiência intelectual, eles devem ser auxiliados por um membro do RH na compreensão e preenchimento do questionário.

Para os profissionais com deficiência, o entendimento do significado das palavras pode variar de acordo com sua experiência de vida. Existem palavras na língua portuguesa usual ou culta, que não assumem o mesmo significado para surdos. Organizei recentemente um processo de seleção para surdos em que uma das perguntas era esta: "Qual a sua melhor qualidade?" Nenhum soube responder. Então mudamos a pergunta: "O que você faz de bom?" Então eles entenderam e responderam. A palavra qualidade, para os surdos, em geral, representa um conceito abstrato demais. Esses são casos que exigem a presença de alguém para traduzir perguntas que possam ficar incompreendidas. Pode ser um intérprete externo, uma psicóloga ou alguém do RH, sempre alguém isento.

Uma alternativa é colocar todo mundo numa sala e realizar um mini treinamento, explicar cada pergunta, dirimir eventuais faltas de compreensão com linguagem mais simples e direta, e depois cada qual tratará individualmente de cumprir a sua avaliação conforme as regras postas. Por exemplo, em vez de perguntar o que o avaliador acha do seu gestor, mudar para: "O que você acha Do José, que é o seu chefe? Ele é bom, ruim, médio, ele fala bem alto e muito sério com você e pouco te escuta ou ele conversa tranquilamente com você e ouve o que você quer dizer?"

Porém, por mais importantes que sejam essas adaptações para a avaliação de profissionais com deficiência, infelizmente, nunca vi serem feitas.

Por causa disso, costumam aparecer respostas em branco ou erradas por falta de entendimento de algumas questões. Pelo menos na minha experiência, jamais soube de formulários adaptados para braile tampouco estudos preliminares em grupo para pessoas com deficiência intelectual. Os resultados podem ser insatisfatórios tanto para os empregados quanto para os gestores e a empresa. Imaginem uma empresa que teve uma avaliação ruim de uma equipe inteira, porque foi mal feita ou mal cuidada, as decisões posteriores podem ser absolutamente equivocadas, incoerentes e até injustas. Infelizmente as empresas brasileiras não dão o devido valor a esse item. E, apesar de serem alternativas simples, muitas equipes de RH não as encontram.

Pode ser, para uma parte dos profissionais com deficiência, a primeira chance de compreender exatamente quais são as suas dificuldades profissionais, e dali por diante, com o feedback, poderá saber para onde ir e que caminhos seguir. Às vezes, o profissional com deficiência não sabe o que tem que fazer para avançar na carreira. Na avaliação, percebe que estão olhando para ele, instruindo a respeito do que deve fazer para progredir.

O PAPEL DO GESTOR NO PROCESSO DE AVALIAÇÃO DE PROFISSIONAIS COM DEFICIÊNCIA

Eu desenvolvi um jogo de tabuleiro e o utilizo nas empresas como uma ferramenta de apoio ao processo de Neoinclusão.

Uma das cartas desse jogo é sobre avaliação de desempenho. O texto, na carta, diz isto: "A avaliação de desempenho tem que ser diferenciada para profissionais com deficiência." O participante tem que dizer se concorda ou discorda e por quê. Quase nunca ocorre o consenso. Alguns dizem que a avaliação tem que seguir os mesmos moldes para pessoas de mesmo cargo e de mesmo nível. Outros dizem que a avaliação tem que ser diferente, com uma régua menor, menos exigente, porque a pessoa tem "problemas", por isso não pode ser tratada igualmente.

Quem assume essa última postura, de modo geral, são pessoas da área de Humanas, ou são colegas de trabalho ou quem tem na família casos de deficiência, adotando assim uma postura movida pelo afeto. E existe, ainda, o gestor que adota o modo de pensar o profissional com deficiência como "café com leite".

Nada disso. Na hora da avaliação de desempenho, não se deve fazer qualquer diferenciação entre profissionais com e sem deficiência. Portar-se assim é reforçar o preconceito, agindo como todos que pensam que se deve tratar o profissional com deficiência com tolerância em relação aos demais empregados. Isso é comum na comunidade, na própria empresa que ainda está engatinhando nesse assunto. O que resulta disso é que o colaborador com deficiência e a empresa demoram para identificar as suas necessidades de melhoria e consequentemente suas oportunidades de evolução. Um efeito colateral é a estagnação na carreira, fato que tenho observado com muita frequência em minhas consultorias.

Costumo interferir nesse ponto da discussão, para afirmar que, se é desejada uma avaliação igualitária, no conteúdo ela deve ser totalmente igual para todo mundo, mas a forma e o método de avaliação de pessoas com deficiência podem ser diferentes, caso necessário. Por exemplo: apoio de intérprete de Libras e psicólogo, mais tempo para essas pessoas entenderem o conteúdo das avaliações etc. Minimizar as exigências por conta da deficiência não é correto.

Atitudes assim não incluem — ao contrário, cristalizam uma ideia de incapacidade daquele profissional.

É extremamente importante e decisivo que o gestor tenha clareza do papel dessa avaliação, do que se espera do avaliado nesse processo, e de passar para a equipe como lidar com essa pessoa. O gestor deve informar que todos da equipe precisam ser avaliados normalmente, e que a avaliação deve ser feita sobre o trabalho, o relacionamento, as competências desejadas, pensando que isso é para o bem do profissional, para o seu crescimento e desenvolvimento.

Se ele está errando, precisa saber onde está errando. Depois do resultado, se há necessidade de premiação ou de ações de aprimoramento, isso fica a cargo do gestor, mas tudo feito de maneira muito fundamentada. Sem condescendência, mas também sem exigência exagerada, levando em conta as limitações que a deficiência pode colocar, principalmente em termos de comunicação. Se um surdo não se comunica fluentemente com a equipe e com o gestor, o problema certamente não é somente dele, mas dos colegas que não se prepararam para entender a linguagem de sinais, e da empresa que não contratou um intérprete para reuniões de equipe ou para feedback.

Além disso, como recomenda o IBC, é importante que após a conversa com o colaborador, seja feito um acompanhamento de seu desempenho pelo gestor, para observar se estão acontecendo as mudanças que se espera dele, se está desenvolvendo as competências definidas pela empresa, ou se ainda serão necessários ajustes, para que ele atenda, e supere, às expectativas da organização com relação ao seu trabalho.

Entretanto, ocorrem casos em que o gestor que defende avaliação igualitária para todos os funcionários se aproveita dessa argumentação para desligar um profissional com deficiência com quem não sabe lidar ou de quem simplesmente não gosta. Embora injustos, esses acontecimentos pertencem ao mundo corporativo.

De todo modo, em se tratando da Neoinclusão, recomenda-se que o conteúdo das avaliações seja igual para todos os profissionais, respeitadas as formas de aplicação adequadas para profissionais com deficiência.

A PÓS-AVALIAÇÃO

Os resultados das avaliações classificam as pessoas em categorias. Numa empresa que atendi, a categoria mais alta era "talento". São pessoas consideradas especialmente aptas para se desenvolver e ser promovidas, e essas recebem prioridade em cursos de capacitação e treinamento. Há mais duas categorias, sendo uma relativa aos profissionais tidos como regulares ("observação"), e uma terceira que reúne os profissionais avaliados com várias restrições profissionais ("insatisfatório") e que correm o risco de serem desligados.

Em algumas empresas, predominantemente multinacionais, a atribuição de notas de avaliação também se reflete em recebimento ou não de bônus no fim do ano.

A empresa que quer manter um programa de inclusão de profissionais com deficiência deve aproveitar o momento da avaliação para incentivar a evolução desses profissionais. Se não o fizer, poderá restringir o crescimento de um empregado com potencial e alimentar um ciclo de estagnação prejudicando seu desenvolvimento. No momento da comunicação do resultado da avaliação ao profissional, que deveria ser feita em conjunto com alguém do RH e com o gestor, será entregue a ele uma lista das metas a serem cumpridas para que sejam avaliadas no ano seguinte.

Para o gestor, no momento de comunicar ao profissional com deficiência o resultado da avaliação, o primeiro cuidado é se fazer entender.

Em certos casos, a depender do tipo de deficiência, é necessário traduzir o formulário do feedback para demonstrar exatamente o que significa. Ele tem que aferir esse entendimento, seja por meio de intérprete, seja por meio das respostas que o colaborador dará durante a conversa. E precisa explicar em que a avaliação vai implicar e qual vai ser o futuro do profissional com deficiência na empresa, deixando claras quais são as expectativas em relação a ele.

Como pedagoga, enxergo uma estreita relação entre gestor e subordinado, muito semelhante à relação de professor e aluno.

PONTOS PARA REFLEXÃO

O ponto essencial é que o gestor se comporte de maneira justa.

Isso é difícil de mensurar na hora da comunicação, por isso é um trabalho que tem que ser realizado antes, no momento da preparação da avaliação. Essa preparação pode evitar que certos gestores aproveitem o momento da comunicação para se livrar de um profissional com o qual não conseguem lidar, seja ele com deficiência ou não, mesmo que seja um bom profissional. O RH precisa ficar atento a esse feedback, e comparar a avaliação do gestor com a avaliação dos pares. Se o gestor reclama de entregas e de falta de compromisso e os pares ao mesmo tempo afirmam que o profissional é ágil, competente e solícito, algo está incoerente. O RH também deve verificar se o profissional com deficiência está satisfeito com a sua própria produção e rendimento, mas aponta restrições em relação ao gestor, como atitudes de exclusão, de falta de paciência, de não dedicar tempo para conversar. É importante perceber se o profissional com deficiência indica dificuldades no ambiente de trabalho que possam afetar seu desempenho, sejam elas barreiras físicas ou comportamentos excludentes.

Conheço casos onde fica nítido o desconforto dos gestores com os profissionais com deficiência. Não sabiam como lidar com eles, sempre criticando-os, e é lógico que isso se reflete na avaliação. Aliás, o ano todo do colaborador se reflete na avaliação.

O importante é que seja realizada uma boa preparação para que o gestor se comporte com o profissional com deficiência como se comporta com todos os outros. Evidentemente podem ocorrer protecionismos, preferências, porque afinal estamos falando de pessoas, com todos os defeitos e qualidades humanas. Claro que essas atitudes não são justas, mas existem. Mas tudo depende da característica e cultura da empresa e de como atua em relação ao seu código de ética e faz o monitoramento das ações dos seus empregados e gestores.

Porém, essas atitudes motivadas por predileções ou por vínculos são diferentes de uma perseguição por discriminação. Gestor e empregado podem não ter afinidade ou sequer simpatia, mas se trabalham direito, e fazem as entregas requeridas, não há razões para serem mal avaliados um pelo outro. No entanto, o gestor ou o colega que forçam avaliações negativas porque não apreciam o colaborador e querem prejudicá-lo, isso sim é crime previsto inclusive na LBI como discriminação. Entretanto, é muito tênue a linha que difere uma coisa da outra.

Principalmente quando a avaliação é feita em sistema eletrônico, que normalmente não disponibiliza um campo para comentários. As perguntas são objetivas e o avaliador tem que escolher uma entre as alternativas apresentadas. Considera-se que, se o empregado tem questões mal resolvidas com o gestor, ou vice-versa, deve trabalhar para eliminar os atritos, e durante a avaliação não é o momento de fazer isso. Ao longo do feedback, pode ser a hora de tentar acertar as diferenças pessoais ou profissionais existentes. O gestor pode levantar pontos de melhoria, como a falta de entusiasmo do empregado de interagir com a equipe, mencionando que o colaborador fica retraído e se isola. O empregado, por sua vez, pode ponderar que se sente excluído, que não costuma ser convidado para almoçar com os colegas ou não é chamado para confraternizações da equipe.

Não devemos generalizar, mas os fatos revelam que as pessoas com deficiência são mais inseguras no mercado de trabalho. Podem apresentar menor autoconfiança, porque começam a trabalhar mais tarde e têm pouca experiência profissional, às vezes sentem-se pouco apreciadas por um ou outro colega e até mesmo pelo gestor e pela empresa. Por outro lado, há profissionais com deficiência que encaram a avaliação com tranquilidade, porque imaginam que a cota lhes dá garantia.

Há um meio termo entre esses dois extremos: o profissional com deficiência é responsável pelo seu próprio desenvolvimento. Por isso, deve pedir ao gestor que lhe proporcione as condições necessárias para evoluir e isso deve estar refletido em sua avaliação de desempenho. Por outro lado, o profissional com deficiência não pode se acomodar com a ideia equivocada de que não pode ser cobrado pelo seu desempenho e que, no limite, não pode ser demitido. A ideia de inclusão não impede a avaliação profissional e a Lei de Cotas não impede o desligamento.

Abordaremos estratégias de treinamento pessoais e profissionais para o desenvolvimento dos colaboradores com deficiência no capítulo seguinte.

Estratégias de treinamento e desenvolvimento

Os cursos e treinamentos corporativos direcionados para colaboradores, seja por meio de um fornecedor contratado, ou por meio próprio da companhia, requerem muita atenção para ser um investimento que ofereça retorno para a empresa com a realização de uma aprendizagem eficaz de seus empregados.

Este capítulo que estamos iniciando é muito importante porque trata de um assunto que tem várias implicações no desenvolvimento dos colaboradores enquanto profissionais e até como pessoas. Às vezes, dentro das empresas, existem treinamentos para ambos os focos. Os treinamentos são divisores de águas, porque implicam na melhoria da produtividade e na qualidade das entregas do colaborador, assim como são valiosos para o desenvolvimento de sua carreira. As empresas acreditam na melhoria contínua dos seus empregados e costumam ser exigidas pelo ambiente competitivo, no qual estão inseridas, a oferecerem os treinamentos em função também da evolução das tecnologias.

No momento em que escrevo este livro, estou atendendo uma empresa que está num processo de contratação de mais de 40 vagas para profissionais com deficiência na produção. Um outro setor para o qual a empresa poderia destinar parte dessas vagas seria o almoxarifado. Até pouco tempo atrás, o almoxarifado era responsável pela distribuição dos EPIs — Equipamentos de Proteção Individual — para mais de 800 empregados em sua planta, e também para visitantes e fornecedores. E era uma rotina intensa, porque havia sempre necessidade de substituição de óculos de segurança quebrado, uma botina ou luva rasgada, capacete com prazo de validade vencido etc. Mas, com as inovações tecnológicas, a companhia adquiriu um equipamento moderno, no qual basta o empregado passar o crachá para receber um kit completo de EPI. Com isso, ao mesmo tempo diminuiu a equipe de infraestrutura, sem fechar vagas porque empregados foram aproveitados em outras áreas, quem permaneceu no almoxarifado foi treinado para lidar com esse novo equipamento. Portanto, foi necessário um novo treinamento para a equipe. Este é um exemplo de como esse processo de evolução da tecnologia na cadeia produtiva, principalmente nas indústrias, requer uma atualização constante dos empregados. As empresas estão sempre buscando estar à frente dos concorrentes, diante das inovações, para não perder mercado.

Como mencionei no capítulo anterior, a grande maioria das empresas conta com uma área específica de educação corporativa. A nomenclatura e as estruturas podem ser diferentes, mas todas as empresas, atualmente, possuem essa área educacional. Mas é preciso que seja prevista e disponibilizada uma estrutura adequada para todos os colaboradores. Não pode haver um treinamento sem material em braile ou digital para cegos, sem intérpretes de Libras para surdos, ou sem estrutura física de acesso para pessoas com deficiência de locomoção.

O treinamento que inclui profissionais com deficiência tem semelhanças com o dia a dia de trabalho, mas deve ser cuidado com um pouco mais de atenção porque o colaborador com deficiência estará num momento de aprendizagem. Então, qualquer dificuldade que encontre vai atrapalhar esse processo, porque ele deve estar com a atenção toda voltada para o treinamento.

TREINAMENTOS PARA PROFISSIONAIS COM DEFICIÊNCIA

O treinamento está ligado de maneira direta com o que foi tratado no capítulo anterior, de avaliação de desempenho, porque a partir da avaliação que o profissional faz de si mesmo, e de como foi avaliado pelo seu chefe e colegas, ele toma consciência de tudo aquilo que precisa fazer para melhorar. Então, junto com seu gestor, será definido o treinamento que lhe permita evoluir em sua carreira e ao mesmo tempo atender ao que se espera dele em termos de resultados para a empresa.

A empresa também deve estar aberta às possíveis especificidades para o progresso dos seus profissionais com deficiência.

É central, no conceito de Neoinclusão, que o profissional com deficiência tenha responsabilidade sobre a sua carreira e pelo seu desenvolvimento, sempre em conjunto com a responsabilidade da empresa, sempre no atendimento das necessidades que ele identificou para o seu próprio desenvolvimento.

E não podemos esquecer que os treinamentos oferecidos devem ser realizados em ambientes acessíveis e contar com materiais e equipamentos que permitam a plena participação de profissionais com qualquer tipo de deficiência. Atualmente, existem tecnologias que permitem a transmissão de conteúdos de forma acessível a todos os tipos de limitação.

Normalmente, o que vejo é que o RH tem a máxima atenção ao exigir, das empresas terceirizadas especializadas em educação corporativa, as condições ideais, ou as mais próximas do ideal, para atendimento dos seus empregados com deficiência. O setor expõe todas as necessidades, esclarece qual é o perfil do público, depois cobra qualidade e faz bem em tomar essa atitude. Posteriormente ao treinamento, faz a avaliação por meio de entrevistas com os alunos. Segue todo o protocolo e costuma fazer muito bem.

Mas, e às vezes existe o "mas", quando o treinamento é de responsabilidade do próprio RH, nem sempre o cuidado é tão precioso. É triste expor isso, mas é o que verifico acontecer em muitas empresas.

A cada ano, uma nova avaliação de desempenho vai aferir se o treinamento surtiu efeito para o desenvolvimento do empregado, para verificar a necessidade de ajustes do treinamento ou do próprio empregado. Cabe também ao colaborador desenvolver certas competências comportamentais, como capacidade de decidir, trabalho em equipe, equilíbrio emocional, dentre outras, não somente por meio de um treinamento formal, mas desenvolvê-las a partir de feedback e experiência na prática.

Em relação ao custo, não há alteração, mesmo porque, o fornecedor não poderá acrescer ao valor do treinamento as adaptações que tiver que fazer para alunos com deficiência, mesmo que precise colocar um monitor à disposição. Isso está previsto em lei. Na negociação de valores de um treinamento, a empresa avisa que mandará, digamos, dez alunos, e entre eles um que precise de atendimento adaptado. Esse fornecedor aplicará valores iguais de treinamento para todos os alunos.

Iniciativas pessoais

A escolha dos empregados para cursos e treinamentos depende do resultado da avaliação de desempenho e do volume de recursos previstos em orçamento *versus* demanda mapeada de colaboradores a serem contemplados. A quantidade de vagas oferecidas para cursos vai depender do limite previsto em orçamento; quem vai decidir quais empregados serão selecionados e quais treinamentos serão escolhidos naquele ano é o gestor. Dependendo da avaliação de desempenho, o empregado ganhará o treinamento como uma espécie de bônus ou não será incluído na lista dos contemplados.

Cada gestor, depois da avaliação de desempenho, procura o profissional de RH designado para atendê-lo, e juntos elaboram o LNT — Levantamento de Necessidades de Treinamento. O gestor pode apontar que determinado colaborador tem dificuldades de comunicação, e o RH pode propor um curso de oratória ou de comunicação. O RH possui um pool de fornecedores para cada necessidade de treinamento e sugere esta ou aquela solução ao gestor. Sempre há essa troca entre o RH e o gestor.

Também há os treinamentos gratuitos, que a própria pessoa vai ter que buscar e realizar. São várias alternativas, entre elas solicitar da empresa bolsas de estudos, totais ou parciais, para faculdades, técnicos, de línguas ou treinamentos específicos (que ficam numa rubrica especial do RH, de cursos já comprados), e até mesmo cursos online gratuitos.

Nesse caso, o resultado da avaliação de desempenho também deve ser levado em conta. Mesmo que não seja contemplado pela empresa, o profissional com deficiência precisa exercer seu protagonismo, gerenciar sua própria carreira, tendo clareza de seus gaps e dos caminhos a seguir para melhorar suas competências comportamentais, como capacidade de decidir, trabalho em equipe, equilíbrio emocional, dentre outras, em busca de seu aprimoramento contínuo como profissional e como pessoa.

Treinamento se caracteriza por pequenas ações, com começo, meio e fim, para gerar o desenvolvimento. O desenvolvimento, conforme a minha concepção, compreende a absorção de conteúdos e aplicação prática, tanto nas competências profissionais quanto nas pessoais. É constante e permanente, mesmo que não seja subsidiado pela empresa. O profissional pode se manter em desenvolvimento por esforço próprio, por experimentação na prática de todo dia, por estudo, por leituras, por aprendizado com companheiros mais experientes etc.

Mundo real

Pela minha experiência, observo que a oferta de treinamento para pessoas com deficiência costuma ser mais democrática do que as contratações, promoções e premiações. Isso porque o treinamento é visto como necessário para o desempenho das tarefas atuais ou novas.

Porém, quando o gestor nutre algum nível de preconceito, tem algum problema com o colaborador com deficiência ou não se interessa por ele, vai priorizar, com os melhores cursos, as pessoas que já está visando para uma promoção ou substituição.

É a chamada barreira atitudinal, ou seja, nascida da atitude do gestor e só superada com a mudança da cultura organizacional.

Nesse sentido, seria importante pensar na possibilidade de ser oferecido a todos os empregados, de todos os níveis, um curso sobre inclusão para que, ainda que de forma inicial, haja um alinhamento conceitual sobre as diversas deficiências e a própria política da empresa.

Treinamentos corporativos próprios

Muitas empresas, principalmente as de grande porte — e geralmente as multinacionais —, contam com suas próprias áreas de treinamento, como as universidades corporativas. Conheço pessoalmente quatro empresas que possuem estrutura para educação, com auditórios para palestras, salas de aula, cursos de e-learning, EAD — Educação a Distância — e laboratórios de informática. Há empresas que vão além, com laboratórios práticos. Nesse caso, contam com colaboradores que atuam como educadores internos, profissionais mais experientes que compartilham conhecimento prático com os colegas. Eventualmente, esses monitores atuam tão bem que passam a exercer função exclusivamente de educadores. Esses educadores internos precisam ser preparados para oferecer treinamento para colegas com deficiência.

Esta é uma outra novidade que estou propondo neste livro. Jamais vi essa preparação de facilitadores para educação de profissionais com deficiência em qualquer empresa.

O que existe é que esse educador, em geral um profissional sênior, muito bem experimentado na área, antes de fazer essa transição do operacional e se dedicar somente à educação, adquire uma formação para conseguir didática suficiente para ensinar o que sabe. Chama-se formação de educador corporativo.

Nessa formação, o facilitador conhece técnicas de comunicação, metodologia, feedback e atitudes a serem tomadas diante de uma turma com múltiplas características — por exemplo: falar sempre de frente para a classe, pronunciar as palavras com clareza e adequar a linguagem para permitir compreensão geral. É uma preparação que diz respeito à forma, porque o conteúdo esse facilitador domina. Vale muito a pena as empresas pensarem, neste momento em que vão comprar ou estruturar um curso para os seus educadores, em solicitar do fornecedor ou dos desenvolvedores que incorporem uma alternativa de formação para inclusão. Não conheço nenhuma iniciativa neste sentido.

Nessa formação seriam inseridas noções sobre tipos de deficiência, as especificidades de cada uma e as melhores ideias para interação. Por isso proponho que, em todo treinamento, além de preparar os facilitadores sobre como estruturar a metodologia, como fazer a avaliação de um curso e como se comunicar com o aluno, também tenha um módulo de preparação sobre inclusão.

MELHORES PRÁTICAS DE TREINAMENTO PARA PROFISSIONAIS COM DEFICIÊNCIA

Falando mais como pedagoga do que como especialista em inclusão, é sabido que todo treinamento que consegue conjugar teoria e prática costuma ser mais eficiente. A aprendizagem e a fixação das informações são superiores, e isso é cientificamente comprovado. A andragogia, que é o nome dado ao processo de ensino-aprendizagem de adultos.

Há algumas deficiências que exigem práticas de ensino bem mais concretas do que outras. É o caso de cegos, por exemplo, que têm dificuldade em abstrair conceitos. Para um treinamento com cegos, podem ser usadas maquetes, texturas, objetos customizados ou verdadeiros para a pessoa conhecer, tocar e entender, para que sinta e verifique, pelo tato, aquilo que, apenas pela descrição feita pelo professor, é impossível que compreenda. E, além disso, conhecer o produto final e o equipamento pessoalmente também é uma ótima didática. O educador pode promover uma visita guiada na linha de produção com toda a turma em um momento que esteja desativada.

O mesmo ocorre em atividades de campo, com profissionais com deficiência. Precisa ser montada uma situação que permita ao aluno, seja qual for sua deficiência e condição, participar de todas as atividades. Por exemplo, eu já entrei numa cesta aérea de caminhão. Colocaram um banquinho dentro da cesta e subi até o alto do poste para conhecer na prática, pois eu era da educação corporativa e precisava entender o processo para auxiliar na montagem de uma metodologia de um curso.

Eu não aproveitei muito porque subi e desci de olhos fechados, mas ficou para mim a certeza de que é possível aproveitar um profissional com deficiência até mesmo em situações extremas de trabalho, caso pensemos de maneira estratégica, criativa e prática. Eu também já entrei em Casa de Fumaça, por coordenar o treinamento da brigada de incêndio e precisava entender melhor os procedimentos de segurança, conhecer os fornecedores de equipamento etc. de maneira bem protocolar: fiz a inscrição, informei das minhas necessidades, fizeram a adaptação, coloquei os paramentos e participei do treinamento, inclusive apaguei um foco de fogo.

Como se vê, não é tão difícil realizar treinamentos que atendam às peculiaridades de treinandos com deficiência. Soluções simples e criativas, na maioria das vezes, são suficientes para que todos possam cumprir os objetivos dos cursos e treinamentos

ALGUMAS DIFICULDADES DO RH

Creio que o RH esbarra primeiro na dificuldade de encontrar bons fornecedores para os treinamentos, que consigam apresentar adequação de seu conteúdo e sua metodologia para diferentes deficiências que existem dentro da empresa. Eventualmente, os treinamentos podem ficar aquém do esperado, em função de falhas de fornecedores. Nas grandes empresas, porém, essas surpresas não costumam acontecer, porque os fornecedores são selecionados com muito cuidado e testados antes de prestar o serviço.

Pode acontecer que, ao enviar um grupo para treinamento externo, a equipe de RH da empresa esqueça de avisar que um dos alunos seja uma pessoa com deficiência.

Um desvio que já vi ocorrer foi dar um treinamento medíocre, apenas para cumprir as tarefas previstas no planejamento da execução do LNT por causa da dificuldade que as adaptações impunham ou por falta de recursos humanos para o ministrar. É um erro grave que qualquer RH deve se recusar a cometer. Dizer que não vai mandar um profissional com deficiência intelectual para um treinamento porque acha "que ele não vai entender mesmo..." é falacioso, preconceituoso e uma atitude de comodismo. Ele é capaz, do contrário não estaria trabalhando na empresa, concorda, leitor? Que se procure, então, um treinamento de que esse profissional possa participar de acordo com suas potencialidades.

Vou repetir: não podemos lidar com a questão do treinamento e do desenvolvimento da pessoa com deficiência de maneira diferenciada só por causa da deficiência. O RH e a empresa têm que entender a importância de desenvolver aquele colaborador que a própria empresa decidiu contratar porque viu nele competências, potencialidades e habilidades para agregar valor aos negócios com seu trabalho.

EXPERIÊNCIAS

Participei de um curso, há alguns anos, como observadora. Era um curso de médio prazo e eu queria analisar o conteúdo, a metodologia de aplicação, o ambiente e as iniciativas daquele fornecedor. Cheguei à sala de treinamento e verifiquei que havia um surdo, entre os 20 alunos. Aliás, tenho encontrado um contingente mais numeroso de surdos em empresas; tenho a impressão de que a discriminação e o estranhamento contra eles diminuíram — até por causa da Libras — e ao mesmo tempo eles estão se integrando mais por conta da tecnologia. Mas voltemos ao curso.

No momento em que cheguei, a aula já estava sendo iniciada. O monitor foi para a frente da sala, num pequeno palco, utilizou projetor e o telão, e a aula seguiu. O surdo estava sentado em meio aos outros alunos, e o intérprete sentado ao lado dele, interpretando, fazendo a tradução do que o monitor dizia. No entanto, o surdo só olhava para o intérprete. Nesse quadro, qual o problema que identifico? O surdo e o seu intérprete poderiam estar conversando sobre qualquer coisa, futebol, filme, amenidades, menos a respeito do curso, já que nem olhavam para as imagens exibidas.

A postura de todos os envolvidos no processo de aprendizagem estava incorreta. A maneira indicada para interpretação em Libras é o intérprete ficar em pé ao lado do professor ou do telão, porque toda a linguagem corporal e a fisionomia do professor e do intérprete é que vão garantir o entendimento do surdo. Por sua vez, o surdo estaria olhando para o conteúdo e para o intérprete ao mesmo tempo. A maneira como se portavam, conversando apenas entre si, caracterizava um atendimento não inclusivo (aliás exclusivo, porque a aula do intérprete estava sendo dada exclusivamente para seu aluno). Enquanto o professor dava aula para todos os outros, menos para ele.

Também tive experiências muito felizes. Fui fazer uma formação para educadores. A empresa já tinha avisado que eu era cadeirante. Apesar de a questão de acessibilidade, naquela época, ainda não estar bem disseminada entre as empresas, cheguei ao local com todos os caminhos acessíveis e a equipe havia reservado espaço na frente do prédio para que eu estacionasse meu carro. Pensaram em dinâmicas adaptadas — numa delas, em vez de fazer uma roda no chão, fizeram com que todos realizassem a dinâmica em cima da mesa, o que facilitou minha participação e teve o mesmo efeito para todo mundo. Adaptaram todas as dinâmicas, preocupando-se em não me deixar fora de nenhuma. Além disso, atenderam a todas as minhas solicitações e me ajudaram quando precisei. Não me senti excluída. Participei das atividades com, e como, os demais participantes. O treinamento não foi de um dia só, portanto, pude verificar uma constância na preocupação e preparação deles para comigo. Foi uma ótima experiência.

O PROFISSIONAL COM DEFICIÊNCIA PODE CONTRIBUIR COM O SEU PRÓPRIO TREINAMENTO

Por isso é essencial que a pessoa com deficiência se manifeste, seja proativa, apresente sugestões que melhorem as condições do treinamento que, eventualmente, dificultem ou impeçam sua participação efetiva, porque, afinal, é ela quem não vai se sentir confortável e vai enfrentar problemas durante o treinamento. A inclusão também é papel do profissional com deficiência. Ele é quem sabe de sua condição, ele é quem sabe como fazer da maneira mais fácil, mais rápida, melhor. Vejo casos muito próximos de treinamentos em que os organizadores ficam quebrando a cabeça para resolver uma dinâmica que deve ser feita no chão. Basta perguntar ao aluno com deficiência como ele prefere — e muitas vezes é bem tranquilo para ele passar para o chão, sentado numa almofada, e cumprir a dinâmica como todos os outros. Caso contrário, a dinâmica deve ser adaptada e a pessoa com deficiência pode ajudar os instrutores a fazê-lo.

Em suma, o necessário é ter comunicação e clareza de ambas as partes. Isso vai resultar em corresponsabilidade e em coparticipação. Essa é a Neoinclusão.

ESTRATÉGIAS DE TREINAMENTO

Uma parte significativa dos profissionais com deficiência não conta com um curso superior e a porta de entrada para eles nas empresas são os cargos administrativos e operacionais de baixa complexidade, uma vez que não exigem curso universitário ou qualificação formal específica.

Assim, uma boa estratégia do RH para promover o desenvolvimento dos profissionais com deficiência é a oferta de bolsas de estudo para ensino superior, que podem ser um impulso, um incentivo muito importante em sua carreira profissional. Isso vai ser bom para o currículo dele, para o seu desenvolvimento, desempenho e crescimento dentro da empresa, ampliação de conteúdo, de repertório e de interação.

Entretanto, não podemos esquecer a importância do curso técnico, que no geral também atende muito bem às expectativas das empresas e ao conhecimento que o profissional precisa naquele momento. Por isso, muitas vezes o curso técnico, dependendo do cargo, da empresa e do segmento do negócio, pode ser até mais prioritário.

A má formação da pessoa com deficiência é uma realidade do nosso país, pela dificuldade de acesso. A situação cria um círculo vicioso: quem não tem boa formação enfrenta dificuldade para conseguir emprego. E, sem emprego, a pessoa não consegue se desenvolver. Quem pode quebrar esse círculo? As empresas.

Em segundo lugar, na prática, as principais necessidades de treinamento para profissionais com deficiência, além do curso superior, são ferramentas de informática, como Excel avançado e Word, conhecimento na operação de e-mail, assim como ferramentas profissionais, como softwares de operação de máquinas e, finalmente, inglês. Tudo isso pode ser oferecido como curso in company, de pequena ou média duração. E não se excluem os treinamentos para desenvolver competências de comunicação, gerenciamento de tempo e administração de conflitos etc.

E não podemos nos esquecer de um treinamento que já foi mencionado neste livro, que é a mentoria. Os critérios para um profissional ser um mentor são os seguintes: ser altamente experiente, ter domínio sobre a área da qual vai falar, conhecer os meandros da empresa em detalhe, sem importar se tem mais ou menos idade. O importante é que conheça a área, a empresa, o negócio, os processos, e se comunique bem. Além disso, precisa ter disponibilidade e ser uma pessoa de mente aberta. Para o profissional com deficiência, ter um mentor é reconhecer que a empresa o está apoiando, é poder criar vínculo com uma pessoa mais experiente com quem pode conversar sobre as condições de trabalho, suas limitações e possibilidades.

Coaching é uma alternativa de desenvolvimento que pode ser utilizada para profissionais da empresa, com ou sem deficiência.

Há uma tendência à generalização que até faz algum sentido, de que os profissionais com deficiência são mais retraídos, acanhados, evitam se expor e se colocar. Para contornar esse impedimento pessoal, por que não oferecer um curso de teatro ou expressão verbal? Eu mesma já fiz um curso de *clown* (tipo de palhaço de cara branca que se comunica com mímica), que foi muito útil para ajudar a me apresentar em público.

Todas essas necessidades são comuns aos empregados em geral, com ou sem deficiência, mas o acesso para quem tem deficiência é mais difícil. Se a empresa fizer esse papel de facilitadora e motivadora, fará toda a diferença para a evolução funcional das pessoas.

Existe uma oportunidade de desenvolvimento que não exige curso ou treinamento de qualquer espécie: uma conversa periódica com o gestor. Um bom gestor pode agregar muito valor ao desenvolvimento dos membros de sua equipe por meio de feedbacks voltados a melhora de competências comportamentais e técnicas de cada um.

E, para que o gestor tenha conteúdo para esses feedbacks, um ponto importante é o monitoramento desses treinamentos versus evolução do profissional. É necessário que sejam estabelecidos prazos. No mínimo dentro do ano que antecede a avaliação de desempenho seguinte, os empregados deverão ter cumprido os treinamentos definidos no seu PDI. Para cada empregado, o RH mantém uma ficha que recebe o nome de PDI, e que acompanha a sua avaliação de desempenho. Ele é criado pelo empregado e pelo gestor, em conjunto, ambos ficam com uma cópia.

O PDI é idêntico para profissionais com e sem deficiência, no conteúdo. Na forma, claro, tem que ter aderência com a necessidade de compreensão e de utilização por aquela pessoa com aquela deficiência.

Na parte 4 deste livro, que se segue, vamos trabalhar mais detalhadamente as inovações do programa de Neoinclusão que proponho.

PARTE

4

A CONSTRUÇÃO DE UM NOVO MINDSET PARA A TRANSFORMAÇÃO DAS RELAÇÕES ENTRE PROFISSIONAIS COM DEFICIÊNCIA, COLABORADORES SEM DEFICIÊNCIA E LÍDERES NAS EMPRESAS

CAPÍTULO 14   A importância do papel do RH   **185**

CAPÍTULO 15   A atitude dos líderes de equipes e demais colaboradores sem deficiência em relação aos profissionais com deficiência   **197**

CAPÍTULO 16   Por uma nova atitude dos profissionais com deficiência   **211**

CAPÍTULO 17   Como realizar a sensibilização, a conscientização e a educação para a mudança de relações no dia a dia das empresas?   **225**

A IMPORTÂNCIA DO PAPEL DO RH

O RH tem um papel fundamental enquanto grande mediador para que as relações, dentro da proposta da Neoinclusão, ocorram da maneira mais harmoniosa possível. Neste capítulo, vamos nos concentrar na relevância do RH no trato das dinâmicas das relações de trabalho inclusivas, no dia a dia.

O RH é o coração da empresa. O próprio nome já antecipa essa condição: Recursos Humanos, sendo que os funcionários são o principal ativo de uma empresa. Como venho defendendo ao longo do livro, o RH tem um papel fundamental para a boa implementação de um programa como o da Neoinclusão, e também de outros programas direcionados a melhoria do ambiente de trabalho. Os profissionais de RH podem e devem atuar como os grandes protagonistas e facilitadores para que a inclusão aconteça no dia a dia com consistência.

Hoje em dia, procura-se alterar a nomenclatura da área, porque a palavra recurso está ligada a uma visão antiga do uso do capital e tem uma conotação de certo modo ultrapassada. Fala-se em desenvolvimento ou gestão de pessoas, gestão de talentos. Grande parte das empresas está se atualizando, mas ainda percebo que é mais no nome do que na forma de trabalhar. Então, convido os profissionais de recursos humanos (vamos manter esse nome, já que é o mais comum) a fazer uma reflexão sobre o tema da inclusão. Porque o programa de Neoinclusão se propõe a trazer pessoas bem diferentes para dentro da empresa e também uma forma diferente de lidar com elas.

Vamos pensar, então — e eu me coloco dentro do grupo de agentes de recursos humanos —, sobre a forma como olhamos para as pessoas, independentemente de suas diferenças, sejam homens, mulheres, negros, hispânicos, pessoas com alguma deficiência, ou sem deficiência, público LGBT+ etc. Convido todos a fazer um processo de despertar, dentro do próprio RH. Os profissionais dessa área vão lidar com as diferenças de alguma forma, recrutando e selecionando, treinando e desenvolvendo, mediando situações com o gestor, e até desligando pessoas. Todos os empregados da empresa, em algum momento, terão que entrar em contato com essa diversidade existente em seu ambiente. Por isso o RH tem que estar muito seguro de qual é a posição da empresa com relação à Neoinclusão, para poder auxiliar os gestores e a própria empresa nesse caminho.

O RH é o apoio dos gestores na parte prática do andamento da empresa. Resolve dúvidas e auxilia a definir contratações e outras questões porque detém o histórico dos empregados desde o início de seu vínculo com a organização. Mas o RH também terá que lidar com aspectos emocionais dos processos relacionados aos profissionais com deficiência e com os demais profissionais, sejam eles de liderança ou colegas, que receberão essas pessoas. Por isso o RH tem uma responsabilidade muito grande.

Os gestores não têm muito tempo, por causa das demandas de trabalho, e muitas vezes não conseguem se aprofundar tanto na questão da inclusão das pessoas com deficiência. Ou, até, por causa do próprio perfil do gestor, que pode ter algum bloqueio pessoal, receio ou falta de habilidade nesse trato. Portanto, o RH tem que estar pronto para ser esse facilitador, para apoiar os gestores no dia a dia.

Em um livro clássico sobre os papéis do gerente, Henry Mintzberg[1] pesquisou um grupo de altos executivos e, entre suas conclusões, está a constatação de que os gerentes atuais estão sobrecarregados, traba-

---

1 MINTZBERG, Henry. Managing. *Desvendando o Dia a Dia da Gestão*. Porto Alegre: Bookman, 2010. 304 p. Resumidamente, o autor destaca as principais atuações do gerente no tocante à informação: ele é monitor, porque precisa entender o que acontece na empresa e no ambiente, é disseminador porque distribui informações para o público interno e é porta-voz, porque transmite informações de dentro da empresa para o ambiente externo. Quanto aos papéis de decisão: é empreendedor, porque precisa identificar oportunidades de negócio para a empresa, é controlador de distúrbios, porque tem que lidar com crises e conflitos — internos e externos —, é administrador de recursos materiais, financeiros e de pessoas, e é negociador junto a empregados, fornecedores, sindicatos, terceiros e outros.

lhando de 10 a 12 horas por dia, mas que o tempo dedicado ao trabalho efetivo, a projetos do negócio da empresa, quase nunca chega a duas horas por dia — é extremamente escasso. A maior parte do tempo é dedicada a telefonemas, atendimento a sua equipe em busca de orientações, reuniões de última hora, convocações para conversar com o diretor da área etc. Além disso, as crises políticas e econômicas sucessivas às quais as empresas brasileiras estão sendo submetidas nos últimos anos, as obrigaram a reduzir drasticamente o número empregados, e não foi diferente com os cargos gerenciais.

Para atender da melhor maneira os seus clientes internos, o RH deve deixar a empresa organizada para o processo de Neoinclusão, em todos os pontos que já abordamos nos capítulos anteriores: recrutamento e seleção dos melhores candidatos, integração, treinamento, alinhamento, acessibilidade. Tudo para evitar o máximo possível de imprevistos, minimizando problemas para o gestor e para o contratado. É importante que o RH lidere o Comitê de Inclusão, porque assim terá interface com todas as áreas e poderá preparar a empresa para receber essas novas pessoas. Os gestores serão parceiros internos do RH.

O segundo quesito é cuidar para que, no treinamento dos gestores, além de derrubar mitos a respeito das pessoas com deficiência, tragam informações concretas, claras e objetivas, para que eles possam saber lidar com os impedimentos que vierem com a deficiência.

Nessa ação de suporte, é importante que o RH consiga tranquilizar os gestores, mostrando tudo o que mapeou, tudo o que o Comitê planejou, tudo o que foi encaminhado e o que ainda está pendente, no caso de o programa ainda não estar plenamente implementado e funcional. Desse modo, todos vão se sentir mais seguros, sabendo que se algo diferente acontecer, haverá o apoio do RH. Na Neoinclusão, o conceito é de coparticipação e corresponsabilidade, isso é, todo mundo se apoia em todo mundo.

Para o gestor, a equação pode ser complicada, vista como um aumento de demanda de trabalho, diminuição de equipe e novidades — porque as empresas estão se abrindo para a diversidade —, tudo isso traz estranheza, conflitos, dúvidas e inseguranças, especialmente para os novos gestores. Então, o que o RH puder oferecer em termos de preparação, apoio e informação é importante a fim de que se sintam mais respaldados para receber os novos colaboradores, gerenciar suas equipes e fazer seu planejamento.

FIQUE ATENTO!

A equipe de RH não tem condições de acompanhar tudo que se passa na empresa, especialmente em relação ao comportamento dos empregados. Por isso é importante que os gestores, ao observarem uma situação conflitante dentro de sua equipe, que envolva profissionais com deficiência, reportem ao RH, informando também as providências que pretendem tomar ou que já tomaram. Já vi situações de desentendimento entre uma profissional com deficiência e outro profissional sem deficiência se arrastarem por muito tempo, sem que o gestor levasse o caso para o RH — não porque achasse que o problema era pequeno, mas apenas porque não tinha tempo de cruzar agenda com a equipe do RH e dedicar um tempo para sentar e conversar com calma sobre a situação.

É papel do gestor garantir o bom desempenho da sua equipe, e, simultaneamente, assegurar que todos se tratem com respeito e profissionalismo. Portanto, deve priorizar a resolução dessas crises de conflito entre os seus liderados e, se necessário, reportar ao RH. É importante a rapidez para que o problema não comece a envolver mais pessoas e tome proporções maiores. Acontece, às vezes, de o gestor não conseguir dar conta, sozinho, do conflito. Por exemplo, há um colaborador resistente que não consegue de maneira alguma se relacionar com um colega com deficiência; certamente o gestor tentará conversar com esse empregado, mas, não conseguindo resolver, deve solicitar ao RH uma intervenção.

Essa intervenção geralmente é feita por meio de dinâmicas, workshops e outras estratégias de interação e de comunicação, como filmes e discussões sobre temas que tratem do assunto que dá causa ao conflito. A intenção é fazer atividades gerais, orientadas para todo o grupo, assim evitando apontar o dedo para quem está envolvido na crise. Esses, certamente, vão "vestir a carapuça" e perceber o que estarão fazendo de inadequado.

O mais comum é a contratação de prestadores de serviço especializados, consultorias, para conduzir esses trabalhos, garantindo assim maior isenção no tratamento da questão. Outra técnica é uma roda de conversa em que as pessoas escrevam anonimamente suas impressões sobre o tema, que depois serão lidas (sem identificar o autor) e debatidas. O que não se pode é expor as pessoas envolvidas diretamente na situação de conflito, sob risco de acirrar ainda mais o problema, em vez de resolvê-lo.

Acareação nunca!

Sigo sempre, e recomendo, esta máxima: elogiar em público e criticar no privado.

A pior coisa que um gestor pode fazer é acareação entre os conflitantes. Isso nunca deve acontecer! E não funciona também que o gestor fique mandando outras pessoas falarem com o empregado que está agindo mal.

O mais recomendado é tentar resolver pontualmente, conversando reservadamente com a pessoa que está sendo desrespeitosa ou que esteja criando uma situação incômoda, de constrangimento ou resistência. O gestor deve tratar o tema como feedback na sua essência: focar naquele assunto específico. Ser direto e objetivo, dizer ao empregado qual é o posicionamento da empresa diante do modo como está tratando o colega de trabalho, e o que se espera dele. Pontuar ao colaborador que, se ele tem preconceito, medo ou intolerância, deve trabalhar esses sentimentos, sem deixar que isso interfira no seu desempenho profissional e do colega que o incomoda. E, principalmente, não comprometer o bem-estar da equipe.

Bullying na empresa

Existe uma figura que todo mundo conhece. É aquele sujeito que atua profissionalmente de maneira excepcional, entrega os trabalhos no prazo e seus resultados são excelentes, mas, ao mesmo tempo, é uma pessoa tóxica. Faz piadas, ironiza, faz bullying com colegas incluindo aqueles com deficiência. O gestor chama, conversa, lembra o código de conduta da empresa, lembra os valores, mas o comportamento não muda. O gestor, que conhece o papel estratégico desse empregado, não o quer demitir. Então, recorre ao RH.

Um lembrete: todas as situações que envolvam pessoas, devem ser tratadas da maneira mais natural possível. Quero dizer, com isso, que há normas em qualquer empresa sobre como lidar com empregados que praticam discriminação ou bullying, e que podem ir da advertência à demissão. Mas é preciso levar em consideração que comumente existe uma agenda oculta, nas empresas, que prestigia certos profissionais porque são estratégicos ou porque são preferidos e por isso protegidos ou até tolerados. Meu primeiro conselho é que a empresa observe o seu código de ética, valores e decida como se posicionar perante os colaboradores, independentemente da situação, para não dar origem a um caso de discriminação.

Um segundo ponto a observar: no momento em que o gestor vai reportar a situação ao RH, ambos já devem definir uma estratégia única, para não haver disparidade de comportamentos diante do empregado que causou o problema. Essa estratégia pode variar. Ou o gestor tenta falar sozinho com o empregado e, com base na visão e nos valores da empresa, resolver a questão até o fim, ou solicita junto com o RH um trabalho de conscientização e envolvimento pela via de atividades em grupo como dinâmicas e workshops, por exemplo.

Num caso de conflito, jamais o RH poderá passar por cima do gestor, e falar diretamente com o profissional sem a presença do líder. A não ser que o gestor solicite que o RH esteja com ele desde a primeira reunião. Eventualmente, quando o problema já está generalizado e incomoda o grupo todo, o gestor pode propor uma reunião para pedir aos membros da equipe sugestões de como ajudar a resolver a questão — sem, naturalmente, abrir qual é o conflito específico, mas reconhecendo junto ao grupo que algo está causando desconforto na equipe. As ideias mais adequadas serão implementadas, com apoio do RH.

Em situações-limite como essa que estamos comentando, a técnica de promover uma reunião para "lavar roupa suja" não funciona. Pode sair gente machucada, ou acirrar mais ainda os ânimos. Vamos lembrar: inclusão é completamente diferente de enfrentamento.

Cabe ao RH sempre lembrar aos gestores que o seu feedback, em casos de conflito, deve ser individual, com o discurso orientado pelas normas da empresa, e conduzido com a maior naturalidade possível.

EVITAR CONFLITOS

Primeiro ponto: o gestor precisa ser orientado pelo RH a estar atento e observar o que acontece dentro da equipe. Identificada uma situação de conflito entre profissionais com deficiência e os demais, deve procurar os envolvidos e conversar calmamente. Decerto que vai ouvir queixas do tipo: "Eu não gosto dele!", "Ele faz corpo mole porque não pode ser mandado embora", "Não consigo falar com ele", "Ele demora pra entender as coisas!". É preciso pedir paciência, primeiro porque afinidade é uma questão subjetiva, segundo que a demora para compreender pode ser característica de qualquer pessoa, mesmo sem deficiência alguma.

Caso a questão não possa ser resolvida nessa primeira conversa e os problemas continuarem existindo, o RH pode ser chamado a participar de uma segunda reunião, como representante institucional da empresa — desde que o gestor continue à frente. Precisa ficar claro aos empregados que o gestor é quem resolve porque ele é quem tem o comando da equipe e da situação. O RH marca presença para demonstrar apoio institucional ao que o gestor está dizendo ao empregado, pela segunda vez, e para reforçar que, dessa vez, a empresa está oficialmente representada na reunião.

O que não pode acontecer é o gestor terceirizar o conflito, ausentando-se de sua obrigação de líder. Erra o gestor que não assume a responsabilidade e passa o problema para o RH resolver sozinho.

O RH DIANTE DO GESTOR INDIFERENTE

De certa maneira, o RH pode — e deve — atuar, às vezes, como gestor dos líderes, principalmente daqueles que não se posicionam e repassam as tarefas de liderança e de gestão de crises. O RH deve cobrar do gestor o seu papel, esclarecendo que, se ele precisar, a equipe estará sempre à disposição, mas para apoiar a estratégia que ele decidir, e não para resolver a situação no lugar dele.

Também ocorre que muitos gestores não conhecem ferramentas de resolução de conflitos. Por isso, a orientação do RH também deve envolver o esclarecimento sobre técnicas de resolução de conflitos e indicar as alternativas mais racionais de apoio.

O gestor vai escolher a estratégia e decidir em que momento pode precisar de apoio. Caso ele decida fazer uma ação para a equipe toda, é óbvio que o RH vai definir a melhor forma de implementá-la, cuidando de comunicar cada passo. O gestor participará de toda a ação, como mais um membro da equipe, pois sua presença valida a ação. E, evidentemente, é o gestor que terá que dar a mensagem para a equipe: "Por que estamos fazendo isso?" Na dinâmica, na visita, na apresentação de um filme, num debate, o gestor deve esclarecer que a iniciativa é uma exigência da empresa para que a equipe se aprofunde a respeito do tema da inclusão — com calma e confiança, todo mundo vai perceber a intenção da atividade.

O RH DIANTE DO PROFISSIONAL COM DEFICIÊNCIA DESRESPEITADO

Num caso extremo, um profissional com deficiência pode se sentir de tal modo constrangido ou perseguido que ameace o gestor e a empresa de uma ação judicial por discriminação. Nessa situação caberá ao RH interferir diretamente junto a esse profissional, se a ameaça foi à empresa, a resposta deve ser institucional.

Muito recentemente, houve um caso que ganhou a grande mídia e repercutiu muito nas redes sociais. Uma rede de comércio varejista muito expressiva foi multada em 11,3 milhões de reais por discriminação contra pessoas com deficiência. Assédio moral, humilhações e tarefas inadequadas para as condições dos profissionais com deficiência foram relatadas ao Ministério Público do Trabalho.

Uma das testemunhas afirmou que ela e outros colegas com deficiência não conseguiam realizar certas tarefas que eram impostas pelos superiores, por limitações físicas. Em vez de serem transferidos para funções mais adequadas, eram chamados de "preguiçosos".

Um trabalhador surdo contou que era comum os supervisores e colegas de trabalho gritarem, com sarcasmo: "Você é surdo? Não ouve não?" Segundo a testemunha, esse tipo de assédio moral ocorria com mais dois colegas com outras deficiências, constantemente.

Outro, sem treinamento para a função e com deficiência de locomoção, tinha que descer plataformas de descarga sem a ajuda de escadas, o que acabou agravando suas dores.

Para a Procuradoria do Trabalho, o assédio moral era organizacional, e não um fato isolado, e o objetivo seria fazer com que os trabalhadores pedissem demissão.[2]

Como vimos, a empresa não pode se descuidar do relacionamento interpessoal de seus colaboradores, sobretudo no que diz respeito a bullying, conflitos e discriminação, pois o que eventualmente inicia como um enfrentamento do dia a dia, pode tomar proporções maiores

---

2 Informação disponível neste endereço eletrônico: https://exame.abril.com.br/negocios/o--que-o-caso-da-lojas-americanas-ensina-sobre-inclusao-de-pcds/?fbclid=IwAR3Y8BNn-zKplrN4fTuLJAsYWIglDpHzpC3dzvmeAf7ugYk9HsmKVum3AUeE.

e fugir do controle, atingindo a credibilidade da empresa, trazendo inclusive perdas financeiras.

O recomendado ao RH é agir com cautela, no sentido de buscar o apaziguamento e a volta à normalidade, buscando compreender primeiro qual o problema e atuar, junto ao gestor da área em que o profissional reclamante trabalha para encontrar uma solução que não seja radical. Primeiro, uma das pessoas da equipe de RH deve conversar com o reclamante, esclarecendo que o comportamento do qual ele se queixa não é uma posição da empresa, mas uma atitude isolada que será corrigida com a brevidade possível. Deixar claro que a empresa tem o desejo de continuar contando com esse profissional e que não poupará esforços para corrigir qualquer irregularidade, para evitar uma situação mais extremada.

Tudo o que é institucional deve ser corrigido institucionalmente; tudo o que é pontual deve ser resolvido pontualmente.

O ERRO DA SUPERPROTEÇÃO

A superproteção é o inverso do bullying, mas é tão prejudicial quanto. Isso ocorre quando um colega faz tudo para o profissional com deficiência, a ponto de sufocá-lo. Trata-o como uma pessoa incapacitada, às vezes até como se o encarasse como um bichinho de estimação. Quer café? Quer que eu pegue os papéis na impressora? Vou ao banheiro com você. Vou levar você pra almoçar.

Na realidade, esse acúmulo de gentilezas pode acabar se tornando invasivo, porque o profissional com deficiência deve ser autônomo e viver sua vida com as próprias ferramentas, competências e habilidades, e normalmente não gosta desse comportamento. Até porque as pessoas que estão no entorno podem ter uma visão deturpada da situação e achar que ele não está dando conta do seu compromisso profissional e está pedindo ajuda ou incentivando os colegas a fazer as coisas em seu lugar. Quase sempre o gestor percebe quando esse exagero de atenção ocorre.

O caminho de resolução deve ser o mesmo já citado, nos casos de rejeição, exclusão ou bullying. Deve ser inserido no processo apenas o profissional com deficiência envolvido. O gestor deve chamar o colaborador e ouvir dele se está com outra dificuldade além daquelas informadas no processo de recrutamento e seleção. Possivelmente o interpelado vai responder que tudo está adequado para o desempenho dele. Se assim for, o gestor deve, de maneira clara, pontual e objetiva, dizer que tem observado que determinado colega tem feito muitas atividades para ele, tem o ajudado bastante, e perguntar de quem é a iniciativa. Quase sempre, o profissional com deficiência vai dizer que não pede ajuda, a outra pessoa é que insiste e, apesar de se sentir incomodado pela insistência, não sabe como recusar sem magoar ou parecer ofensivo.

Aí cabe uma mentoria ou uma orientação desse gestor para que essa pessoa com deficiência aprenda a lidar com a situação. E, se não funcionar, chamar o superprotetor e dizer, com naturalidade, que ele deve dar mais espaço para o colega, que ele quer demonstrar a sua autonomia e competência profissional e que não consegue porque o tratamento que lhe está sendo dado o faz parecer incompetente ou incapaz de realizar suas tarefas. Mencionar que a situação não fica bem nem para ele nem perante a equipe.

Num cenário como esse, o RH só será acionado se a situação não for resolvida internamente na área.

É de responsabilidade do RH acompanhar as áreas e indagar dos gestores como está indo a inclusão na sua equipe. Isso porque a visão dos gestores faz parte do monitoramento contínuo do programa de Neoinclusão. Alguns gestores podem não estar observando ou prestando atenção, cabe ao RH recomendar que passem a observar melhor. Em resposta às indagações do RH, podem surgir indicações de que algo não está indo tão bem, tanto em relação a eventual constrangimento quanto em relação a eventual superproteção.

O RH deve sempre mapear as indicações e seus alertas — que podem levar a diagnósticos, mesmo que informais. Lembrem-se de que uma das tarefas definidas no Comitê de Inclusão é a avaliação dos resultados.

O RH PACIFICADOR

Atendi duas empresas em São Paulo, e entre as demandas normais (e também as absurdas) de consultoria, como mapeamento de postos de trabalho, sensibilização de gestores, havia o caso de três empregados com deficiência que não queriam ser "enquadrados" na cota. Dois deles tinham deficiência física leve e, outro, visual. Em dado momento, as empresas haviam feito o mapeamento por meio dos exames médicos periódicos e descobriram as deficiências, que não eram imediatamente perceptíveis, por isso eles não foram enquadrados na hora da contratação. Inclusive, numa das empresas, um desses empregados era gestor de uma área.

Vou contar como tratamos um dos casos, porque é ilustrativo para os outros dois. Acionado pelo RH, o gestor chamou o empregado e informou que, por meio do exame, foi constatada a deficiência e, portanto, o estava chamando para assinar o Termo de Anuência. O empregado não conhecia e quis saber o que significava aquele documento. O gestor explicou que servia apenas para enquadrá-lo na cota de profissionais com deficiência. O colaborador simplesmente declarou que não ia assinar, porque não queria que ninguém soubesse que tinha deficiência. E o gestor travou, porque não sabia como lidar com a situação.

E lá se foi o gestor para conversar com o RH. Em nova reunião, foi-lhe explicado que nada mudaria na situação funcional do empregado e que era apenas uma formalidade para ajudar a empresa a se ajustar no tocante à cota; que tudo seria conduzido de maneira confidencial e ninguém ficaria sabendo. Mas aí o estrago já tinha sido feito, por causa da falta de sensibilidade do gestor na abordagem inicial ao empregado. Na verdade, a primeira conversa deveria ter ficado a cargo da área de saúde, que esclareceria as dúvidas, com mais propriedade.

Quando passei a tratar do caso, orientei que não havia maneira de obrigar a assinatura do Termo de Anuência, e que a única alternativa era o convencimento.

Promovi, então, um treinamento para área de RH, área de saúde e gestores. Repassamos tudo o que há na legislação em relação ao referido documento, exames, confidencialidade entre médico e paciente e métodos de abordagem de que os gestores poderiam lançar mão para conversar com os empregados resistentes. Apesar de tudo, nesse caso específico não conseguimos sucesso e o termo não foi assinado. Foi levantada a hipótese de eu conversar com o empregado, já que tenho deficiência também, mas ponderei que cairíamos no mesmo erro apontado neste capítulo, de interferência de uma pessoa externa à empresa, atuando no lugar do gestor. O resultado poderia ser do profissional se sentir coagido e ficar ainda mais incomodado. Enfim, o empregado não assinou e permaneceu fora da cota.

Em outra empresa, foi constatado que havia um gestor e um empregado com deficiência, ambos de áreas diferentes. Conseguimos êxito fazendo o caminho correto: quem chamou o gestor foi o RH, e quem chamou o empregado foi a área de saúde. Tudo foi explicado, detalhadamente e com naturalidade, e os dois assinaram os Termos de Anuência. Claro que surgiram dúvidas, como por exemplo o empregado ter perguntado se, assinando o termo, passaria a ter estabilidade no emprego. Não há estabilidade em razão de deficiência, mas certamente o desligamento é mais raro, porque sempre há a necessidade de preenchimento da cota.

Conflitos extremos entre componentes de equipe são raros, a ponto de exigir a interferência do RH. Isso porque o acompanhamento e mapeamento de situações permite que as equipes de RH atuem preventivamente na maioria dos casos. A inclusão deve ser ponto de pauta das reuniões de líderes de média e alta gerência, de modo que as lideranças já tomem conhecimento das principais questões potencialmente causadoras de conflitos e junto ao RH delineiem estratégias preventivas e resolutivas.

Por isso, o RH deve estar sempre alerta e preparado para situações adversas, em vez de esperar para lidar com a crise. Programar workshops periódicos, implementar uma Semana Anual da Diversidade ou fazer trabalhos de conscientização em datas específicas. Tudo isso serve para trabalhar a inclusão e, consequentemente, prevenção de conflitos e discriminação. O RH deve estar à frente de tudo isso, adiantando-se, com um calendário anual de atividades que permitam monitorar e incentivar o programa de Neoinclusão.

No próximo capítulo, vamos abordar o que a Neoinclusão recomenda que seja a nova atitude dos profissionais com deficiência.

A ATITUDE DOS LÍDERES DE EQUIPES E DEMAIS COLABORADORES SEM DEFICIÊNCIA EM RELAÇÃO AOS PROFISSIONAIS COM DEFICIÊNCIA

Participei recentemente de um evento voltado para inclusão, e confesso que fui imaginando que seria mais do mesmo. Mas me surpreendi. Foi completamente diferente, porque chamaram representantes de empresas para falar. Não chamaram ONGs, não chamaram especialistas, não chamaram institutos, nem consultores, nem palestrantes. Era um evento para quem participa do dia a dia das empresas, e vive diretamente os pequenos avanços obtidos, as grandes dificuldades enfrentadas no tocante à inclusão. Percebi que todo mundo está engatinhando ainda nesse processo. Mas foi muito bom ouvir diretamente dos líderes das empresas o que pensavam, o tom que usaram, as suas expectativas.

Tivemos, cases individuais, corporativos, lições aprendidas, discussões, estatísticas... um pouco de tudo.

Ao final, acredito que todos saíram, após um choque de realidade, conscientes de quão longe estamos do mundo ideal em relação à aceitação e inclusão não só da pessoa com deficiência, mas também de outras minorias. Porém, as falas foram verdadeiras, solidárias e positivas sobre o futuro desse movimento de transformação da cultura empresarial.

Todos se mostraram dispostos e conscientes, e esse é um grande passo para o mundo empresarial e consequentemente para a sociedade.

ESTATÍSTICAS PREOCUPANTES

Toda intervenção exercida pelo RH tem como base um comportamento, seja da equipe ou dos líderes. Confesso, com tristeza, que quase 100% das situações de constrangimento, conflito, dificuldades do profissional com deficiência que já acompanhei, tive informação, ou até daquelas pelas quais passei, foram com líderes, e não com pessoas da equipe. É um dado alarmante, e o pior é que ocorre inclusive com profissionais sem deficiência. Com um colega, sempre é mais fácil resolver uma situação desconfortável. Com o líder é muito mais difícil, por causa de todos os fatores agravantes: hierarquia, medo, possibilidade de retaliação etc.

No evento que mencionei, apresentou-se um palestrante cadeirante que trabalha numa grande companhia, na qual fez carreira, subindo de auxiliar administrativo até advogado especializado em Direito Trabalhista, depois de se formar enquanto trabalhava na mesma empresa. Ele disse algo que está em sintonia com o que eu acredito. Costumamos falar muito em discriminação e preconceito em relação à pessoa com deficiência, mas o brasileiro tem empatia e é solidário. Isso é praticamente uma prova de que, entre os pares, quase sempre há atitudes cordiais e de aceitação. As pessoas oferecem ajuda, facilitam a criação de laços.

Mas temos que reconhecer: o gestor sofre uma pressão muito grande, de dar conta de suas metas, das entregas, de responder aos seus superiores, de liderar uma equipe, e de gerenciar uma ou mais pessoas que tenham características diferentes dentro da equipe. E isso pode afetar seu relacionamento interpessoal.

Interessante é que pesquisas mostram que o gestor brasileiro, quando comparado a um norte-americano, por exemplo, trabalha um número de horas maior, mais do que uma vez e meia. No entanto, o americano é mais produtivo — talvez porque tenha aprendido a gerenciar melhor o seu tempo. Devemos considerar também que, com a crise dos últimos anos, que levou a um enxugamento brutal de postos de trabalho, o brasileiro tem equipes menores para lhe dar suporte. Na cabeça da maioria dos gestores, o profissional com deficiência é um peso imposto pela lei e pela empresa, e cabe a ele engolir tal "ônus".

Parece-me que há uma carência de informação dos líderes, no nível gerencial, dessa obrigatoriedade. Muitos se comportam como se achassem que a empresa aloca empregados com deficiência na sua área para testar suas habilidades de liderança ou que isso é algum tipo de punição. Ouço questionamentos como: "Por que só na minha área colocam esses profissionais? Na área de Fulano não tem nenhum!"

Mas chegará um momento em que esses profissionais participarão de todas as áreas. Os líderes precisam entender que não estão sendo punidos ou castigados quando lhes é designado um profissional com deficiência. Não é impertinência da empresa, mas cumprimento de uma lei.

SITUAÇÕES QUE PREJUDICAM A HARMONIA

Que posturas os líderes de alto escalão têm que adotar em relação a esse comportamento de gestores de nível médio, como coordenadores e supervisores?

Devem ter uma atitude de liderança muito forte, porque a inclusão será como uma nova meta, da mesma forma que um novo regulamento de saúde ou de segurança. Mas também não podem ser muito incisivos ou agressivos, sob pena de criarem uma resistência velada — que é pior do que a resistência escancarada de quem diz "não quero!". A alta liderança precisa se assegurar de que as pessoas estão confortáveis para revelar suas inseguranças, seus medos e até sua insatisfação, e tratar dessas manifestações com muita seriedade. Não pode fazer de conta que está tudo bem, que não percebe. Não pode passar por cima. Tem que mostrar que é um posicionamento institucional e uma regra a ser cumprida. Ao mesmo tempo, fazer o máximo de esforço para trazer esses gestores para o seu lado. Convencer, não somente impor.

Certa vez ouvi a apresentação de um consultor de uma grande multinacional alemã, já aposentado, que em mais de 30 anos implementou na empresa vários programas de inclusão para vários públicos. Ele iniciou sua fala com uma pergunta: "A inclusão de qualquer tipo de diversidade é uma questão racional ou emocional?" Toda a plateia, composta de líderes de todos os níveis, opinou pela racionalidade, argumentando que a inclusão deve fazer parte do negócio e agregar valor a ele, que é algo que dá visibilidade e favorece financeiramente a empresa, que privilegia a empresa no mercado e por aí seguiram os comentários. O palestrante ouviu, com toda a paciência e depois afirmou: "Não. Inclusão é uma coisa do coração." Sua ponderação seguinte foi de que, se o líder apenas der a ordem para ser cumprida, sem se preocupar em fazer o outro entender e assumir a causa da inclusão do profissional com deficiência, o programa não vai dar certo.

De minha parte, eu não seria tão radical. Considero que depende muito da linguagem da empresa, da cultura que adota e dos níveis de discussão que admite. Os líderes de mais alto escalão, diretores e presidentes, geralmente só se importam com o impacto que o programa vai ter no negócio, tanto em conquistas tangíveis quanto intangíveis. Por isso, penso que a atitude da liderança deve ser um equilíbrio entre o racional e o emocional. A própria empresa vai saber a medida de tentar o convencimento pelo amor ou implementar o programa pela imposição.

Acredito que a conduta seja de tentar envolver os gestores no tema e mostrar que é uma questão de negócio, sim, mas que também é uma questão humana. Defender, junto aos líderes que vão coordenar as equipes, que os profissionais com deficiência são pessoas inteligentes, produtivas, com habilidades, mas também com necessidades e sentimentos; esclarecer que são iguais a cada uma das outras, apenas com uma característica diferente. Assim, incentivam a empatia, a grande qualidade do brasileiro. Se o alto escalão e o RH conseguirem envolver os gestores nessa causa, obviamente as equipes também estarão mais predispostas a receber bem e incluir os novos colegas.

É preciso pensar antes de comunicar. O gestor que sai de uma reunião de diretoria com a incumbência de informar a seu pessoal da implementação de um programa de inclusão, mas sai insatisfeito, achando que vai dar muito trabalho, vai prejudicar o andamento das tarefas, e, se imediatamente vai conversar com a equipe, certamente passará uma ideia muito negativa a respeito do que o futuro lhes reserva. Como está imbuído de um sentimento de resistência, a tendência será de distribuir culpas — ao governo, à lei, à empresa. E contaminará todo o grupo. Esse gestor precisa pensar um pouco, estudar e aconselhar-se com o RH, por exemplo, sobre qual a melhor forma de fazer o comunicado e, só então, dirigir-se à equipe, sem risco de comprometer a atitude coletiva.

É totalmente diferente o comportamento do líder que sai da reunião com a compreensão da importância do programa, do quanto a empresa poderá contribuir para a comunidade e vice-versa. Seu discurso vai ser muito mais leve e positivo: "Pessoal, tive uma reunião com a diretoria e fui informado de que devem acontecer algumas mudanças. Entre elas, a empresa vai começar a investir na inclusão de pessoas com deficiência. Então nós todos vamos fazer um esforço para receber esses novos colegas. Inclusive foi criado um comitê para estudar todas as adaptações que serão necessárias e nos comunicar periodicamente sobre os avanços. Todas as informações que eu receber, repassarei a vocês."

Levar uma notícia de maneira positiva é uma forma segura de conseguir aceitação e cooperação.

LIDERAR PROFISSIONAL COM DEFICIÊNCIA DEMANDA MAIS TEMPO DO GESTOR?

Sim e não. O profissional com deficiência não requer mais tempo de atendimento, por parte do gestor, que qualquer outro empregado da empresa. Os gestores têm o seu tempo ocupado por muitos assuntos que não dizem respeito apenas ao seu time. A realidade, hoje em dia, é que eles estão sempre às voltas com o recebimento e análise de relatórios, entregas, conflitos já instalados para resolver, portanto, só são acionados em momentos-chave. No resto do tempo, praticamente não param em suas mesas. Ficam com o celular nas mãos, movimentando-se por vários lugares, costurando assuntos institucionais. Pesquisas revelam que há gestores que, estando na empresa, passam até uma semana sem conseguir se sentar à própria mesa. Reuniões, visitas, entrevistas, tudo isso toma os seus horários. Então, o tempo que um gestor vai despender para atender um colaborador sem deficiência sobre um assunto pontual, um aviso pessoal ou profissional, uma autorização ou orientação, é o mesmo que vai dedicar para atender uma pessoa com deficiência. Se essa pessoa exige tempo muito longo e frequente de atendimento, como dissemos logo no início deste livro, ela não está pronta para o mercado de trabalho. Principalmente se os assuntos que quer debater envolvem a sua vida pessoal ou a própria deficiência — a empresa não é o lugar para esse debate. O empregado tem que ser produtivo e focar assuntos profissionais.

O gestor não tem que ficar cuidando do profissional com deficiência que integra a sua equipe. Tem que tratá-lo como trata os demais. O tempo que ele precisa para se integrar e se incluir é o mesmo que qualquer novo colaborador demanda.

UMA SUGESTÃO DE DISCURSO

Vamos imaginar uma situação hipotética. Estou num auditório, onde se encontram os principais líderes de uma empresa que vai começar a implementação de um programa de Neoinclusão. Vou apresentar um discurso, que pode ser um modelo a ser seguido por integrantes de equipes de RH que ainda não tenham experiência no tema (com as adaptações que as circunstâncias exigirem).

"A empresa me chamou para falar com vocês sobre inclusão de pessoas com deficiência, porque é uma estratégia que vai adotar a partir de agora, e vocês são um ponto fundamental nesse assunto e nesse momento. E por quê? Porque vocês são as pessoas que estarão na ponta, convivendo no dia a dia com os profissionais com deficiência que vão chegar.

Essas pessoas têm uma característica diferente dos demais colaboradores, mas são como qualquer outra, com sentimentos, com sonhos, expectativas, aspirações, ambições, dúvidas e inseguranças. O que vocês precisam oferecer são as mesmas orientações, feedbacks e suporte para o bom desempenho profissional que vocês já proporcionam no dia a dia aos colaboradores sem deficiência de suas equipes. A empresa é responsável por atrair, selecionar, contratar e prover as condições de trabalho para esses profissionais, e vocês pela retenção e desenvolvimento deles.

Assim, vou trazer conteúdos sobre ferramentas que poderão utilizar para facilitar o seu cotidiano. Mas assuntos mais pontuais relacionados com adaptação, ou queixas de algo que não está bem, como por exemplo a falta de um intérprete ou de um equipamento, não serão vocês que vão lidar. É a empresa. É um assunto institucional, portanto, o RH vai estar disponível para apoiá-los nesse caminho de oferecer suporte ao profissional que será contratado.

Vou dizer o que a empresa espera dos líderes que vão receber essas pessoas. Mas, antes, vocês precisam compreender que muitas delas estão tendo a primeira oportunidade de emprego de suas vidas, ou a primeira depois de muito tempo de ter adquirido a deficiência, tendo sido obrigadas a enfrentar uma reabilitação que pode ter durado um, cinco ou dez anos, e cada uma encara a sua deficiência de uma forma. Mas, uma coisa, todas têm em comum: o desejo de trabalhar, de contribuir, de crescer e de fazer parte. E isso vocês entendem bem, porque lideram uma equipe cheinha de pessoas com essas mesmas aspirações.

Cada uma que chegar será mais um profissional, mais um membro do seu grupo de trabalho, para ajudar você a conquistar metas que devem ser entregues para a empresa. Nenhuma deve ser vista de maneira diferente disso. É mais um colaborador, mais uma força de trabalho para a sua equipe, mais uma contribuição. E, por outro lado, vai ajudar você a pensar fora da caixa, colocar seu pessoal numa sala cheia de pontos de interrogação. A partir do momento que há diferenças na equipe, começamos a pensar em outras alternativas para situações, protótipos, projetos. Veremos saídas diferentes.

Coloque 100 pessoas numa sala para discutir um projeto que tem um problema de percurso; se forem muito parecidas, com aproximadamente a mesma idade, casadas, mais ou menos com as mesmas preferências de lazer ou de inclinação política, vocês concordam que surgirão ideias muito parecidas umas das outras?

Ao passo que, se colocarmos pessoas diferentes na mesma sala, alguns mais experientes que já viram muita coisa, outros mais jovens, recém-saídos da faculdade e cheios de energia, outros mais expansivos e comunicativos, outros que têm espírito de "mão na massa", mulheres, uma mesa bem plural, vocês concordam que vão surgir muitas dúvidas, muitos questionamentos, mas também muitas ideias, que permitirão que a gente escolha a melhor, em grupo?

Está aí a diferença que faz a diferença. O grande ganho da diversidade. Não só a pessoa com deficiência, mas a inclusão de outras minorias, como negros, mulheres, idosos, pessoas LGBT+, e pessoas de etnias diversas.

Neste momento, a empresa está apostando na inclusão de pessoas com deficiência. E qual é a sua responsabilidade? É levar tudo isso que a gente está discutindo aqui hoje para as suas equipes, de maneira que elas também acolham essa determinação, essa nova estratégia de atuação em recursos humanos, incluam essas pessoas que vão chegar. Mas, importante: não vamos tornar um profissional com deficiência um inútil, o bibelô, o protegido do departamento. É uma pessoa, um indivíduo, com autonomia — dentro das suas possibilidades, e vocês podem ficar tranquilos porque ele logo vai demonstrar quais são. Se preferirem, façam uma reunião inicial com essa pessoa, para conhecer os aspectos específicos de sua deficiência e os seus impedimentos, e depois repassem essas informações para a equipe.

O que não pode haver é medo. É preciso tirar esse sentimento da frente, e agora! Falem, conversem, hoje, amanhã, depois de amanhã.

Falar quando pensarem melhor no que estou dizendo aqui; falar quando chegar a pessoa com deficiência; falar quando surgir uma dúvida ou um conflito. O RH vai ouvir e ajudar. Conversem com esse novo colaborador, com os colegas, com os seus superiores. Dúvidas não podem perdurar, porque empobrecem a comunicação e o relacionamento. Nesse caso em especial, a comunicação direta é fundamental.

Ouvi uma frase, uma vez, de um jovem: "Na comunicação, a gente sempre perde." Não entendi, a princípio, porque sempre achei que na comunicação a gente ganhasse informação, relacionamento e outras coisas. Aí ele explicou: "A gente sempre perde. Perde o preconceito, o medo, a estranheza." Pensando por esse lado, então por meio da comunicação podemos perder esses entraves que prejudicam o dia a dia do nosso relacionamento.

Minha dica é que vocês aproveitem ao máximo os efeitos benéficos da comunicação. Sentem com esse colaborador, façam todas as perguntas para ele. Se não se sentirem confortáveis, peçam ajuda ao RH. Depois falem com a equipe, preparem todos para acolher com disposição o novo colega, e quando ele chegar apresente-o aos companheiros de trabalho. Deixem que ele fale de si, e sem dúvida a questão da deficiência surgirá, porque não é um tabu para quem lida todo dia com ela. Deixem que as pessoas perguntem como devem lidar, no dia a dia, com esse colega. Sem melindres, sem medo.

Existem duas regras de ouro no contato com pessoas com deficiência. A primeira é perguntar: "Você precisa de ajuda?" Se a pessoa disser que sim, vem a segunda regra de ouro: "Qual a melhor maneira de ajudar você?"

Porém, caso não aceite ajuda, é porque ele realmente não precisa. Não é porque você falou de mau jeito, não é porque ele achou você preconceituoso, nem porque ele é arrogante ou orgulhoso. É porque ele realmente não precisa. E está exercendo a sua autonomia porque a empresa deu as condições para que ele aja dessa forma.

Vale a pena, também, estudar um pouco. Fez uma entrevista com um cadeirante, pesquise um pouco — de preferência perguntando ao próprio entrevistado — sobre qual é o nível de autonomia de quem utiliza cadeira de rodas, quais são as principais dificuldades, que nomenclatura deve utilizar para a deficiência dele. Tudo isso claramente, tranquilamente. Use o termo correto: pessoa com deficiência. Se for se referir a outra pessoa, diga pessoa sem deficiência, isso não vai aborrecer o entrevistado. Cuidado para não dizer normal, porque o cadeirante (ou qualquer outra pessoa com deficiência) não é anormal; ela apenas é uma pessoa com uma característica diferente."

RECEITAS DE CONVENCIMENTO

Há que acontecer uma conversa dos líderes com os demais empregados, antes de o profissional com deficiência chegar à empresa. Já mencionamos que há duas situações em que se coloca, dependendo da sua postura e do seu perfil. Uma delas é ter comprado a ideia e a outra é manter uma certa resistência a contratações desse tipo na sua área. De uma forma ou de outra, o líder vai repassar o que pensa para a equipe.

Vamos nos lembrar de uma coisa: todo gestor não é apenas gestor de uma área de trabalho, mas de pessoas. Por isso, tem que ter um olhar não só para metas, projetos e entregas, ou seja, não apenas para os negócios em si, mas para as pessoas que compõem a sua equipe. Se ele não contar com a parceria dos seus colaboradores, não vai chegar a lugar algum. Então, tem que estar atento a comportamentos que podem surgir, sejam agressivos ou discriminatórios, ou mesmo de superproteção. Não superestimar nem subestimar o profissional com deficiência, porque o exagero seguramente vai trazer consequências indesejadas para seu grupo de trabalho. É o modelo e o exemplo da equipe, e precisa cuidar para manter uma posição firme que não se incline nem para um lado nem para o outro.

Depois que o profissional com deficiência chega para trabalhar, o RH dá espaço para que o gestor conduza a situação de maneira independente. Isso porque já contratou bons profissionais, já deu treinamento, a empresa já fez as adaptações, agora o gestor segue o trabalho com a equipe, sabendo que poderá haver conflitos e precisará resolvê-los da melhor forma que existe: estabelecendo um relacionamento harmônico e igualitário. Toda situação que observar, ou que for reportada a ele por um membro de seu grupo de trabalho, exige sua intervenção, na hora. Se deixar passar, o problema cresce.

Alguém pode ficar incomodado se um colega passar a tratar o profissional com deficiência de maneira infantilizada até, fazendo tudo por ele. O nome desse comportamento é capacitismo, quando o profissional com deficiência é visto como inapto, incapaz de realizar suas atividades sozinho. O capacitismo está para a pessoa com deficiência como o racismo está para uma pessoa negra.

Muitas vezes essa atitude fere a autonomia e o espaço do outro, além de a empresa não ser o ambiente para "mimar" ninguém. Se o colega resolve aprender Libras, para se comunicar com surdos, se desenvolver amizade com um colega com deficiência física e quiser ajudar nos horários de almoço ou de saída, isso é bom, mas ao passar o expediente inteiro se dedicando a ajudar, ele está sendo capacitista em relação ao outro. O gestor precisa observar e verificar se ocorre exagero nesse apoio, ou mesmo discriminação, e intervir. Se achar necessário, conversar reservadamente com esse profissional, saber se está desconfortável com a situação e se ele se sente à vontade para pontuar para o colega seus excessos de zelo. Porque o ideal é que o próprio profissional consiga estabelecer os limites, com sinceridade e educação. Ele conseguiu o emprego por mérito, é autônomo, tem suas preferências e posicionamentos, então precisa mostrar isso aos colegas. Caso não seja possível, o gestor deve chamar o colega superprotetor ou discriminador para uma conversa reservada.

Há casos em que a superproteção ultrapassa tanto os limites que o profissional com deficiência é tratado como se fosse uma criança, dependente e vulnerável. Isso ocorre mais com pessoas com deficiência intelectual. Os colegas acham que elas não têm entendimento, não têm condições de agir conforme suas próprias ideias, de discernir entre o certo e o errado. Vejo muitas situações desse tipo, muitas mesmo.

Também pode ocorrer o contrário, de um profissional com deficiência se acomodar e começar a transferir tarefas para os colegas. Cabe aos companheiros esclarecer que não estão lá para servir, mas para trabalhar juntos, cada um na sua função. Em casos extremos, o gestor deve interferir também, sempre em conversa reservada, para fazer o profissional enxergar quando está sendo inconveniente. Já vi um caso assim, em que uma equipe inteira foi ao gestor, por várias vezes, reclamar que estava sendo prejudicada pelo comportamento de um profissional com deficiência — falta de pontualidade, preguiça, desinteresse. O gestor foi muito resistente em acatar as reclamações, porque exercia um protecionismo grande com relação ao colaborador de quem a equipe se queixava, só pela deficiência. Deixou a situação como estava, até que isso começou a causar conflito.

Exemplos de situações conflituosas

Acompanhei o caso de uma colaboradora de uma grande empresa. De algum modo, ela ficou sabendo que eu coordenava o programa de inclusão na matriz e entrou em contato comigo. Ela tinha uma deficiência congênita na mão e digitava relatórios na empresa, todos os dias, por mais de 20 anos, apenas com dois dedos num computador de teclado muito antiquado.

Já tinha desenvolvido LER — Lesão por Esforço Repetitivo — e disse que fazia contato porque ficara sabendo que queríamos sugestões para melhorar o programa de inclusão. O curioso desse caso é que ninguém da empresa — e repito que é uma empresa de grande porte — jamais tinha ouvido falar da ferramenta do Word que permite que a pessoa cega, por exemplo, fale e o programa transcreva o ditado na página, nem de qualquer outra ferramenta digital que oferece facilidade semelhante. Fiquei chocada com a informação e fui encaminhar internamente o assunto.

Falei com minha diretora, entramos em contato com os gestores da região onde a colaboradora atuava e conseguimos comprar um notebook de teclado mais sensível ao toque e apresentar as ferramentas disponíveis de escrita a partir de voz, cujo resultado demandava apenas correções menores. Um tempo depois, essa colaboradora me ligou, chorando de emoção, extremamente agradecida, segundo disse, porque eu tinha atendido um pedido de "uma colaboradora qualquer". Eu respondi que ela não era uma empregada qualquer, mas uma das principais colaboradoras da empresa, pela carreira, pela dedicação, pelo compromisso. Foi uma troca muito gratificante, assim como viabilizar uma solução para uma situação simples de resolver, mas para a qual ninguém tinha atentado, durante tantos anos.

Conto isso para mostrar como a má preparação da empresa pode ter resultados cruéis, ocasionando constrangimento da profissional com deficiência, que não reclamou por todo esse tempo, por medo de ser mal interpretada e até perder o emprego. Depois de atendida, elogiou a companhia, que havia sido maravilhosa por ter compreendido a sua situação.

Mas esquecia-se — ou nem sabia — de que a empresa tinha a obrigação de fornecer a ela equipamentos e condições para que executasse o seu trabalho sem sofrimento. Estava grata pelo atendimento, mas jamais antes havia tido a iniciativa de falar com o gestor para relatar o seu desconforto. Foi um caso em que verifiquei a falta de atenção do gestor ou dos gestores para com o trabalho dela, durante anos e anos. Com relação à funcionária, do jeito que estava feliz, nem pude fazer qualquer comentário a não ser acolher seu agradecimento. Mas me chamou a atenção o fato dela me procurar depois de ter visto a minha imagem nas palestras que eu divulgava na intranet da empresa. Como eu tenho deficiência, ela buscou um igual para conversar, quando devia ter procurado o gestor.

Numa outra situação de que tomei conhecimento, houve um profissional que utilizava bengalas canadenses para se locomover, e as distâncias entre a portaria, sua mesa de trabalho, e o banheiro eram muito grandes.

Sobre o toalete, ele usou a mesma técnica que muitas pessoas com deficiência física utilizam para superar esse tipo de inadequação do ambiente: beber pouca água. É uma equação fácil de se entender — pouca água é igual a poucas idas ao banheiro —, mas muito prejudicial para a saúde. Depois de um certo tempo ele procurou o líder de sua equipe e disse que talvez não ficasse no emprego, porque era muito demorado chegar até a mesa de trabalho. Nem tocou no assunto do banheiro porque estava, de um jeito ou de outro, resolvido com a pouca quantidade de água ingerida.

A solução foi então providenciar um veículo da segurança patrimonial para fazer o seu transporte, da portaria até o prédio e vice-versa. Um dia, depois de quase três meses, o motorista disse a ele que teria que descer do veículo de outra maneira porque, da forma que estava fazendo, apoiando o peso do corpo ao entrar e sair, estava entortando a porta do carro. O motorista foi direto e até grosseiro. Claro que houve falha na informação ao motorista, já de início, pedindo que não se limitasse a dirigir, mas que ajudasse o seu cliente interno. Deveria ter havido uma conversa com o superior do motorista, para que este, validasse a solicitação e a nova demanda da empresa.

Bem, o profissional com deficiência encontrou outra maneira de entrar e sair, mas com muito maior esforço e desgaste. E jamais dividiu o problema com ninguém. A situação, porém, piorou, porque a empresa terceirizada responsável pela segurança patrimonial reclamou que fazer o transporte do empregado com impedimento físico não era função dela, que o carro estava sendo avariado e o chefe estava cobrando do motorista o conserto. Qual foi a saída definitiva para a situação? A empresa comprou uma scooter para o profissional com deficiência utilizar em todas as suas dependências. Hoje, há vários desses veículos disponíveis para atender profissionais com deficiência (dificuldade de locomoção) em trajetos mais longos.

Foi uma solução de custo relativamente baixo e que resolveu o problema. Apesar de ter demorado mais de seis meses e de causar enorme incômodo para os envolvidos.

UM CASO EXTREMO

Vou detalhar um exemplo que mencionei no Capítulo 8, de um jovem com deficiência intelectual que foi contratado como auxiliar administrativo e, por ser muito expansivo, ganhou simpatia e espaço chegando a assistente administrativo.

A pessoa que foi o seu apoio natural sentiu afinidade por ele desde quando foi contratado. Sempre muito solícita, a colega de trabalho o auxiliava, tanto em assuntos profissionais quanto pessoais. Era uma bonita relação de amizade, até que o rapaz soube que a moça começou a namorar um colega de outro departamento e, mais tarde, ficou noiva. Por vezes, o noivo acompanhava a moça até o prédio dela no retorno do almoço.

O profissional com deficiência intelectual ficou enciumado com a situação e começou a assediar agressivamente o casal; fantasiava que o relacionamento dele com sua colega era afetivo, e se sentia traído. O comportamento inadequado dele assumiu uma proporção muito maior do que deveria, porque a profissional evitava levar o caso ao gestor, em razão do vínculo emocional com aquele colega. Para piorar, os companheiros de equipe começaram a opinar sobre o caso, uns sugerindo que a moça não podia deixar o problema evoluir, outros se condoendo do sentimento do profissional com deficiência, argumentando deficit de compreensão por parte dele.

Afinal, a situação chegou à liderança, porque o jovem começou a extrapolar o ambiente da empresa — mandava presentes para a casa da colega, vigiava os passos dela, seguia o casal. A colaboradora pensou em pedir demissão, o noivo em tirar satisfações com o jovem com deficiência. Enfim, era um caso sério, e o RH e a liderança não tinham bons presságios de futuro para a situação crítica.

Os gestores se reuniram e foram falar comigo. A analista de RH que acompanha a área participou da conversa. Sem o meu conhecimento, acionaram a mãe e a terapeuta do jovem, que fizeram de tudo para justificar que ele não era perigoso, que o casal devia tolerar. Essa atitude fez a situação piorar, porque nada foi feito e o casal se sentia cada vez mais constrangido. Meu posicionamento foi que a empresa agiu muito erradamente. Dei minha opinião, que não foi acatada, na época, de que era necessária uma avaliação biopsicossocial do colaborador em questão, por profissionais da área da saúde da empresa ou indicada por ela.

Minha recomendação é, num caso desses, buscar resposta para a seguinte pergunta: Como a empresa lidaria com a situação se a pessoa envolvida fosse uma pessoa sem deficiência? O gestor agiria firmemente, porque se trata de assédio. Mesmo admitindo que o jovem tinha uma dificuldade de compreensão, o ideal seria chamar um profissional identificado pela empresa, isento, que não tivesse acompanhado o jovem desde a infância, para dar o feedback para ele junto com o gestor, explicando que sua atitude era errada e que precisava parar ou teria que deixar a empresa.

Não acompanhei o desenrolar da história, mas até onde tive conhecimento, o jovem com deficiência seria transferido de departamento. No meu entender, como profissional, botar panos quentes, como fez a empresa, resultou numa situação nociva para a equipe, para o programa de inclusão, e para a empresa toda. Eu diria que a situação era ruim até mesmo para a imagem externa da empresa, porque imagino o que o casal falava da situação, no ambiente familiar e social. Reconheço que a empresa tratou o jovem com deficiência com respeito, preocupação e até deferência. Mas e o casal? Como se sentiu?

O que quero dizer com este exemplo é que é muito comum os profissionais com deficiência intelectual serem tratados de uma forma mais condescendente por parte da empresa e dos colegas. Chega-se a tratá-los como crianças, até infantilizando a linguagem para se comunicar com eles, aliviando demasiadamente as obrigações e as metas.

A Neoinclusão propõe que, numa situação que envolva o comportamento de uma pessoa com qualquer tipo de deficiência, a atitude correta é perguntar-se o que se deveria fazer se fosse com uma pessoa sem deficiência.

Porém, é preciso que se diga que situações dessa natureza são raras. Os conflitos mais comuns são entre profissionais com deficiência e seus gestores. Colegas de trabalho normalmente são mais empáticos e solidários. Por isso, o trabalho de preparação e treinamento dos gestores é tão importante para o sucesso de um programa de Neoinclusão.

Mas uma nova atitude dos profissionais com deficiência é também de fundamental importância para o sucesso do programa. É o que veremos no próximo capítulo.

Por uma nova atitude dos profissionais com deficiência

Este capítulo tem uma relevância estratégica neste livro. Vamos abordar a ideia de uma nova postura e de uma nova visão da inclusão por parte da pessoa com deficiência. Vamos ao outro lado da inovação que pretendo demonstrar por meio do conceito de Neoinclusão. Tem importância destacada, ao lado da ideia de que a empresa dará um salto, ao implementar um programa efetivamente inclusivo, alinhado com todas as áreas da empresa e com o negócio.

O profissional com deficiência, que antes era "assistido", agora é participante.

Historicamente, a pessoa com deficiência já foi muito excluída, depois foi integrada, com uma certa atenção, mas sem poder de decisão sobre sua vida, suas atividades e preferências. E, mesmo depois da entrada em vigor da Lei de Cotas, sua participação nas empresas quase não existia, ou seja, a PcD era contratada, mas não era incluída de fato. Nos anos recentes, a atitude das pessoas com deficiência mudou, assistimos a mobilizações e movimentos que levaram a várias ações afirmativas, e, como um dos principais resultados, a nova Lei Brasileira de Inclusão. Eu observei essa evolução na postura das pessoas com deficiência na minha própria trajetória, tanto como profissional com deficiência, quanto como coordenadora de programas de inclusão. Os profissionais com deficiência foram se tornando mais conscientes, recusando-se a aceitar passivamente o modo como as empresas os tratavam.

A Neoinclusão traz especialmente esse divisor de águas: da pessoa com deficiência que se sujeita à uma forma errônea de tratamento, à falta de oportunidades, à diferenciação entre pessoas com e sem deficiência; ao profissional com deficiência que quer mostrar as suas competências e se comporta, nas organizações, com as mesmas aspirações e esforços de outro sem deficiência, porque se considera um profissional capacitado e que entrou em igualdade de condições em termos de conhecimento e está pronto para atender às expectativas da empresa em relação ao trabalho.

O profissional com deficiência está pronto para cobrar de si mesmo a entrega das metas de trabalho, com qualidade, ao mesmo tempo que cobra da empresa melhores condições para exercer a sua função. Ele é o novo profissional, protagonista de sua própria história.

Neste capítulo, vou falar diretamente com esse profissional com deficiência.

QUEM É O NOVO PROFISSIONAL COM DEFICIÊNCIA?

É o profissional proativo, protagonista da sua carreira, de suas vontades e de suas decisões. Não mais se esconde, não mais se acomoda ou se acovarda. É atuante no mercado, buscando o seu lugar ao sol. E não aceita mais qualquer colocação, avaliando as empresas para verificar quais lhe são mais atrativas e adequadas. Por tudo isso, a lógica de busca de pessoas com deficiência foi invertida — hoje, a empresa não mais se pergunta onde buscar esses profissionais, mas quer entender como atrair talentos com deficiência. As empresas estão buscando formas de se tornarem atrativas para esses candidatos. É um novo paradigma que funciona dos dois lados. As empresas precisam fazer o exercício de qualificar o seu ambiente e as suas ferramentas, porque os profissionais com deficiência, hoje, já contam com experiência e podem avaliar quais postos de trabalho são mais interessantes, inclusive em termos de remuneração e de perspectivas de crescimento.

Existe uma interação bastante intensa entre os profissionais com deficiência, e uma grande troca de informações por parte de quem está buscando uma colocação e aqueles que já estão trabalhando.

Por volta de 2010, com a Lei de Cotas, os profissionais com deficiência chegavam a fazer uma espécie de leilão, e trocavam de empresas por um mínimo a mais na oferta de salário. Aproveitavam-se do fato de que as empresas estavam sob fiscalização efetiva para cumprir a cota, sabiam que eram necessários, e faziam a manobra. Mas ao longo do tempo os profissionais aprenderam que essa não é uma postura promissora nem inteligente. Naquele momento, os profissionais não pensavam ainda na qualidade da inclusão, mas simplesmente no avanço salarial e de benefícios.

Porém, à medida que as pessoas foram entrando no mercado, e as cotas foram sendo cumpridas, entrou em jogo a questão de os profissionais entenderem que, tão importante quanto ganhar um salário correto, era a perspectiva de encaminhar uma carreira profissional de boa qualidade e contribuir para com o crescimento e sucesso da empresa. Essa é a geração de profissionais com deficiência que percebo atualmente.

É claro que ainda se verificam escorregões de comportamento. Há profissionais que apelam para a autopiedade, esperam assistencialismo e fazem uma autoavaliação restrita de suas possibilidades. Acham que precisam ser atendidos e não participar da resolução dos problemas de inclusão, seja de acessibilidade, equipamentos ou informação. Se eu sou uma pessoa surda, mas oralizada, por que não posso ensinar Libras para os meus colegas?

A Neoinclusão traz esse convite para que as pessoas com deficiência participem de sua própria inclusão, auxiliando a empresa, e seus colegas, para melhorar a sua condição. O convite é estendido para quem não tem uma deficiência tão grave que lhe cause impedimentos, que pode ajudar outras que cheguem depois e não tenham tanta autonomia e proatividade. Respeitemos o perfil de cada uma delas. Quem é mais extrovertido e proativo tem sim a obrigação de fazer a sua parte, na empresa e na sociedade, para providenciar melhor condição para a geração futura. Funciona assim em todo lugar, com todo mundo que não tem deficiência, não é mesmo?

A tendência da inclusão é trazer pessoas mais preparadas, profissional e pessoalmente. Conforme evoluem a contratação de colaboradores com deficiência, a sua inclusão e o aproveitamento da tecnologia, a tendência é que cheguem ao mercado pessoas mais motivadas a contribuir para com a melhoria do mundo, começando pela sua própria inclusão.

CONVERSA DIRETA COM O PROFISSIONAL COM DEFICIÊNCIA: PRÁTICAS INDESEJÁVEIS

A primeira coisa que o profissional com deficiência deve romper é a questão de melindres sobre sua condição perante os colegas sem deficiência. Desde o momento do recrutamento e seleção, deixe claro que a deficiência faz parte de sua personalidade. Apresente o seu currículo e junto com ele o seu laudo médico. A empresa precisa saber quem está contratando para decidir que atitudes tomar em termos de adequação de ambiente, de ferramentas e de comunicação com o gestor e os colegas. Não queira se enganar nem esconder a sua condição. Fale sobre ela, se perguntado. Fale claramente, abertamente e sem constrangimento. Você é uma pessoa com uma peculiaridade. Aceite e utilize esse diferencial de maneira positiva, a seu favor. Na entrevista com seu gestor, exponha-se, conte como adquiriu a deficiência, mas aproveite para mostrar as suas qualidades. Fale de sua rotina, do grau de autonomia que tem, das coisas que consegue fazer sem apoio algum, como dirigir, tomar conduções, cozinhar, cuidar da casa. Informe sobre suas experiências profissionais, caso tenha trabalhado antes. Apresente os cursos que frequentou. Dê exemplos de situações que enfrentou e venceu. E não tenha receio de falar com franqueza de suas necessidades no dia a dia de um ambiente profissional.

Antes de pleitear uma vaga, é importante avaliar a sua situação de saúde. Verifique se você pode efetivamente entrar no mercado de trabalho agora. Você precisa trabalhar, como todo mundo precisa, porém será necessário se submeter a uma cirurgia, para estabilizar a deficiência e manter a saúde em bom estado, ou fazer um tratamento a curto e médio prazo. Será o momento de você entrar no mercado de trabalho? Faça uma autocrítica, porque não seria ético ser contratado e depois passar uma temporada de afastamento por motivo de saúde. Você pode argumentar que precisa muito do salário. É compreensível, mas você precisa cuidar da sua saúde primeiro. Pense na sua condição, no seu momento de vida e na situação em que está a sua deficiência.

Também na ocasião da contratação, é preciso que você seja muito realista e claro a respeito daquilo que você pode e do que não pode fazer e informar à empresa. A pessoa com deficiência tem que fazer essa avaliação todos os dias. "Posso fazer uma viagem de 20 horas?" Sim, uma vez, talvez duas, mas não todo mês. "Tenho problema de circulação; posso ficar trabalhando só em pé?" Não, não pode. "Quanto peso posso carregar?" Você precisa saber o seu limite. O peso não pode ser grande a ponto de causar dor. Todas essas limitações têm que ser informadas ao seu líder: quantas horas consegue aguentar numa viagem, quantas horas pode passar em pé, quanto de peso consegue carregar. Não minta, não tente fingir que pode mais do que realmente pode. "Ah! Mas, se eu confessar todas as minhas limitações, posso perder a vaga!" É verdade, mas é melhor perder uma vaga do que comprometer a sua saúde e trazer problemas com o seu contrato com a empresa. Com certeza você vai encontrar outra função mais condizente com a sua capacidade.

Depois de contratado, seja nas conversas profissionais ou informais, deixe de lado a fantasia — quase sempre falsa — de que os colegas estão cochichando a seu respeito ou a respeito da sua deficiência. Se, em alguma situação, considerar que o tema da conversa dos colegas envolve você, não tenha melindres. Vá até eles e pergunte, com firmeza, mas educadamente, se os comentários tratam de você e se existe alguma coisa que possa esclarecer a respeito da sua pessoa ou da sua deficiência. O mesmo pode ocorrer no caso de não ser incluído numa equipe que vai viajar a trabalho. Pergunte ao seu gestor se não foi escolhido por causa da deficiência e, se a resposta for positiva, mostre que é capaz de acompanhar o grupo, dentro das suas limitações — ou, se realmente não for possível por causa das condições da viagem, simplesmente aceite, sem aborrecimento.

Um outro ponto importante para nós, profissionais com deficiência, é nunca se apoiar na Lei de Cotas a partir do momento em que formos contratados. Passar a agir com uma certa indolência ou acomodação, respaldado numa visão errônea de que não pode ser demitido, é um engano muito grave. Você pode achar que conquistou definitivamente aquela vaga. Mas não. Há muitas pessoas com deficiência pleiteando uma vaga. Por isso, é preciso esforço, dedicação e seriedade no desempenho das funções e na entrega das tarefas. Sua vaga depende de um empenho contínuo. Se você não for um bom empregado, a empresa pode buscar uma pessoa mais eficiente para ocupar o seu lugar. Então, trate de ser melhor do que essa outra pessoa. Estude a empresa, procure saber do gestor a respeito do negócio, demonstrando interesse em contribuir e deixando claro por que você se considera o melhor candidato para o trabalho.

E atenção: não alimente o vitimismo. "Ah! Como eu sofro! Ah! Estou com muitas dores hoje! Na noite passada não dormi nada por causa de dor. Não entendo o que falam porque sou surdo e ninguém fala em Libras comigo... Não consigo trabalhar; as pessoas me contrataram, mas não fazem nada para me incluir..." E qual é o seu papel nisso? Solicitar a intervenção da empresa para o atendimento a essas necessidades que você aponta, no que cabe a ela. E tornar-se, você mesmo, disponível para auxiliar na inclusão. Dor, cansaço, dificuldade eventual para dormir, todo mundo tem.

Os colegas não são bobos e sabem muito bem identificar quando um profissional está folgando ou se fazendo de vítima para trabalhar menos. E, naturalmente, vão acabar percebendo e levando queixas ao gestor. O fim dessa história não costuma ser feliz.

Uma grande quantidade de atestados médicos é outra coisa que as empresas não apreciam. Nem atrasos, seja na chegada, no início do expediente, ou no retorno do almoço. Claro que todo mundo precisa, uma vez ou outra, fazer um check-up médico, uma consulta, uma fisioterapia, mas o exagero — especialmente usando a deficiência como pretexto — não costuma ser bem visto. Lembrem-se do que eu disse no início deste capítulo: deve-se avaliar a situação de saúde antes de entrar na companhia para ter certeza de que é hora de ingressar no mercado de trabalho ou se é preciso esperar que a deficiência estabilize. A empresa que está começando um programa de inclusão pode interpretar que todo profissional com deficiência age assim — e o prejuízo poderá ser enorme para outros profissionais que queiram ingressar ou estejam atuando nela. Um passo em falso, em atitude, pode reforçar preconceitos e discriminações que podiam já existir antes de você entrar.

Não se esqueça: você, como profissional com deficiência, nunca é avaliado como indivíduo, mas como representante de uma categoria, de um grupo. Eu não apoio nenhum tipo de exaltação da pessoa com deficiência, e nem menosprezo. Nenhum de nós é anjo, nem super-herói, nem coitadinho. Somos profissionais. E somos pessoas, mas somos avaliados, sempre.

SAIBA QUEM É A EMPRESA – E CONTRIBUA

No momento da seleção, você deve ir preparado não apenas para ser entrevistado, mas também para entrevistar. Quem entrevista você não sabe da sua condição; é você quem conhece a sua deficiência. Por isso, pergunte, indague, para ver se a empresa está pronta para receber você. Isso vale para pessoas sem deficiência também: se a empresa não tiver compromisso com questões socioambientais, se não é correta em realizar o que prega na sua missão e nos seus valores, um candidato criterioso e preparado pode não "contratar" essa empresa, e procurar outra para fazer parte. Essa é a postura que tenho observado na geração atual de pessoas com deficiência — e pessoas com mais idade, de gerações anteriores à Lei de Cotas, também estão aprendendo a agir assim.

A pessoa com deficiência já enfrentou, ao longo da história, muitas dificuldades e até armadilhas. Sei de uma empresa do interior de São Paulo que usava da artimanha de contratar um profissional com deficiência e, assim que terminava o período de experiência, dispensava e contratava outro. Estava sempre dentro da cota, mas com esse artifício ela nunca adequava sua estrutura ou investia em inclusão de verdade, pois os profissionais com deficiências eram sempre substituídos. Esse tipo de comportamento empresarial não passa despercebido, porque as pessoas com deficiência se comunicam. Hoje em dia, com as comunidades criadas por meio de aplicativos e redes sociais, as notícias correm e empresas com esse posicionamento ficam marcadas como não inclusivas perante a população.

Contratado, o profissional com deficiência deve, como regra, manter a empresa informada da estabilização, evolução ou piora de sua deficiência. É fundamental estabelecer uma comunicação direta e uma relação de confiança com o seu líder, para fazer as solicitações que julgar necessárias. Não é muito profissional ir direto ao RH para pleitear atendimento — é melhor falar primeiro com o líder, justificando adequadamente o seu pedido. Ofereça todas as informações possíveis para auxiliá-lo a defender o seu pedido junto ao RH.

Com os pares, o comportamento deve ser o mesmo. O profissional com deficiência deve demonstrar autonomia, ser verdadeiro, evitar o vitimismo e não se considerar acima dos colegas. Não deve se achar a última bolacha do pacote, nem por ser a mais gostosa nem por ser a mais quebrada, mas ser apenas mais um profissional que trabalha na empresa. Trate a todos com respeito — os colegas não são seus servi-çais. E exija de todos o mesmo respeito — não deixe que o tratem como alguém inferior, seja por afeto ou por discriminação. Seja solidário — faça o que é possível para ajudar o outro; uma deficiência não impede ninguém de ajudar.

Se você conseguiu o seu lugar ao sol, faça o melhor para se manter nesse lugar, porque a empresa está observando você o tempo todo. A todo momento você será avaliado, como pessoa (com relação ao seu comportamento, caráter e sentido ético), profissional (com relação às suas entregas e à qualidade do seu trabalho), e figura de uma pessoa com deficiência. Você vai, eternamente, ser um parâmetro, e disso não há como escapar. Tudo o que é diferente atrai a atenção. As pessoas sem deficiência tendem a se impressionar favoravelmente com a sua au-tonomia. Admiram-se se você dirige veículos. Surpreendem-se com o adestramento do seu cão-guia. Ficam entusiasmadas com o fato de você assumir sua deficiência física com uma prótese "descolada" — contri-buição trazida pelo pessoal do esporte.

Importante: o profissional com deficiência pode solicitar — e talvez deva exigir, dentro do espírito da Neoinclusão — que a empresa inclua, no seu código de conduta, um item que mencione que a inclusão é um valor apreciado, assim como existem menções a respeito da intolerância à discriminação de origens, etnias e gêneros.

Suas responsabilidades

É importante que, você, profissional com deficiência, entenda que, além de ser um parâmetro, você tem a responsabilidade de ser um modelo. Reconheço que é uma tarefa pesada, mas necessária: mostrar para as pessoas sem deficiência como é a realidade, desmistificar ideias precon-cebidas e inclusive incentivar a empresa a contratar outras pessoas com deficiência, a partir da experiência que teve com você.

O gestor que teve uma experiência desagradável com um profissio-nal com deficiência vai pensar mil vezes antes de abrir a porta de novo. Portanto, você tem o papel de reverter, quando possível, más impressões causadas por pessoas que vieram antes.

Por outro lado, existem situações opostas. Lembro-me do caso de um gestor que teve uma experiência com um profissional com Síndrome de Asperger. No começo foi muito resistente, mas depois foi observando que, como a maioria dos autistas, o jovem tinha inteligência acima da média e compreendia as coisas de modo a vislumbrar as probabilidades futuras de cada situação, conseguindo assim dar resultados ótimos de trabalho.

Algum tempo depois, esse gestor foi solicitar ao RH uma outra contratação para a sua equipe. Mas fez um pedido: o novo empregado tinha que ser exatamente igual ao jovem autista. A resposta foi até engraçada: "As ONGs e RHs ainda não são capazes de fazer clones..."

Vejam que aparecem essas coisas ligadas ao viés inconsciente sobre a pessoa com deficiência. O gestor aceita um novo colaborador com deficiência, desde que seja igual àquele que conhece, porque com aquele ele já sabe lidar e teve uma boa experiência.

Entenda, então, uma coisa. Você tem a responsabilidade pela sua própria inclusão. E tem a responsabilidade de ser o modelo, a referência para a empresa. Você tem que ser visto como um profissional comprometido, produtivo, que desempenha bem o seu trabalho. Mas também precisa demonstrar que tem personalidade, preferências, convicções. Você não tem que ser o modelo dos anos 1970, resignado, cordato, que aceita tudo e não quer dar problema — e nem é esse o profissional que a empresa e os gestores querem. Você deve, sim, ser o modelo do século XXI, dedicado, proativo, disciplinado, mas crítico, criativo, comunicativo e dono de suas decisões.

QUANDO A PESSOA COM DEFICIÊNCIA É QUEM ASSEDIA

Existem pessoas com deficiência que têm relações difíceis com outras também com deficiência. Parecem sentir-se inferiorizadas, quando ficam junto a seus pares com essas condições, e de certo modo discriminam mesmo. Também há a questão da competição, de quem quer mostrar que tem deficiência, mas conta com mais autonomia do que os demais. Já testemunhei chacotas, de quem acha que porque tem deficiência pode zombar de um colega que também tem limitações.

Todos esses comportamentos precisam ser corrigidos pelo líder e pelo RH, caso apareçam.

Já me perguntaram se é indicado colocar profissionais com deficiência trabalhando juntos. Costumo responder que depende. Se todos tiverem a mesma formação e as vagas forem para a mesma área, não vejo problema, desde que esse agrupamento não se transforme em gueto. Isto é: não recomendo formar uma seção ou departamento exclusivo para profissionais com deficiência; é preciso mesclar o grupo com pessoas sem deficiência também. Por outro lado, se são dedicadas a funções completamente diferentes, não cabe colocá-las num departamento só.

Os profissionais com deficiências devem ser contratados e distribuídos exatamente como os outros, a fim de evitar a caracterização de uma empresa que isola e discrimina pessoas pela sua condição física, sensorial ou intelectual. Inclusão é inclusão!

Exemplos de proatividade

Cabe ao profissional com deficiência, como eu disse, cuidar da sua própria inclusão. Mas há situações em que a empresa deve auxiliar, por meios próprios ou com ajuda de parceiros. Por exemplo, um caso envolvendo uma senhora, com deficiência intelectual, que começou a trabalhar num supermercado como repositora de produtos. Na primeira semana, fez corretamente o seu trabalho e cumpriu os horários. Na segunda semana, passou a chegar atrasada. Não falava muito bem, por isso não conseguia explicar as razões dos atrasos. O RH observou, com paciência, mas chegou um momento que a empresa resolveu ligar para a instituição responsável pelo encaminhamento dessa profissional, para buscar entender o que estaria acontecendo. A instituição chamou a senhora para conversar.

Ela respondeu que não sabia. Ia todo dia para o ponto de ônibus no horário certo e esperava a condução. Quando o ônibus chegava, entrava e ia para o trabalho, mas informou que o ônibus estava passando mais tarde e a deixava muito longe do supermercado, por isso tinha que andar muito. A instituição, então, nomeou um colaborador para acompanhar a senhora, na manhã seguinte. Tudo combinado, o colaborador passou na casa dela e foram juntos até o ponto de ônibus. Chegando lá, verificou que tinha mudado a linha de ônibus. E a senhora não sabia, porque era analfabeta, e pegava o ônibus do horário, mas que fazia uma rota diferente daquela a que estava acostumada.

O método que a instituição encontrou para ajudar foi anotar o número do ônibus certo numa etiqueta que foi colada nas costas do celular dessa senhora. E ensinaram a ela que comparasse o número escrito na etiqueta com o número do ônibus, recomendando que só entrasse no ônibus que tivesse aquela indicação. O esquema funcionou por 15 dias. Começaram as chuvas e ela voltou a atrasar. Novamente foi chamada na instituição e descobriram que a etiqueta ficou borrada com a água da chuva e ela não conseguia identificar o número escrito. A nova alternativa foi fazer outra etiqueta, dessa vez plastificada. O problema foi resolvido. De modo muito simples.

Numa outra situação, conheci um cadeirante que trabalhava há sete anos numa empresa, que ocupava um prédio inteiro, funcionando cada departamento em um andar. Esse profissional trabalhava no terceiro andar, e a distância para o restaurante, que ficava no segundo andar de outro prédio, era relevante, embora houvesse uma plataforma elevatória unindo esses dois andares. E ele ia todos os dias ao restaurante, assim como os demais profissionais com deficiência do prédio, utilizando a plataforma elevatória, exclusiva para eles. Cada um tinha uma chave para acionar o transporte. Eu passei a trabalhar na empresa e desde o primeiro dia também utilizei a plataforma, fui até o restaurante, almocei, e achei o trajeto adequadamente adaptado.

Mas, quando fui escovar os dentes, vi que a pia estava acima da altura do meu queixo, e que não havia largura suficiente para que eu entrasse em qualquer dos reservados. Fui perguntar às colegas, e me informaram que naquele prédio só havia um banheiro unissex para cadeirantes, no térreo. Para ir ao banheiro, uma pessoa com deficiência tinha que recorrer ao elevador que servia o prédio todo, concorridíssimo, porque era o único que servia os mais de 800 trabalhadores.

Bem, durante alguns dias observei essa situação, para uma análise mais correta, e me chamou a atenção esse moço cadeirante. Descobri que ele estava há sete anos usando o toalete do térreo, e para minimizar o incômodo da verdadeira viagem até lá, bebia pouquíssima água para não ter que usar o banheiro várias vezes. Por conta disso, tinha tido vários afastamentos causados por infecção urinária. E ele nunca pediu nada; apenas aceitou.

Diante dessa situação e, como coordenadora do programa de inclusão, atuei no sentido de reformular não só o banheiro do andar em que eu trabalhava, mas todos do prédio, femininos e masculinos. E foi relativamente simples transformar dois dos reservados em um, e instalar lá dentro uma pia rebaixada.

O QUE NUNCA FAZER

Jamais leve familiares para acompanhar você à empresa. Se precisa de um condutor, de um intérprete, solicite apoio profissional da empresa. Não é admissível que apareça a mãe de um profissional com deficiência para lhe entregar marmita, na hora do almoço. Se o pai ou um irmão vai levar o profissional para trabalhar, deve deixá-lo na portaria ou na recepção. Dentro da empresa, o profissional tem que se bastar. A empresa não é uma ONG, nem é sua casa, por isso o comportamento deve ser estritamente profissional. E não pensem que estou imaginando coisas, porque já vi acontecer casos assim, com candidatos que recrutei.

Não crie grupinhos, nem panelinhas. Numa empresa onde fui trabalhar, já no primeiro dia, dois colegas com deficiência me abordaram. Queriam saber qual era a minha real função. Sabiam que eu coordenaria o programa de inclusão e me "interrogaram" para que eu dissesse o que ia mudar. Supuseram que a minha missão fosse demitir todo mundo e contratar novos colaboradores. Um bombardeio de perguntas, sobre quanto eu ia ganhar, que cargo teria, o que planejava fazer, se era contra ou a favor disso e daquilo. Minha resposta foi no sentido de tranquilizar os dois, informando que pretendia redesenhar o programa para, em vez de demitir, contratar mais pessoas com deficiência. Dou esse exemplo para mostrar que podem surgir grupos que criam resistência contra as decisões da empresa e até contra quem não tem deficiência.

BOAS PRÁTICAS

Para finalizar, seja você mesmo. Não mude sua essência. Quem você é fora da empresa é quem você deve ser dentro dela. Evite criar um personagem, porque não se consegue sustentar um personagem durante muito tempo.

Pratique a humildade. Ao entrar numa empresa, você está aprendendo uma nova cultura, uma nova forma de se comunicar e de realizar trabalhos. Aceite orientação, peça ajuda, ouça ensinamentos. Faça a leitura do ambiente e ouça mais do que fale.

Estude muito. Melhore sempre suas competências pessoais e profissionais para projetar sua carreira. A própria companhia oferece cursos de desenvolvimento. Aproveite-os.

Desenvolva a sua *accountability*, ou seja, tenha responsabilidade por sua carreira e ações. E, mais do que isso, não espere que alguém faça por você e nem coloque essa responsabilidade nos outros.

Cresça. Faça seus planos. Defina suas metas e, na autoavaliação, preencha as respostas coerentemente com a realidade. Quanto mais você melhorar as suas competências de comunicação, de relacionamento interpessoal, de resolução de conflitos, de gestão de tempo, mais você vai ser um profissional desejado.

Felizmente, nas minhas atividades como coordenadora ou consultora de programas de inclusão, encontrei mais acertos do que erros, em termos de participação de profissionais com deficiência em sua própria inclusão. Tenho observado que a vivência em grupo com pessoas da empresa está mais ativa e mais intensa do que era antes, quando optavam pelo recolhimento. Porém, observo também um certo desânimo, porque falta muito ainda para as empresas efetivamente abrirem caminhos para essas pessoas crescerem.

No próximo capítulo, tratarei de como contribuir para mudar para melhor as relações dentro das empresas.

Como realizar a sensibilização, a conscientização e a educação para a mudança de relações no dia a dia das empresas?

Desde quando se começa a falar em recrutamento, seleção, contratação e inclusão de profissionais com deficiência, dentro de uma empresa, já é recomendável divulgar e discutir o assunto com os colaboradores, sempre de maneira positiva e agregadora, no sentido de que todos saibam das oportunidades e desafios da inclusão desses profissionais. Em todas as etapas do programa de Neoinclusão, do planejamento à implementação, passando pelo comitê e por todas as iniciativas que farão parte do processo, a empresa e especialmente o RH têm que ter esse cuidado de plantar bem as sementes para que a cultura de inclusão floresça com naturalidade no ambiente corporativo.

A melhor maneira de fazer isso é pela experiência. Treinamentos e comunicações mais teóricos costumam ter efeitos limitados em termos de fixação de ideias e conceitos, principalmente num assunto delicado como esse, ainda cheio de mitos e preconceitos.

Está em gestação um termo que eu acredito que substituirá no futuro a noção de preconceito em relação específica à pessoa com deficiência: 'capacitismo', que significa superestimar ou subestimar o profissional com deficiência, ou seja, supor sua capacidade, para mais ou para menos. Isso, nada mais é do que um mito. Há pessoas que consideram quem tem uma deficiência e que consegue superá-la, progredindo no trabalho e na vida, um ser admirável, um quase herói; por outro lado, há os que supõem que a pessoa com deficiência é um coitadinho, que precisa de apoio o tempo todo e tem que ser poupado. Nem tanto ao mar, nem tanto à terra. A pessoa não é mais do que uma pessoa, só que com uma característica que a torna diferente.

VIVER A DIFERENÇA

O papel do RH, que, como vimos, é o grande ator da inclusão na empresa, enquanto disseminador dessa cultura, é engajar as pessoas no processo, mostrando a elas a verdade sobre as pessoas com deficiência, que não são heróis nem inúteis, mas é preciso ter um olhar inclusivo.

Promover experiências e vivências é a melhor forma de engajar as pessoas no assunto. Organizar visitas a ONGs, a grupos de pessoas com deficiência que desempenham papéis que a população em geral considera que estejam acima de sua capacidade — por exemplo atletas paraolímpicos, artistas, e trazer essas pessoas que conseguiram visibilidade para dentro da empresa para falar de suas vidas, durante eventos como a SIPAT, são ótimas oportunidades para que os profissionais possam se colocar no lugar dessas pessoas em algum momento.

Desenvolvi uma dinâmica de grupo que consiste em levar gestores para um local acessível e bem equipado, um hotel-fazenda por exemplo, para fazer com que eles vivam pelo menos 48 horas experienciando uma dada deficiência. Comer, dormir, tomar banho, participar de atividades, cada um como se fosse pessoa com deficiência. Isso proporciona aos gestores uma reflexão e um entendimento diferenciado da deficiência — eles se colocam no lugar do outro, desenvolvendo uma empatia genuína com os profissionais com deficiência. Considero que as ações que as empresas costumam implementar, como oficinas e palestras, de curta duração, ainda são pouco. É apenas o início da conscientização.

Por isso é que faz parte de todo programa de inclusão o item que abrange a sensibilização, planejamento, alinhamento, acompanhamento, do público interno, de maneira contínua, em todas as etapas. Coordenar ações apenas no lançamento dele leva a que o engajamento se perca, no meio da rotina diária, cheia de tarefas e de demandas. A constância é linha obrigatória de atuação do programa de inclusão, ininterruptamente fazendo a comunicação com a comunidade interna. Existem muitas alternativas para esse diálogo, mas a que funciona mais, a meu ver, é aquela baseada em dinâmicas, experiências, com atividades práticas.

A INCLUSÃO NÃO ACONTECE DE UM DIA PARA O OUTRO

O RH pode cair na armadilha de considerar que, implementado o programa de inclusão, feito o lançamento e a divulgação, o trabalho está finalizado e o programa vai andar sozinho. Esse é um grande engano, tanto do RH quanto da empresa, que afinal é quem patrocina institucionalmente a iniciativa.

Não estamos falando de um produto, de um objeto, ou de um processo novo. Estamos falando de uma mudança de cultura, algo muito maior. Portanto, a empresa deve articular provocações constantes a todos os colaboradores, de todos os níveis, assim como a fornecedores, a familiares, à comunidade do entorno, aos clientes, à sociedade, enfim, para que mudem o comportamento.

O sucesso de um programa de Neoinclusão pode até demorar um pouco mais para acontecer, em relação aos demais projetos da empresa, porque ocorre de dentro para fora. Num exemplo bem básico, a pessoa precisa queimar o dedo para aprender a passar roupa de maneira mais cuidadosa, prestando atenção ao que está fazendo, ou basta que alguém diga a ela, várias vezes, para tomar cuidado e fazer o trabalho com atenção? Existem as duas possibilidades. Ou a pessoa se queima e aprende ou, de tanto ouvir recomendações e avisos, começa a pensar se não está fazendo o trabalho de modo arriscado. A constância pode levar ao aperfeiçoamento, mas também a experiência (boa ou ruim) pode ensinar a mudar comportamentos.

A responsabilidade da empresa, nessa mudança de comportamento e de visão, deve ser constante, dentro de um planejamento para divulgar e apoiar essa nova cultura de inclusão. Em algum, ou vários momentos, pode haver a necessidade de fazer uma correção de rota. Se ocorrer isso, a área de comunicação precisa estar em sintonia para fazer a divulgação da maneira mais atraente possível, para o engajamento de todos.

COMO CHEGAR À EDUCAÇÃO PARA MUDANÇA

A nomenclatura é o uso da palavra da maneira mais adequada para determinado momento. Como vemos na educação, na literatura, na cultura, há avanços linguísticos também na área da inclusão. A própria maneira de se referir às pessoas com deficiência foi evoluindo ao longo do tempo, porque foram sendo compreendidas, com mais profundidade, as implicações da deficiência na vida desses indivíduos e da sociedade. A deficiência caiu para segundo plano e passa agora a ser considerada uma característica, como tantas outras que temos. O foco saiu da deficiência e foi para a pessoa, como deve ser.

Com relação a palavras como sensibilização, por exemplo, também acontece o mesmo. Antigamente, quando se pensava a inclusão como assistencialismo, a sensibilização era um termo que transmitia uma certa ideia de "pedir por favor", prestar atenção a esse público, olhar para ele, ser sensível a ele. Hoje em dia, com a evolução do conceito de inclusão e da própria participação social da pessoa com deficiência, o termo sensibilização está ultrapassado, quando se fala em provocar no outro um forte estímulo para prestar atenção aos profissionais com deficiência. Sensibilizar, agora, tem uma conotação paternalista, assistencialista, de condescendência. Ser sensível a uma causa? Não existe causa — o que há é a necessidade de contratar profissionais talentosos e preparados. Por isso não concordo com a utilização desse termo. É uma posição pessoal, mas tenho observado que está se tornando tendência.

Em eventos sobre diversidade, tenho visto ocorrer a mesma coisa com a palavra empoderamento. Várias pessoas consideram que ela carrega um sentido de agressividade, de rancor, de se afirmar como pessoa superior às outras. Ao contrário, está se buscando uma palavra que defina, por exemplo, a mulher, como dona de sua transformação, de suas escolhas.

Isso é o que está acontecendo com a palavra sensibilização. Chamar gestores para uma sensibilização dá a eles a impressão de que estão sendo convocados a abraçar uma árvore, chorar... Eu, pessoalmente, gosto mais do termo engajamento, ou também da expressão alinhamento conceitual, porque vamos usar, numa reunião desse tipo, a legislação, estudos, definições formais de deficiências e de enquadrabilidade, por exemplo. São informações e conceitos que precisam ser mostrados e sobre os quais esclarecer dúvidas. O que o gestor vai fazer com todas as informações que receber, depende dele. Pode decidir se quer caminhar junto com essa nova sinalização da empresa ou preferir não trabalhar com a inclusão nem aceitar pessoas com deficiência na sua área.

Por isso acho que engajar é um termo melhor. Sensibilizar é procurar obrigar o gestor a gostar, a apadrinhar, a fazer favor. Engajar é trazer para trabalhar junto, demonstrar como a empresa está preparada para receber esse público e o que pode ser feito para aproveitar os talentos que seguramente vão chegar para enriquecer a equipe. Engajamento e inclusão, para mim, têm tudo a ver, porque trabalho com a ideia de voluntariedade e de responsabilidade, de cada um fazer a sua parte.

Conscientização, por sua vez, é algo que vem antes do engajamento. Por meio da demonstração da realidade, da desmistificação, e por meio de uma comunicação clara e objetiva, a fim de derrubar algumas barreiras, principalmente atitudinais. Sempre pautado em ferramentas reais, como legislação, estudos, documentos internacionais, o RH pode demonstrar, de maneira concreta, qual é a situação da empresa, em que momento da inclusão está e qual o papel que cada pessoa da empresa vai desempenhar nesse programa. Uma vez conscientizado, o colaborador se engaja, porque certamente vai ter uma mudança de atitude.

Talvez eu explique melhor desta forma: as pessoas precisam se sentir inconformadas com a situação de profissionais com deficiência. É diferente de se emocionar. É questionar, internamente, como um ser humano como qualquer outro — que tem pai, mãe, filhos, com todas as necessidades de todo mundo, tem estudo — quer trabalhar, tenta trabalhar, mas não consegue, só por causa de uma característica que o diferencia. O problema não é dessa pessoa, mas da sociedade. É a população que tem problema ao se impressionar de ver um membro faltando — quem tem deficiência não se impressiona com isso, porque já aprendeu a lidar com a própria condição, já se adaptou, quer seguir a vida. Então, não se trata de se emocionar com a deficiência, mas se incomodar de maneira real com as restrições que as empresas e a sociedade podem atribuir a alguém por causa da sua condição. E verificar o que cada um pode fazer para mudar essa situação social.

Outro dia me perguntaram se eu tinha, para exibir durante um treinamento, numa empresa, um vídeo ou filme que emocionasse, que levasse a plateia às lágrimas. Respondi que não. Não tenho, porque conscientizar não passa pela emoção sentimental a respeito das pessoas com deficiência, mas pela compreensão. Ofereci, no lugar, um filme sobre busca de emprego, muito positivo, que se passa nos 1950, chamado *De Porta em Porta*.[1] Também costumo utilizar o filme francês *Intocáveis*,[2] um belo exemplo de como tratar uma pessoa com deficiência. Indo nessa linha de indicações cinematográficas, outro filme que recomendo é, o também francês: *A Família Bélier*.[3] Neste filme, está o outro lado: uma jovem quer se libertar da família de surdos que de certa maneira criou uma inabalável relação de dependência ao colocá-la como intérprete nas mais variadas situações, visto que ela é a única ouvinte da família.

Filmes são ferramentas excepcionais de conscientização, como o *Rain Man*,[4] que não fica ultrapassado nunca, para trabalharmos o tema inclusão.

A educação para mudança envolve um trabalho de fixação de conceitos e regras. Dou como exemplo a questão de segurança do traba-

---

1 O filme *De Porta em Porta* (no original *Door to Door*) é baseado na história real de Bill Porter, de Portland, no estado norte-americano de Oregon, que nasceu com paralisia cerebral, o que lhe causou limitações na fala e nos movimentos. Decidiu conquistar um emprego de vendedor de porta em porta. Venceu todos os preconceitos e acabou se tornando um dos maiores vendedores de todos os tempos, contratado pela empresa Watkins Company, fabricante de produtos medicinais. O filme foi dirigido por Steven Schachter e lançado em 2002.

2 *Intocáveis* é um filme de 2012, dirigido por Eric Toledano e Olivier Nakache. Um aristocrata rico contrata um imigrante africano como cuidador. O rapaz não tem a menor experiência e trata o empregador sem melindres, respeitando a deficiência, mas sem torná-la um problema profissional.

3 *A Família Bélier* é um filme de 2014, dirigido por Eric Lartigau. Trata de uma família de surdos, na qual uma das filhas é a única ouvinte e se torna a intérprete de todos. Ela enfrenta um dilema quando é convidada para participar de um concurso de canto, o que significaria deixar a família para trás.

4 *Rain Man* é um filme norte-americano de 1988, dirigido por Barry Levinson. Trata de um jovem que descobre que um irmão que não conhecia e é o principal beneficiário da fortuna do pai de ambos, é autista e está internado em um hospital psiquiátrico. Disposto a lutar pela guarda do herdeiro para garantir direito a usufruto da fortuna, acaba se afeiçoando e passa a cuidar do irmão.

lho, numa empresa em que trabalhei. Jamais vi tamanha intensidade de informação, com tamanha frequência, sobre um tema específico, em nenhum outro local por onde passei. Nessa empresa, de energia elétrica, todo mundo praticamente respirava segurança. Era o valor número 1. Falava-se no assunto o tempo todo, e não só isso: todo mundo observava e praticava segurança. No momento de implementação de um programa de inclusão, tem que haver esse espírito. Onde você bater o olho, onde caminhar, alguém vai estar comentando sobre inclusão, você vai ver um botton, um cartaz, algo que remeta à inclusão. Porque o programa tem que entrar na cultura organizacional, em seu DNA.

Ainda sobre essa empresa, havia uma prática chamada "Minuto de segurança". Toda semana, cada colaborador tinha que trazer alguma informação, em um minuto, sobre segurança. E as informações extrapolavam o dia a dia do trabalho. Podia ser sobre segurança ao fazer compras online — pesquisar sobre a empresa vendedora, se havia reclamações registradas contra ela, recomendações para não deixar registrado o número do cartão de crédito etc. Outro colaborador podia trazer algo sobre segurança na terceira idade, segurança da criança ou segurança no trânsito. Onde houvesse a possibilidade de um piso molhado, qualquer colaborador sabia onde encontrar o triângulo amarelo de aviso para instalar no local e avisar do perigo, sem precisar esperar que o pessoal de limpeza ou de segurança do trabalho tomasse a providência. Entrava no carro da empresa, já enxergava um adesivo sobre o que fazer ou não fazer.

Esse tipo de comunicação é um modo de educação. E o pessoal da área de comunicação pode trabalhar muito fortemente com o comitê de implementação do programa de Neoinclusão e com o RH para promover essa imersão da empresa no tema inclusão. As ações não precisam ser muito elaboradas, o fundamental é transmitir confiança no sucesso do programa.

A educação é uma providência de médio a longo prazo e deve ser contínua. Não se pode conscientizar os colaboradores, engajá-los e depois deixar de fazer a educação pela comunicação, senão tudo se dispersa e o programa declina.

Ideias para a comunicação

Na minha trajetória em implementação de programas de inclusão, acumulei algumas experiências muito eficientes para a conscientização e engajamento do público interno. Nos três primeiros meses, quando o programa estava em preparação, com o comitê atuando para o planejamento e execução de tarefas, tínhamos algumas providências de comunicação.

Utilizávamos templates que faziam abrir uma janela na tela dos computadores, assim que eram ligados, com uma mensagem institucional ou informação sobre o tema, sempre diferente uma da outra.

Os elevadores eram adesivados com imagens de profissionais com deficiência da própria organização seguidas de mensagens de texto, trocadas regularmente.

Os crachás dos colaboradores tinham um adesivo ou "pin" com a logo do programa.

Camisetas traziam mensagens e imagens.

Vídeos institucionais nas TVs corporativas e mesmo nos computadores dos colaboradores.

Nos restaurantes, as bandejas tinham papel-bandeja com imagens, mensagens e jogos que chamavam a atenção para a inclusão e ofereciam informações interessantes.

Nos painéis de informação, nos murais, na portaria, no ônibus fretado, nos veículos de trânsito interno da empresa, em tudo pode ser aplicado um adesivo ou instalado um cartaz com chamadas bem elaboradas sobre o programa.

Brindes também são opções interessantes, porque geralmente são levados para fora e alcançam a população em geral. São bottons, pins, canetas, squeezes. Normalmente, as empresas fazem kits de visita, que são excelentes veículos de informação e divulgação de suas práticas internas para pessoas de fora, como fornecedores e clientes, além dos visitantes.

Vale tudo para envolver a comunidade interna, e, em algum sentido, também as famílias e as redes de relacionamento dos empregados. É importantíssima a fala do presidente, em alguns momentos, para chancelar as iniciativas.

Reforço que toda campanha deve ser feita preferencialmente retratando casos e pessoas reais da empresa — fica mais verídica e dá mais credibilidade. Os profissionais retratados vão se sentir valorizados e divulgar para amigos e familiares, ampliando o âmbito de alcance da campanha.

As redes sociais da empresa devem mostrar fortemente que está atuando na inclusão. E por que não criar uma coluna semanal ou quinzenal, algo como "Pílulas sobre inclusão", tratando do tema?

Todas as áreas devem ser integradas ao esquema de comunicação. A área de prevenção de saúde pode trabalhar intensamente na campanha. Ao lado de informações sobre diabetes, colesterol, câncer de mama e de próstata, a questão das deficiências deve ser tema de campanhas similares, abordando alternadamente surdez, cegueira, acidentes etc.

Muitas empresas têm programas de incentivo ao esporte. Conheço várias que incentivam a criação de equipes formadas por profissionais com deficiência, como vôlei adaptado e futebol para cegos. Instituições que atendem pessoas com deficiência podem ser chamadas para organizar jogos comemorativos, em que pessoas sem deficiência pratiquem o esporte como se tivessem a deficiência.

Também há a música, como recurso. Pode ser realizada, durante um dia festivo, uma apresentação em que cada empregado com deficiência possa demonstrar seus talentos artísticos. Ou criar um "coral" de surdos, que façam apresentações musicais em Libras, traduzindo a letra das músicas. E também eventos semelhantes na área das artes plásticas, como pintura, escultura, marchetaria e diversas outras iniciativas.

Uma das soluções de maior sucesso que tenho em minha consultoria é a Semana da Diversidade, com ações variadas de inclusão. A Semana da Diversidade não é restrita a questões da pessoa com deficiência. São escolhidos cinco públicos para trabalhar, de segunda a sexta-feira, e são realizados jogos, workshops para os líderes, palestras para os empregados em geral, teatro, tudo o que pudermos pensar. São dias intensos de atividades e o importante é que ninguém seja deixado de fora, então há atividades em todos os turnos.

Por exemplo, como explicar a uma pessoa cega de nascença o que é azul? Faça com que encoste a mão numa pedra de gelo. Para explicar o que é vermelho, faça com que toque numa superfície quente. Com certeza o cego não vai saber o que é azul ou vermelho, mas vai entender a intensidade das cores e a diferença delas — azul é uma cor fria, fresca; já o vermelho é uma cor quente, vibrante. E como explicar uma nuvem? Use algodão.

Para o dia dedicado às pessoas com deficiência, já fiz futebol para cegos, experiências com texturas, teatro de bonecos, palestras com expoentes do tema e até pintura com as mãos. Aqui cabe relatar uma experiência interessante. Fizemos um painel gigante, na forma de duas asas de anjo, e durante dois dias os funcionários molhavam as mãos em tinta e imprimiam as palmas sobre a superfície do painel. Foi muito interessante observar as mudanças sutis que ocorreram. No primeiro dia os participantes faziam a impressão de uma cor só, em lugares isolados do papel. No dia seguinte, começaram a surgir impressões com três dedos de uma cor, e dois de outra; apareceram mãos impressas juntas, cada uma de uma cor; assim como posições diferentes das mãos, com uma impressão cruzada com a impressão de outro amigo. Tudo isso era sinal de que estavam diversificando. E então diversidade não é isso, também? Compreender que se pode fazer diferente? Depois de as asas terem sido preenchidas, cada pessoa se fotografava diante do painel.

Essa foi uma das construções coletivas que promovemos. Houve outras, com artesanatos e fotografias.

Também envolvemos o restaurante para que, a cada dia da semana, servisse uma comida típica de uma região do país, para mostrar a diversidade também na alimentação e, consequentemente, na cultura. Diferentes sabores, aromas, formas de preparo.

Mas o grande sucesso desses eventos foi mesmo o café sensorial, que já detalhei no Capítulo 5. A cada participante, geralmente gestores, é atribuída uma deficiência — e alguns ficam sem deficiência mesmo, para representar uma sociedade inclusiva — e tem que conviver com os impedimentos dessa deficiência ao longo do desenrolar do café da manhã. E, é claro, colocamos algumas comidas de manuseio mais difícil, para complicar o desempenho das pessoas, como iogurte, um bolo com cobertura e recheio, para colocar embaraços diante dos participantes, para fixação das dificuldades. Nessa experiência, o "cego" temporário vai pedir ajuda para tudo? Ou vai derrubar, vai queimar a mão, mas superar as dificuldades e cumprir a tarefa de tomar o seu desjejum?

Em geral, essa atividade é realizada antes de um workshop ou de uma palestra, momento em que se retoma o que aconteceu durante o café e são explicadas as intenções para a atividade que acabou de ocorrer, para alinhamento de conceitos. Assim como realizamos uma escutatória dos participantes de como se sentiram e a que reflexão chegaram.

Outra ferramenta utilizada é o "Jogo do Consenso", com cartas que relatam situações verídicas que acontecem dentro de uma empresa e sobre as quais as pessoas, em grupo, precisam se posicionar a favor ou contra e explicar o porquê. A atividade nos ajuda a compreender a visão que cada grupo tem sobre a deficiência e também sobre as situações de inclusão, para diagnosticarmos o que deve ser trabalhado.

Todas essas são maneiras diferentes de mostrar aos colaboradores um novo mundo, com o qual podem conviver muito bem.

O PAPEL DA ÁREA DE COMUNICAÇÃO

Normalmente a área de comunicação já tem um cronograma, definido em plano anual, de todas as campanhas que terá que desenvolver, e com seus respectivos recursos alocados. As datas importantes para a empresa são, por exemplo, o Dia Nacional do Cliente, Dia do Engenheiro e por aí adiante. As áreas internas são os seus clientes internos, e empresas de médio e grande porte geralmente contratam agências de publicidade e propaganda para dar apoio a essas campanhas.

Assim que o RH fechar o programa de inclusão, deve dialogar com o responsável pela comunicação e fazer o planejamento anual de divulgação. A ideia é mapear o que já existe no planejamento anual, para aproveitar, quando possível, essas datas e eventos e inserir informações sobre o programa, debatendo a melhor forma de passar a informação, o perfil do público-alvo, a quantidade de veiculação mais indicada.

Já vimos sobre a revisão de processos, quando falamos do trabalho do comitê, e é claro que a comunicação é uma das áreas que precisará analisar seus processos e fazer a adequação necessária com a chegada desse novo programa. Hoje em dia, com os recursos da tecnologia, a comunicação está mais dinâmica e abrangente e isso tem facilitado muito a divulgação das campanhas.

O importante é que a inclusão esteja sempre na pauta da área de comunicação da empresa e que o planejamento seja feito com antecedência razoável para que se providencie o material de divulgação corretamente.

E, fundamentalmente, verificar se foram respondidas positivamente questões como estas: Estamos conseguindo, com essa peça, atingir o nosso público interno? Meus profissionais com deficiência vão se sentir representados nas nossas peças de divulgação?

COMO AS PESSOAS COM DEFICIÊNCIA PODEM PARTICIPAR

Não só para a comunicação, mas para toda a implementação do programa de inclusão, as pessoas com deficiência podem e devem participar, com ideias e sugestões para que o caminho seja o mais próximo do ideal.

Uma possibilidade interessante é lançar mão dos chamados grupos de afinidade. Os convidados para estas reuniões devem participar não só dando sugestões sobre o que fazer, mas também avaliando o que está sendo feito, além de fazer sua autoavaliação, ou seja, qual está sendo o comportamento desse grupo perante a empresa, o programa e os colegas sem deficiência.

Também há um conceito novo, bonito, que conheci recentemente, que consiste em substituir a expressão "grupos de afinidade" por lugar de fala. Quem melhor pode falar sobre a pessoa com deficiência do que as próprias? Um especialista pode conhecer muito, mas o lugar de fala vai ser de quem sente na pele, e convive com tal situação. Eu, por exemplo, conheço um pouco sobre deficiências, mas conheço mais a minha. O que sei sobre as outras é o que eu estudo, o que tenho de informação, o que fui buscar e os contatos que faço.

Existe uma monografia que estuda um movimento chamado "Nada sobre nós sem nós".[5] É basicamente o conceito de consultar sempre a pessoa com deficiência quando se pensar em fazer alguma coisa para ela ou com ela. O movimento contribui para mudar um pouco a postura das instituições, que não tinham como prática esse conceito e que ainda tutelavam e desenvolviam o que consideravam adequado, sem pergun-

---

5 Monografia de autoria de SASSAKI, Romeu Kazumi (2007). Pode ser encontrado na internet em dois endereços. A parte 1 pode ser acessada por este endereço: http://www.bengalalegal.com/nada-sobre-nos. E a parte 2 (Nada sobre nós, sem nós: Da integração à inclusão – Parte 2. Revista Nacional de Reabilitação, ano X, n. 58, set./out. 2007, p.20-30) pode ser acessada também pela internet, neste endereço: https://www.sinprodf.org.br/wp-content/uploads/2012/01/nada-sobre-n%C3%93s-sem-n%C3%93s2.pdf

tar antes aos interessados. Foi um dos principais eixos da mudança da integração para a inclusão.

Penso que a frase-título do trabalho de Sassaki resume à perfeição o lugar de fala que mencionamos: a pessoa com deficiência precisa ser ouvida e participar de sua inclusão. Não precisa ser no comitê, como vimos, não precisa ser antes de implementar o programa. O profissional com deficiência é um colaborador da empresa, como todos os outros. Portanto, primeiro vai ingressar no programa como todos, e depois vai opinar. Será o seu papel nessa transformação, mostrando como é a realidade.

GARANTINDO A CONTINUIDADE

Há estudos que mostram que grande parte dos CEOs ou presidentes não permanecem mais de cinco anos na mesma empresa. Imaginemos uma empresa que apostou na Neoinclusão, cumpriu todas as etapas, implementou o programa que agora está funcionando muito bem. De repente, seja por aquisição, fusão, venda da empresa ou qualquer outra razão, muda o presidente. Em decorrência, foi feito um enxugamento de cargos de gerência média. Como sabemos, a rotatividade dos cargos em todos os níveis é grande. Numa reviravolta dessas, todos — ou grande parte — daqueles gestores e colaboradores que participaram do comitê, que estiveram envolvidos na implementação do programa, e que contribuem para o seu fomento, deixam a empresa. Como preservar esse trabalho e impedir que se perca?

O risco realmente é grande numa situação dessas. Por isso é que a inclusão precisa ser trabalhada para ser absorvida por todos os processos da empresa e pela cultura organizacional. E tudo tem que ser registrado, transformado em norma interna, escrita, assinada pelo líder da área. Com isso, passará a ser um ativo da empresa e prosseguirá, mesmo que mudem as pessoas. Se sair o gerente de infraestrutura, outro virá para o seu lugar e conhecerá o processo de infraestrutura praticado. Seguirá as normas oficiais, institucionais, que pautam o trabalho de cada departamento.

Por isso, o programa de Neoinclusão não pode ficar centralizado numa área só, como o RH, precisa ser expandido para todas. Cada área, desde o planejamento até a implementação propriamente dita, terá o seu pacote de mudanças, de alteração de processos. Uma vez consolidada a mudança no processo, ela dificilmente será ignorada por quem vier depois. Isso porque existe o *Compliance*, que edita normas e as publica, divulga e as mantêm arquivadas no sistema para difusão a todos os integrantes de cada área. Esse acervo de conhecimento é parte integrante da cultura da empresa, até para que mantenha a sua identidade.

Depois de um programa de Neoinclusão instalado numa empresa, nada mais será como era. Nada. Não será possível voltar a usar o crachá antigo, entrar pela portaria que existia antes das providências de acessibilidade, deixar de lado a estrutura tecnológica incorporada, abandonar as normas de acessibilidade em vigor na área de infraestrutura, nem deixar de falar no assunto, nem mudar o comportamento humano, nem ignorar que existem, dentro da empresa, profissionais competentes que têm, de diferente, apenas uma característica que os distingue dos demais.

CONCLUSÃO

A inclusão é uma questão de comportamento. Por isso, é objeto inerente ao ser humano.

As demais barreiras — tecnológicas, ambientais — são derrubadas facilmente se não houver barreira comportamental. E sabemos que o que mais causa a discriminação e o preconceito são justamente essas barreiras internas, essas crenças limitadoras que nós temos em uma ou outra situação ou segmento, e que no caso deste livro é a das pessoas com deficiência. Penso que a ideia da Neoinclusão seja uma sistematização de atitudes, pessoais e coletivas, particulares e empresariais, para que todos possam compartilhar de um ambiente profissional equilibrado e humanizado.

Ao longo dos os capítulos, procurei partir de pontos bastante concretos, apresentando, passo a passo, o que é possível fazer para a mudança de postura, por parte dos envolvidos na questão da inclusão: empresas, suas áreas, seus colaboradores e também os profissionais com deficiência. E, não menos importante, a sociedade em geral, ainda que não tenha relação direta com a inclusão que se promova dentro de uma companhia.

O Brasil vive numa sociedade branca? Não. Numa sociedade só de homens? Não. Vivemos numa sociedade sem ninguém com deficiência? Não. Transitamos numa sociedade diversa. E é para essa sociedade formada de consumidores diversos que as empresas oferecem os seus produtos e serviços. Todos são clientes potenciais, que querem ser bem atendidos, comprar produtos e serviços de boa qualidade, e se sentir representados por uma marca que satisfaça suas expectativas. Clientes que esperam boas embalagens, técnicas que não agridam a natureza, responsabilidade social e a não exploração de trabalhadores.

Desse público consumidor, uma parte é formada por pessoas com deficiência — e, como vimos, quase um quarto da população brasileira está incluída nessa categoria. Até pelo tamanho desse mercado, as empresas precisam cuidar bem dos seus profissionais com deficiência, porque eles representam uma parcela da sociedade. Então eu entendo que, até pelo zelo ao seu negócio, devem trabalhar muito bem a inclusão e ficar com uma boa imagem junto aos consumidores.

A legislação é a maior ferramenta de ação afirmativa que temos. Mas tudo o que foi relatado aqui também representa formas de ação afirmativa que reforçam a necessidade e ajudam na implementação de programas de inclusão. Se não fosse urgente afirmar direitos, nem precisaria haver Lei de Cotas para faculdades e concursos públicos, por exemplo, nem a Lei Brasileira de Inclusão. A lei serve para dar um start, para retirar da inércia a sociedade, ou grupos da sociedade, que preferem deixar tudo como está, marginalizando minorias ou simplesmente aqueles que são diferentes.

O governo, qualquer governo, não dá conta de atender a todas as necessidades da população. Por isso, a sociedade está distribuída em três setores. O primeiro setor, que é o governo, organiza a sociedade; o segundo setor provê os recursos financeiros, empregos, bens e serviços, e a sociedade civil tem que fazer a sua parte, cobrando os dois outros setores e auxiliando as demandas que vêm do seu vizinho, do seu colega ao lado. Só com esforço coletivo vamos conseguir chegar a algum lugar.

Se as empresas, que são microcosmos da sociedade, já tivessem no seu escopo a preocupação com a inclusão, não teria sido necessária lei alguma. As normas corporativas já existiriam para todo mundo, e não apenas para as pessoas que não tivessem qualquer característica que fugisse ao padrão dito comum. De agora em diante, mais do que seguir a lei, pura e simplesmente, o que se espera de todo mundo é o engajamento na questão da inclusão.

Este livro pretende ajudar no trabalho da empresa, principalmente junto aos líderes que se sentem inseguros em relação a como agir com empregados que tenham características limitadoras. As ações que proponho, desde o primeiro capítulo, são ações que facilitarão o engajamento, o desenvolvimento da companhia, dos colaboradores com e sem deficiência, para que se faça a inclusão.

Trago a inovação que denominei Neoinclusão. É uma arquitetura de processos que reorganiza posturas, visões, ações e papéis, principalmente, para que a inclusão aconteça. Esse redesenho que proponho é aplicável especialmente às empresas que ainda estão na concepção da integração e buscam evoluir para uma nova perspectiva, que é a inclusão verdadeira. Espero que minha contribuição ajude muitas companhias e profissionais de RH a implementar um programa de inclusão de maneira mais fácil, deixando para trás, de uma vez, o modelo ultrapassado de entender o profissional com deficiência como pessoa passível de tratamento diferenciado e protetivo, que merece apenas uma ação de assistencialismo, e ver que potencial humano está nas suas mãos para ser aproveitado. Se as empresas souberem tomar as atitudes corretas em relação às características da pessoa, e se souberem investir no seu desenvolvimento, terão um ótimo profissional. Além disso, terão a seu favor, perante a sociedade e seus colaboradores, uma imagem inclusiva.

Pretendo auxiliar, ainda, os profissionais com deficiência a serem colocados no mercado e se enxergarem como profissionais de verdade. Na realidade, já se pode observar uma atitude mais firme, mais profissional e proativa dos profissionais com deficiência, com destaque para as novas gerações que ingressam hoje no mercado de trabalho, jovens que nasceram no alvorecer do século XXI e estão se formando. Aprendamos com eles. São pessoas engajadas, que procuram construir uma carreira, como todo mundo. Minha colaboração, nesse sentido, foi trazer para o livro o que observei como consultora especializada em implementação de programas de inclusão e de dentro da minha condição de profissional com deficiência.

A nova metodologia que apresento induz a uma relação de ganha-ganha, com um novo conceito e com um novo olhar. É mais um passo que podemos dar em busca da normalidade — que não sabemos quando virá. Há muitas variáveis pelo caminho que fazem com que um processo como o de inclusão de pessoas com deficiência se retraia, ou avance. O que me entusiasma é que os avanços estão acontecendo mais rapidamente, nos últimos anos. Assim como tudo o mais, porque a vida está mais veloz, mais vertiginosa, a inclusão também tem sido mais rápida. Um exemplo paralelo, que posso mencionar, se refere a algo que não existia até uma década atrás: equipamentos adequados para crianças com deficiência. Antes a criança ficava no colo ou no carrinho. Hoje há cadeiras de rodas adequadas e coloridas para cada idade, proporcionando liberdade para a criança e tranquilidade para a mãe. Essa geração verá a vida de outra maneira.

A tecnologia trouxe muitas experiências e possibilidades para as pessoas com deficiências sensoriais e por isso penso que a tendência será avançar e evoluir muito depressa. E a empresa, como segundo setor, como provedora de produtos, serviços, de trabalho, enfim, para o desenvolvimento econômico do país, tem que correr também para alcançar essa roda viva de mudanças. Não pode se manter com a velha ideia de temer o novo, o diferente. Só estará adiando a inclusão, porque essa é inevitável.

Um programa de Neoinclusão implementado precisa de acompanhamento constante das ações realizadas, de maneira a garantir a melhoria contínua. Atualizar-se, enviar representantes para seminários e congressos. Ajustar-se e funcionar em acordo com a área de *Compliance* para garantir que tem e segue as boas práticas – tanto em relação ao negócio e ao mercado quanto à legislação e à inclusão.

Sou uma otimista em assuntos sociais. Tudo o que depende de pessoas tem jeito. O que depende do acaso vai exigir que a gente lide da melhor maneira que puder.

Faz 20 anos que passei a ter maior contato com pessoas com deficiência. Era a única com deficiência no meu bairro e não tinha convívio com nenhuma outra. Naquela época eu não conhecia nada sobre o assunto. Todo parâmetro que tinha para me comportar e pensar era o de pessoas sem deficiência e achava que a maneira como eu me comportava era normal. Hoje vejo que não, estava inserida num momento da história da pessoa com deficiência regido pela integração, a sociedade esperava que eu me adequasse aos seus espaços inacessíveis e às suas barreiras atitudinais, e foi o que fiz.

Depois passei pela inclusão, e acompanhei todos respeitando mais, querendo conhecer mais sobre o universo da pessoa com deficiência. A partir de 2009, quando tive contato com o mundo do trabalho, com o ambiente corporativo, entrei em contato com algo novo, em relação à geração 2000 de pessoas com deficiência e às empresas também.

Como ocorreu essa mudança? Todos foram evoluindo, adquirindo conhecimento e confiança, tendo a legislação como apoio e os movimentos sociais dando suporte. As famílias tiveram o seu papel de estímulo ao estudo e à socialização das pessoas com deficiência. E, do lado do mercado, o país se abriu para acolher as grandes empresas internacionais, que enxergaram aqui boas oportunidades de expansão.

Essas companhias trouxeram uma cultura um pouco mais avançada do que a nossa em relação à diversidade. Imaginem uma empresa de grande porte, com 15 mil empregados — são 15 mil pessoas ouvindo diretamente uma determinada mensagem, e que será repassada a pelo menos outras 60 mil, entre familiares e amigos, se for relevante.

Por isso que o programa de inclusão tem que ser relevante, fazer parte da cultura da empresarial, e tem que ser um valor ligado diretamente ao negócio, reforçado constantemente. As empresas estão sendo cada vez mais exigentes para contratar pessoas com deficiência, que até por isso mesmo estão entrando no mercado profissionais mais preparados e, portanto, mais críticos e com aspirações maiores, que não se acomodam e são, por sua vez, exigentes também. Eis o círculo virtuoso.

Este livro tem a humilde pretensão de organizar ideias e de contar algumas das histórias pelas quais passei e que podem ilustrar esse caminho.

ÍNDICE

A

Abordagem
da inclusão, 109
da sociedade, 32
assistencialista, 32
autoritária, 32
holística, 47
neoinclusiva, 3, 98
Acareação, 189
Aceitação, 20, 26, 43
verdadeira, 26
Acessibilidade, 16, 43, 69, 85, 179
física, 108
segurança, 66
Ações pontuais, 17
Acomodação, 23, 46
Adaptação
razoável, 67, 71
Adequação
de acessibilidade, 89
de job description, 124
Alinhamento conceitual, 50, 229
American Disabilities Act (ADA), 31
Andragogia, 176
Aposentadoria por invalidez, 33
Assistencialismo, 213
Atitudes corporativas positivas, 55
Autocomiseração, 14
Autonomia, 83
Autopiedade, 213
Avaliação, 65
270°, 162
360°, 161

biopsicossocial, 65
de profissionais com deficiência, 164
feita apenas pelo médico, 65

B

Barreira, 48, 64
ambiental, 19
atitudinal, 7, 18, 43, 48, 112, 175
comportamental, 239
corporativa, 76
da exclusão, 46
física, 48
Benefício de Prestação Continuada
(BPC), 33
Benefícios
intangíveis, 56
nvestir menos em propaganda, 56
tangíveis, 56
financeiros, 56
Bullying, 193

C

Café Sensorial, 74, 234
Capacidade necessária X Nível de
deficiência, 15
Capacitismo, 205, 226
Ciclo de estagnação, 167
CIPA, 108
Classificação Individual de
Funcionalidade (CIF), 130
Classificação Internacional de Doenças
e Deficiências (CDI), 96, 137
Código CID, 129
Coaching, 181

Comitê de Inclusão, 187
Comodismo, 47
Competências comportamentais, 174
Comunicação, 114, 141, 180
corporativa, 89
direta, 204, 217
Condição ambiental da empresa, 113
Conduta inclusiva, 127
Consciência coletiva da empresa, 51
Conscientização, 32, 110, 190, 229
Construção coletiva, 52
Continuidade, 51, 80, 121
problemas de, 121
Contratação de sucesso, 128
Convenção da ONU da Pessoa com Deficiência, 35
Convivência com a diferença, 74
Convívio social, 30
Coparticipação, 180, 187
Corresponsabilidade, 24, 65, 99, 138, 180
Criação de oportunidades, 47
Crimes de discriminação, 68
Cronograma de atuação, 92
capacitação, 93
diagnóstico, 93
implementação, 93
Cultura organizacional, 9, 49, 78, 80, 93, 175, 231
Curatela, 142

D

Decreto nº 5.296, 64
deficiência, 64
permanente, 64
incapacidade, 64
Deficiência
auditiva, 62
física, 62

intelectual, 127, 209
múltipla, 62
visual, 62
Desconhecimento, 19
Desenvolvimento, 174
absorção de conteúdo, 175
aplicação prática, 175
profissional, 9, 148
Dificuldades para o cumprimento da cota, 9
Custo, 9
Falta gente, 9
Não há vantagens, 9
Preferem os benefícios, 9
Qualificação, 9
Resistências dos gestores, 9
Discriminação, 8, 70, 123, 192, 239
Diversidade, iii, 26, 58, 94, 186
Divulgação do programa, 114
Documentação, 148

E

Empatia, 200, 226
Empoderamento, 53
Empresa inclusiva, 83
ambiente físico, 83
comportamento das pessoas, 83
Engajamento, 229
Equivalência de responsabilidades, 47
Esforço coletivo, 240
Evolução
da inclusão, 3
funcional, 182
Exclusão, 106
total, 29

F

Falta
  de informação, 51
  de orçamento, 112
Fase de exclusão, 29
Fiscalização, 93, 104, 107, 150
Formação de educador corporativo, 176

G

Grupo Mulheres do Brasil, iii
Guia da Diversidade, 13

I

Igualdade de oportunidades, 69, 99
Imposição de barreiras, 47
Inclusão, 7, 35, 69, 90, 121, 176
  continuidade, 42
  efetiva, 8
  envolve comportamento, 69
  perspectiva de longo prazo, 18
  profissional, 31
    produtividade, 31
  verdadeira, 241
Iniciativas isoladas, 17
INPS, 32
INSS, 32, 111
Integração, 30, 125, 153
  tradicional, 47
Interdição, 142

L

Lei
  Brasileira de Inclusão da Pessoa com Deficiência (LBI), 35, 69, 105, 169
  das Doze Tábuas, 27
  de Cotas, 2, 15, 32, 68, 129, 211
  multa, 11
  processo de internalização, 34
  nº 10.098, 34
Levantamento de Necessidades de Treinamento (LNT), 174, 178
Locomoção Assistida, 145
Lugar de fala, 236

M

Manutenção da intolerância, 52
Mapeamento, 102, 144
  das competências, 125
Maturação, 20
Maturidade, 16
  da lei, 16
  do país, 16
  do povo, 16
  na promoção da diversidade, 57
Melhoria contínua, 171
Mentoria, 181
Metodologia "Job Club", 135
Minorias, 55
Modificar ideias pré-concebidas, 51
  construção coletiva, 51
  dinâmicas, 51
  jogos corporativos, 51
  rodas de conversa, 51
Mudança de comportamento, 45

N

NBR 9050, 80, 88
Neoinclusão, 3, 47, 93, 148, 173, 211
  estagnação, 121
  o que é?, 47
  papel do(a)
    alta direção, 49
    profissional com deficiência, 49
    programa, 50

RH e dos gestores da empresa, 49
retrocesso, 121
Nomenclatura, 37, 228
  especiais, 37
  excepcionais, 37
  Pessoa com deficiência, 37
  pessoa portadora de deficiência, 37
  pessoa portadora de deficiência e
    necessidades especiais, 37
  profissional com deficiência, 48
Norma ABNT 9050, 34, 43, 68

O

Obstáculos atitudinais, 113
OIT, 31
  Convenção nº 159, 31
Origem das deficiências, 14
  guerras, no exterior, 14
  saúde, no Brasil, 14

P

Perfil do trabalhador brasileiro com
  deficiência, 61
Planejamento
  estratégico, 18
  orçamentário, 112
Preconceito, 8, 51, 124, 166, 239
  social, 97
Preparação da equipe de RH, 120
Prioridades estratégicas, 94
Processo seletivo igualitário, 136
Profissional com deficiência, 211
  assistido, 211
  participante, 211
Programa
  de inclusão, 18, 45, 56, 99, 232
    continuidade, 18
    dinâmicos, 18

de Neoinclusão, 76, 85, 119, 185
  implementação, 119

R

Relacionamento profissional, 12
Resistência
  dos líderes, 51
  velada, 199
Roda dos Enjeitados, 28

S

Saúde ocupacional, 91
Segregação, 28, 29
Semana da Diversidade, 116, 233
Sensibilização, 228
SIPAT, 109
Sistema S, 111, 133
Superproteção, 193
Sustentabilidade do negócio, 54

T

Taxa de pobreza, 8
Tecnologia assistiva, 66, 71
Termo de Anuência, 97, 107, 195

V

Vitimismo, 216